U0935307

思考创富

拿破仑·希尔成功学全集

[美]拿破仑·希尔 著
宋奕婕 译

中国妇女出版社

图书在版编目（CIP）数据

思考创富：拿破仑·希尔成功学全集／（美）希尔（Hill，N.）著；宋奕婕译.—北京：中国妇女出版社，2013.6

ISBN 978-7-5127-0720-7

Ⅰ.①思… Ⅱ.①希… ②宋… Ⅲ.①成功心理—通俗读物 Ⅳ.①B848.4-49

中国版本图书馆 CIP 数据核字（2013）第 114983 号

思考创富：拿破仑·希尔成功学全集

作　　者：[美] 希尔　著
译　　者：宋奕婕　译
策划编辑：宋　罡
责任编辑：宋　罡
封面设计：艾舍书装
责任印制：王卫东
出版发行：中国妇女出版社
地　　址：北京东城区史家胡同甲 24 号　　邮政编码：100010
电　　话：（010）65133160（发行部）　　65133161（邮购）
网　　址：www.womenbooks.com.cn
经　　销：各地新华书店
印　　刷：北京雷杰印刷有限公司
开　　本：170×240　1/16
印　　张：17.25
字　　数：300 千字
版　　次：2013 年 10 月第 1 版
印　　次：2013 年 10 月第 1 次
书　　号：ISBN 978-7-5127-0720-7
定　　价：29.80 元

前　言

在美国，只要一提起拿破仑·希尔这个名字，几乎是无人不知，无人不晓，这是为什么呢？这要从拿破仑·希尔所从事的事业说起。拿破仑·希尔是美国成功学的创始人和励志专家，同时也是创造学、成功学、人际学的世界顶尖级培训大师。他以无比的热情，鼓舞了无数的人奋发图强，最终取得了事业上的辉煌成就，以至达到了人生的巅峰。因此，拿破仑·希尔被誉为“百万富翁的创造者”。

拿破仑·希尔著有《成功学全书》、《人人都能成功》、《思考创富》等著作，这些著作被译成20多种文字，在30多个国家和地区出版发行，受到了追求成功者的热烈欢迎，畅销量以千万册计。无数政坛精英、商界巨贾的成功，很多都获益于他的著作，其中就包括美国的几任总统。拿破仑·希尔在成功学领域创造性地建立了一套全新的理论，因此在成功学、创造学等领域享有崇高的地位，甚至超过了他的恩师挚友卡耐基。

拿破仑·希尔于1883年出生于美国弗吉尼亚州的一个贫苦家庭。10岁时，母亲就离他而去，但少年时期的拿破仑·希尔受到继母的激励，从小立志成为一个伟大的人物，作出伟大的成就。也正是这样的教育，拿破仑·希尔一直坚信自己会成长为一个了不起的人，直到长大后，他从未动摇过自己的信念。

拿破仑·希尔毕生都在探索和实践成功之道，在20世纪初叶，拿破仑·希尔就通过自己的不懈努力取得了了不起的成就。1937年，拿破仑的经典著作《思考创富》问世，他从此拥有了将近2000万左右的读者。后来，他提出了成功学17条黄金法则。这17条法则涵盖了人类取得成功的所有主观因素，具有很强的实操性。人们只要按照这17条法则去做，就能够到达一生中最辉煌的巅峰。拿破仑·希尔曾经用这17条黄金法则做过实验，他训练了3000名毫无经验的推销员，不到半年，他们就赚到了100万美元（相当于现在的几十亿美元），还付给了拿破仑·希尔3万美元的酬谢。拿破仑·希尔的成功学已经使"成功"这种较为抽象的概念转化成了具体的、可操作的目标。因此，想要获得成功的人，去了解拿破仑·希尔和他的成功学著作，是非常有必要的。

本书以精炼的方式，向读者展示了拿破仑·希尔的《成功学全书》和《思考创富》的重要理念。本书分为上下两篇。在上篇，讲述的是《成功法则》，其中就包含了17条黄金法则。拿破仑·希尔从心态、目标、个人的付出、思考方法、情绪、领导才能、自信、个人魅力、创新、热忱之心、专注、团队合作、对待成败的态度、进取心、时间与金钱、身心健康以及习惯的选择等17个方面论述了一个人在通往成功的道路上，在各个方面应该如何做，才能一步步地获得成功。比如心态是否端正、目标是否明确、有没有作出自己应有的努力、是否有着正确的思考方法等，这些都关系到你是否可以成功，是否能够顺利地取得成功。

在下篇，讲述的是《思考创富》中的内容。对于一个善于从思考的过程中汲取财富的人来说，如果他能运用《思考创富》中的内容和方法，那么他就等于获得了起码价值100万美元以上的财富。《思考创富》共包括心想才能事成、欲望、信心、自我暗示、专业知识、想象力、计划、决心、毅力、智囊团、性的转化、潜意识、头脑、第六感、六种恐惧15个方面的内容。如果你能通过这15个方面，去不断提升自己的思考能力、创造价值的能力，那么你无疑将成为一个在很多方面拥有大量财富的"富豪"，无论是物质上的还是精神上的。

阅读成功定律和思考创富的道理，你能够发现安德鲁·卡内基、亨利·福特、约翰·洛克菲勒等名人成功的轨迹，探索出他们致富的奥秘。只要你善于把握，敢于坚持，勤于实践，那么相信在不远的将来，你也能够取得和他们一样的成就。

CONTENTS 目 录

上篇　成功法则

人人都想获得成功，并且想避免失败，这是人类一种趋利避害的本能。成功的人，可享受到无上的光荣和极大的物质及精神财富。然而，成功并非想想就能降临到你的身边，需要你使用各种方法才能获得。成功学大师拿破仑·希尔通过总结自己和前人的成功经验，为世人总结了成功 17 条黄金法则。运用这 17 条法则，成功就会指日可待。

拥有积极的心态，就意味着拥有无穷的力量之源。一个人，如果想实现人生的最大价值，或者想获得事业的成功和家庭的幸福，那么，他就一定要尽自己最大的努力，去激发出自己积极心态的力量。

一个明确的目标，就像为在大海中航行的船只指引方向的灯塔一般。只有通过灯塔的指引，船才能安全地到达彼岸。如果没有灯塔，那么这些船只迟早会沉没在汪洋大海之中。同样，在成功的路途中，如果你不能明确你自己的目标，那么你的人生征程将永远漆黑而漫长。

第三章　不要吝啬你的付出 / 21

要想取得成功，一定会付出代价，有时是让你付出一丁点儿，有时也许让你付出巨大的代价。但是不管是一丁点儿还是巨大的，只要你乐于付出，你就能得到成功所带来的补偿。如果无论多少代价，你都不愿意付出，那么你就注定与成功无缘。

第四章　正确的思考方法 / 30

在日常的工作和生活中，我们要面对和处理太多太多的事情。要是我们不能去有效处理的话，或许你的工作和生活就会变得纷繁杂乱。假如你能以正确的思考方法去梳理、分类和处理那些林林总总的事情，相信不久之后，你就可以享受到前所未有的轻松的感觉。怎样才能拥有正确的思考方法？这可需要你仔细地去探索和研究。

第五章　不做情绪的奴隶 / 39

情绪是你情感的重要体现。一个人能否成功？现在能不能离成功更近？在一定程度上是取决于你的情绪的。拥有良好的情

第八章　个人魅力的展示 / 68

当我们看到那些伟人、明星、大师、巨贾时，他们是多么的受到人们的尊敬和爱戴啊！在他们身边，总是能吸引到一大群追捧他们的人，这是为什么？其实这不仅仅是他们的卓越成就带来的效果，更为主要的是，他们总是能散发出一种吸引他人的个人魅力。个人的魅力体现出人的个性。富有个性的人，必然可以吸引到属于自己的追随者。这样，在通往成功的道路上，他就不再是一个人孤军奋战了。

第九章　创新才能永不落后 / 78

创新，是发展的灵魂。换言之，如果没有创新，那么人类社会就不可能取得进步，也不可能有今天如此日新月异的成就。相对于个人而言，创新也是取得连续成功的核心手段。人如果停止了创新的话，那么就会落后，就会被自然、被社会所淘汰。

第十章　保持热忱之心 / 86

热忱，是一股重要的力量。在人的心中，他的那颗心如果永远是那么活跃、那么热情的话，那么他就是永远充满着青春的活力和无限的激情的。能保持热忱之心的人，成功必然会是属于他。而且，一个人的热忱，不仅仅是属于他一个人的，还会传染给其他的人，使他身边拥有一批和他一样热忱的追随者。成功，需要你有一颗热忱的心。

第十一章 培养专注的能力 / 96

无论是在学校读书还是在社会上工作，对待自己的学业和事业，都会要求保持专心致志的状态。的确，人们能够专注于一件事，就可以把自己的无限潜能给激发出来，使事情做得趋于完美，这也是让事情做得精益求精的重要保证。因此，你如果在平时培养出专注的能力，那么你就等于掌握了一把打开成功的钥匙。

第十二章 团队合作不可或缺 / 104

成功的道路上，如果你只是一个人孤军奋战，那么你是很难获得成功的，即便获得成功，也会让你付出巨大的代价。如果你可以组建一个团队，或者加入一个团队，与这个团队的成员进行通力的合作，相信这就是你走向成功的通途。

第十三章 正确对待得失成败 / 113

面对成功，我们自然会感到无比的欢悦和自豪，这也是激励你取得下一个成功的重要因素。可是，成功之路是不可能事事顺心的，你也许会遭遇失败的情况。面对失败，你会有什么样的感受？沮丧？自责？还是气馁？如果是这样的话，原本离你咫尺之遥的成功，瞬间就会变得那么的遥远。看看爱迪生等伟人，看看他们是如何对待得失成败的，你就能找到自己怎样去面对失败的答案。

获得一个成功，只是漫漫人生路上其中的一个目的地，并不意味着你就到了终点站。成功是没有终点的，它需要你不断地前进、不断地进取。从一个成功走向下一个成功，永远不要停滞不前，人类社会今天的一切，也就是这么得到的，并且仍旧在这样继续着。

时间，就是生命的体现形式，它是不可再生的资源，一寸光阴一寸金；金钱，虽然只是等价的交换工具，但却是我们的物质生活必不可少的东西。如何合理地去安排你的时间与金钱，让自己的生命、物质财富体现出最大的价值，也是属于成功学中需要学会的东西。合理安排和利用你的时间与金钱，就等于是在实现自己的人生价值。

第十六章　身心健康也是一种成功 / 140

成功不仅仅是要求你具备一系列的外在因素和内在心态，更要求你有健康的身心。身心健康，是成功之本。如果你取得成功，但自己却只换来很快躺在医院、坟墓中，那么你也就无福享受成功，你也仍旧是个失败者。所以，身心健康，也是一种成功。

第十七章　良好习惯的养成 / 150

良好的习惯能使人立于不败之地，不良的习惯就是毁掉你事业的一颗定时炸弹。好习惯和坏习惯的威力都是同样巨大的。养成良好的习惯，你就能爬上成功之巅；养成坏习惯，就会把你推向失败之渊，使你难以爬出来。所以，追求成功的人，养成一个良好的习惯，就等于为将来选择了一个成功的结果。

下篇　思考创富

思考也能创富？没错！善于思考的人，在他的思想中，就犹如蕴藏着一座巨大的宝藏。通过他的思考，就能够从那座潜在的宝藏中源源不断地挖出巨大的财富。卡内基、哈默、洛克菲勒等人的财富，都是从他们的思考中取得的。如果你是一个善于思考的人，那么你就不要怀疑自己，你已经拥有了一笔巨大的财富！

心想才能事成，这不是一句祝愿性的话语，它可以在你的身上变成现实。心中所想，代表着你的意志力、你的思维方式以及你的思想。坚持心中所想，必然会让你获得最终的成就。

欲望是所有成就的出发点，是走向财富的第一步！强烈的欲望是财富的源泉，富人之所以能够成为强者，创造出常人难以创造的财富，靠的就是欲望产生的无穷力量。坚持你的欲望，那么你心中所能想象和坚信的任何事物，就都有可能实现。

第二十章 信 心 / 175

走向财富的第二步就是，要有强大的信心！要想象和相信自己的欲望会实现！信心能让思想充满力量，在强有力的自信心鞭策下，人的思想就能无限提升。信心对智慧有着巨大作用。当两者相结合时，在心灵的潜意识中便会激起“无限的智慧”。

第二十一章 自我暗示 / 180

自我暗示是自己对自己进行自我指导和指示的刺激，当它在你的内心发生了作用之后，就成为了真正的“自我暗示”。通过思考创富的人，会非常有效率地运用自我暗示的原则，强化自己致富的潜意识。这样的人，在还没得到所想的财富之前，就已经看到了那笔财富了。这样，他迟早都会成为富翁。

第二十二章 专业知识 / 184

知识就是力量，它可以为你带来无穷的智慧和巨大的财富。然而，这句话只是较为笼统地说明了知识的作用。知识有一般性知识和专业性知识两种，运用一般性知识，并不能让你获得太多的财富。只有你掌握并且会运用专业的知识，才能迅速地积累起你所想要的财富。

第二十三章 想象力 / 191

想象力是创新之源、梦想之源，也是人类一切伟大计划的加工厂。具有了想象力，就好比为自己插上了理想的翅膀，让你翱翔得更高远，让你能追求更多的财富。因此，如果你是一个具有丰富想象力的人，并且可以通过恰当的方式发挥出来，那么再远大、再难以实现的梦想，都会被你实现。

第二十四章 计　划 / 196

任何能让你成功的计划，它所需要的不仅仅是要你去制定它，更需要你去认真地执行。成功的计划只有通过切切实实地去执行，才能够把它从纸上变成可看得见的现实。执行你的计划，或许会遇到不同程度的困难。但这没有关系，如果你能掌握、能懂得执行计划的方法，那么一切困难都可以得到很好的解决。

第三十一章 第六感 / 232

第六感是一种非常奇妙的感觉，它可以让你预测到危险的发生，让你预感到机会的降临，让你的灵感随时来临。它属于想象力的一部分。如果你的第六感是趋于成熟和发展的，那么它就能为你开启智慧殿堂之门。

第三十二章 消灭恐惧 / 239

在每一个人的思想意念中，或多或少都存在对某些事物的恐惧。恐惧是一种特别讨厌的东西，它能令人在某些事情上变得畏首畏尾，不敢从事自己想要做的事情，因此我们必须把它消除。恐惧的种类繁多，而最为基本的，也是对你的事业形成致命威胁的，是对贫困、批评、疾病、失去爱、衰老、死亡的恐惧，把它们清除掉，是每一个想通过思考创富、获得成功的人的当务之急。

上　篇

成功法则

人人都想获得成功，并且想避免失败，这是人类一种趋利避害的本能。成功的人，可享受到无上的光荣和极大的物质及精神财富。然而，成功并非想想就能降临到你的身边，需要你使用各种方法才能获得。成功学大师拿破仑·希尔通过总结自己和前人的成功经验，为世人总结了成功17条黄金法则。运用这17条法则，成功就会指日可待。

第一章

积极心态的力量

拥有积极的心态，就意味着拥有无穷的力量之源。一个人，如果想实现人生的最大价值，或者想获得事业的成功和家庭的幸福，那么，他就一定要尽自己最大的努力，去激发出自己积极心态的力量。

积极的心态是成功者的首要标志

一个人是否成功，首要的标志就在于他的心态。如果一个人以积极的心态乐观地面对人生，乐观地接受一切挑战，那么他就几乎成功了一半。

在我们所生活的这个世界上，真正成功卓越者很少，而失败平庸者却很多，这是我们必须要面对的事实。成功者大多活得充实、自在、潇洒，而失败者却过得空虚、艰难、猥琐。为什么会有这样的情况出现呢？

其实，你细心观察，对这两者的处世态度进行一番对比，尤其是当遇到关键问题时的反应和采取的解决措施，我们就可以发现，成功者和失败者所拥有的人生观是截然不同的，这就是日常生活中所说的“心态”。有一个关于塞尔玛的故事，可以给人一些启发：

塞尔玛陪伴着丈夫一同驻扎在靠近沙漠的一个陆军基地中。丈夫奉命到沙漠中进行军事演习去了，她一个人留在基地的铁棚屋子里。那里的天气异常炎热，哪怕是在仙人掌的阴影下气温也有将近42℃，陪伴她的只是墨西哥人和印第安人，而他们不会讲英语，因此连个聊天的人都没有。塞尔玛感到很难过，于是写信告诉父母，要离开这儿回家去。

塞尔玛的父亲回信了，信的内容只有两行，但这两行信却永远铭刻在了她的心中，完全改变了她的生活：

“两个人从牢房的铁窗远望，一个人看到的是地上的泥土，一个人看到的却是天上的星星。”

塞尔玛读着这封信时，感到非常惭愧。于是她决定要在沙漠里找到星星。

于是，塞尔玛开始和当地人广泛交往，他们的反应让她非常诧异，她对当地人的纺织和陶器表示了极大的兴趣，当地人就将自己最喜爱的但又舍不得出售给旅客的纺织品和陶器送给了她。塞尔玛也开始研究那些令人着迷的仙人掌和各种沙漠植物，还对土拨鼠的有关知识进行了学习。她观察沙漠的日落，还寻找着在几万年前当这片沙漠还是海洋时代留下的海螺壳。原本难以忍受的环境，转变成了令人兴奋和流连忘返的奇景。

到底是什么因素使这位女士的内心发生了巨大的转变呢？

沙漠依旧是那片沙漠，印第安人也没有改变。但是塞尔玛改变了她的念头和心态。一念之差，她就将原本认为恶劣的环境，变成了一生中最有意义的冒险。塞尔玛对新世界的发现感到异常兴奋，并为此撰写和出版了一本名为《快乐城堡》的书，她从自己建造的“牢房”中远望，终于看到了星星。

马尔比·D. 马布科克曾经说过：“我们平常认为成功要依赖于某种天才、某种超能力、某些我们所不具备的东西，这其实是我们最常见和代价最高的一个错误。”其实，我们在日常生活中，成败与否最主要的问题是自己的心态问题。在困难来临的时候，有的人总是会挑选那些容易倒退的路，并对自己说：“算了，知难而退吧！”等待他的结果，是陷入失败的深渊。而与之相反的一部分人，则能够让自己保持积极的心态，用“我要，我能！”等积极的意念不断鼓励自己。这样，面对困难，他们总能够想尽一切办法，不断地前进，直到成功的高峰。以发明大王爱迪生为例，他面对上千次失败的实验和他人的嘲笑、讽刺，并没有退缩，最终成功地发明了电灯，照亮了全世界。这个例子充分地说明了积极心态的重要性。

如果能够用积极的心态，乐观地去面对人生中的困难，勇于接受挑战，那实际上他就已经成功了一半。也可以讲，成功人士和失败人士的差别在于：成功人士拥有积极的心态，即PMA（Positive Mental Attitude）。而失败人士拥有的只是消极的心态，并习惯和屈从于消极的心态，即NMA（Negative Mental Attitude）（在美国成功学领域，PMA与NMA已成为替代积极心态与消极心态的专有名词）。

我们的心态在很大程度上决定了我们人生的成败：

我们怎样对待生活，生活就怎样对待我们。

我们怎样对待别人，别人就怎样对待我们。

我们在一项任务刚开始时的心态，就决定了最后能否取得成功，这是最重要的因素。

人们在任何重要组织中地位越高，就越能找到最积极的心态。

这就是人们为什么会说，我们在心理的、感情的、精神的还是生活的环境上是怎样的，完全由我们自己的态度来决定。

虽然我们不能保证有了PMA就一切都能成功，但是PMA在改变一个人的命运乃至日常生活上肯定是起着积极的作用的。任何一种单一的方法是不可能保证一个人凡事都心想事成的，只有以PMA和其他成功的要素、定律紧密结合，并作用于实践后，成功的几率才会非常大。不过，有一点可以肯定，抱有NMA的人是一定不能成功的，即使是在幸运之神的光临下暂时取得成功，那也只是昙花一现，转瞬即逝，不会长久地持续下去。所以，一个人如果要成为一个出色的成功人士，那么就要让自己首先拥有积极的心态！

认识你的隐形护身符

想要获得成功，首先你得认识自己身上所佩戴的隐形的“护身符”。我们每个人都佩戴着隐形的护身符，它的一面刻着PMA（积极的心态），另一面刻着NMA（消极的心态）。

这一护身符拥有两种惊人的力量，它既能把财富、成功、快乐和健康吸引过来，又可以将这些东西排斥，把生活中的一切全部夺走。这两种力量的第一种是PMA，它能使人登上成功之巅；另一种就是NMA，它可让人陷入失败的深渊，即使能重新爬回峰顶，也随时都有可能被它拖回去。

心态是怎样去影响一个人的呢？按照行为心理学，当你有一种信念或心态

后，你把它付诸行动，就能加强并助长这种信念。

当你有一个信念时，你会觉得在工作中很有信心，并能很好地完成自己承担的工作。而你经常这样自我暗示，并在实际中想尽办法去做好工作，信心就会变得更强。这就是你的行动加深了你的信念。因此，当你认为自己有能力时，你就会感觉经过自己努力，在各方面就能取得成功。因为这个世界上没有人能够改变你，能改变你的只有你自己；也没有人能够击败你，除了你自己。

因此，你无论面对如何恶劣的条件，只要你运用PMA，并把它与成功及其他定律相结合，就可能获得成功。反之，无论你有多么优秀的条件，多么千载难逢的机会，如果你运用NMA，那么注定要失败。

美国前总统罗斯福就是运用PMA成就事业的典型。

富兰克林·罗斯福在8岁时是一个脆弱、胆小的男孩，他的脸上总有着一种恐惧的表情，就连他的呼吸也像喘气一样。如果喊他起来背诵，他的双腿会马上发抖，嘴唇不停地颤动，回答得模糊而且不连贯，然后颓废地坐下来。要是他有好看的容颜，也许感觉会好一些，可他却是个龅牙。

像他这样的孩子，自我感觉必定是非常敏锐的，他也许会回避任何活动，不爱交朋友，成为一个只知自怜的人。但是罗斯福却并不是这样，虽然他有缺陷，但他却保持着PMA（积极的心态），这种积极、奋发、乐观、进取的心态，就激发了他奋进的精神。

罗斯福从不把自己当做襁褓中的婴儿看待，而是要让自己成为一个真正的人。他看到其他强健的孩子玩游戏、游泳、骑马以及做各种高难度的体育活动，他也会强迫自己去打猎、骑马、玩耍或者进行其他一些激烈的活动。让自己成为最能吃苦耐劳的典范。当他看到其他的孩子用刚毅的品质去应对困难、克服惧怕的神情时，他也就以一种探险的精神，去对付所处的可怕的环境。这样，他也觉得自己勇敢起来了。当他和别人在一起时，他觉得自己喜欢他们，并不愿回避他们。由于他对别人感兴趣，从而使自卑感无处产生。他觉得以“快乐”两个字去对待别人时，他也就不惧怕别人了。

在罗斯福还未上大学之前，就通过自己不断的努力，进行有规律的运动和生活，把健康和精力恢复得非常好了。他利用假期去亚利桑那州追赶牛群，在落基山猎熊，在非洲打狮子，让自己变得健壮有力。没有人会怀疑罗斯福的精力，也没有人对他的勇敢发生过质疑，然而，罗斯福真的曾经是那个体弱胆怯的小男孩。

因为身体的缺陷，促使了罗斯福更加努力地去奋斗，他没有因为伙伴们的嘲笑而降低了勇气，他喘气的习惯变成了一种坚定的声音。他以坚强的意志，咬紧牙床不颤动，从而克服他的惊惧。就凭着这种奋斗的精神，凭着这种PMA，罗斯福最终成为了美国总统。

罗斯福不因自己的缺陷而沮丧，而是加以利用，将其变为资本，借以登到成功的顶峰。在他晚年，很少有人知道他少年时曾经有严重的缺陷。美国人民都爱戴他，罗斯福成为了美国历史上最得人心的总统之一，这种情况是前所未有的。

罗斯福的成功，是非常的神奇和伟大，但是先天所加在他身上的缺陷又是那么的严重，但他却毫不灰心地干下去，一直到成功的时刻。罗斯福也从来不会落入自怜的罗网之中，而这个罗网害过比他的缺陷还要轻得多的人。

罗斯福获得自信的方式非常简单却很有效，每个人都可以这样做。

罗斯福成功的主要因素，在于他的心态和他的努力奋斗，但最重要的还是他的心态。正是他这种积极的心态激励他去努力奋斗，最后终于从不幸的环境中找到了成功的秘诀。罗斯福使用了隐形的护身符，把PMA的那面朝上，终于把成功吸引过去了。

我们本身是自己态度的主宰，所以也是个人命运的主宰。态度会决定我们未来的机遇，这是放诸四海而皆准的定律。而且，无论态度是破坏性的还是建设性的，这个规律都会完全得到应验。运用PMA黄金定律，我们会把心中的各种理想变为现实，同样地能把富裕或贫穷的思想变成事实。

把隐形的护身符翻到PMA的那一面，不使用NMA的那一面，是许多杰出人士的共同特征。或许我们拥有很多优点，但却视而不见。其实最明显的优点往往最不容易看见，每一个人的优点正是自己的PMA，这是一点也不神秘的。

在研究成功人士多年以后，我得出了这样一个结论：积极的心态正是成功人士共同拥有的一个简单的秘密。

改变心态就能改变潜能

你认为自己行，那么你就行。认为自己一定能成功，你就会成功。无须过多地去怀疑。你的潜能，只要你认为你能开发得了，那就一定能够开发！有一个关于牧师和他儿子的故事，读起来令人意味深长：

在一个周六的早晨，一个牧师正为讲道词而伤透脑筋，他太太外出买东西了，外面下着倾盆大雨，小儿子因无事可做，烦躁不安。牧师随手拿起一本旧杂志翻了一翻，看到一幅色彩艳丽的巨幅世界地图。他把这页撕下来，并把它撕成碎片，丢到客厅的地板上说："强尼，把它拼起来，我就给你两毛五分钱。"

牧师心想儿子起码得忙活半天，终于可以安静地思考一会儿了。谁知10分钟不到，他的书房就想起了敲门声，儿子已经把图拼好了，牧师万分惊讶，强尼竟然这么快就把地图拼好了。每一片纸都整整齐齐地排列在一起，整幅地图又恢复了原状。

"儿子啊，你怎么这么快就拼好了呢？"牧师问道。

"噢！"强尼说，"非常简单呀，这张地图背面有一个人的图画，我先把一张纸放在下面，把图画这一面放在上面拼起来，再放一张纸在拼好的图上面，然后翻过来就行了。我想，要是人拼得对，地图也应该拼得对。"

牧师听了笑了起来，将两毛五的硬币给他，"你把明天讲道的题目给我了。"他说，"如果一个人是对的，他的世界也同样是对的。"

这个故事的深刻意义不言而喻：如果你不满意自己的环境而且想改变它，那么，首先要改变的，就是自己。这即"如果你是对的，则世界也是对的"。如果你持有积极的心态，你身边所有的问题，都会得到解决。

或许你认为自己做什么事都比不上别人，一无是处；有时甚至会受到父母的责备、讥讽，这更会加深对自己的疑惑：难道我总是会做错吗？"一切的和谐与平衡，健康与健美，成功与幸福，都是由乐观与希望向上的心理成就的。"美国首任总统华盛顿曾经这样说过。

如果你觉得自己目前所处的境况不是很理想，那么，你就先改变自己吧。但是，也有人会把自己糟糕的境况所造成的原因归咎于别人或者是社会。确实，人生活在社会当中，总会受到很多因素的影响。不过，说到底，如何看待这些客观因素，最终还是由我们自己来决定的。

艾文·班·库柏是美国最受尊敬的法官之一，但他小时候却是个懦弱的孩子。

库柏在密苏里州圣约瑟夫城一个准贫民窟里长大。他的父亲是一个移民，以裁缝为生，收入微薄。为了家里取暖，库柏常常拿着一个煤桶，到附近的铁路边去拾煤块。库柏为这样做而感到困窘。他常常从后街溜出溜进，以免被放学的孩子们看见了。

但是，那些孩子还是看见了他。特别是有一伙孩子常埋伏在库柏从铁路回家的路上，袭击他，以此取乐。他们常把他的煤渣撒到街上，让他回家时一直流着眼泪。这样，库柏总是生活在或多或少的恐惧和自卑的状态之中。

后来，库柏读了一本荷拉修·阿尔杰著的《罗伯特的奋斗》的书，在这本书里，库柏读到了一个像他那样的少年的奋斗故事。那个少年遭遇了巨大的不幸，但是他以勇气和道德的力量战胜了这些不幸。从此库柏受到了鼓舞，他希望也能拥有书中少年的勇气。

几个月后，库柏又到铁路上去拣煤。隔开一段距离，他看见先前三个孩子正尾随他。他最初的想法是转身就跑，但很快他就想起了他所钦佩的书中主人公的勇敢精神，于是他把煤桶握得更紧，一直向前大步走去，犹如他是荷拉修书中所描绘的一个英雄。

一场恶战开始了，三个男孩一起冲向库柏。库柏丢开铁桶，坚强地挥动双臂，用拳头回击了这三个孩子恃强凌弱的行为，库柏的行为让这三个孩子大吃一惊。库柏的右手猛击到一个孩子的嘴唇和鼻子上，左手猛击到这个孩子的胃部。这个孩子便停止打架，转身溜跑了，库柏自己也大吃一惊。同时，另外两个孩子正在对他进行拳打脚踢。库柏设法把一个打倒，用膝部猛击他，而且发疯似地揍他的腹部和下巴。现在只剩一个了，他是孩子头，已经跳到库柏的身上，库柏用力把他推到一边，站起身来。大约有几秒钟，两个人就这么面对面站着，狠狠瞪着对方，

互不相让。

后来，这个小头头一点一点地退后，然后拔腿就跑。库柏也许出于一时气愤，又拾起一块煤炭朝他扔了过去。

这时，库柏才发现自己的鼻子挂了彩，身上也青一块、紫一块。这一仗打得真好。

这是他一生中重要的一天，从此他克服了恐惧。

班·库柏就是因为不满自己遭受欺凌的状况，所以他开始改变自己怯弱的心态。虽然他自己并不比以前强壮很多，那些坏孩子的凶悍也不比以前收敛多少，然而，因为心态的改变，他激发了自己的潜能。从此刻开始，班·库柏能自己去改变自己所处的环境状况，他做到了！

通过运用PMA的班·库柏，战胜了懦弱和恐惧，最终成为美国最受尊重的法官之一，这就是良好的心态所激发出来的潜能。运用PMA，库柏获得了比这个更大的成就，那就是把他那隐形的护身符由NMA的一面翻到了PMA的一面，以积极的心态去战胜原本的懦弱的性格，超越了自我，所以他能战胜现实中所面对的一切客观困难，从而最终取得了成功。

班·库柏的事例，换在每个人身上都是一样的，只是每个人所面对的事物不同而已。每个人在通往成功的道路上，都应该认定自己是正确的，然后这个世界也自然是正确的。只要认为自己能改变自己的心态，你就一定能激发自己的潜能。这样，你就能正确地看待现有的客观因素，这是战胜内心NMA中懦弱、恐惧的重要基础。

积极的心态如何培养

每个人，无论他原来的处境、气质与智力如何，有一点可以肯定的是，积极的心态，是每个人都可以学到的，这是最低的限度。

可能有的人，似乎天生就有运用PMA的能力，并使之成为成功的原动力。而另一部分人，必须要通过学习才会使用这种动力。

但是，怎样培养和加强PMA呢？

首先，在言行举止上，要像你希望成为的人。积极的行动会导致积极的思维，积极的思维会导致积极的人生心态，这是培养积极心态的一个正常的规律。而很多人总是喜欢等到自己有了一种积极的感受再去付出行动，这是本末倒置的行为。心态是紧随着行动的，如果一个人从消极心态出发，等待着感觉把自己带动起来，这本身就是一种消极的心态，他也就永远成不了拥有积极心态的人。

要心怀必胜、积极的想法。如果我们开始运用积极的心态并把自己看做成功人士时，那么这就是我们成功的开始。美国亿万富翁、工业家卡耐基说过："一个有完全支配自己内心能力的人，对他自己有权获得的其他任何东西也会有支配能力。"

用美好的感觉、信心与目标去影响别人。日渐积极的行动与心态，会让我们逐渐获得一种人生美满的感觉，日增的信心，让人生的目标感也越来越强烈。而且，别人会为你的积极和优秀所吸引。人们都会有见贤思齐的心理，喜欢跟积极乐观者在一起。这时，你应运用他人这种积极的响应来发展积极的关系。同时，也可以帮助他人获得这种积极的心态。

另外，每个人都有感觉自己重要，以及希望别人需要和感激他的欲望，这是我们平常人的自我意识的核心。如果你能满足别人心中的这个欲望，他们就会对自己和对你抱有积极的态度，于是就会形成一种双赢的局面。正如美国 19 世纪哲学家兼诗人拉尔夫·沃尔都·爱默生说的："人生最美丽的补偿之一，就是人们真诚地帮助别人之后，同时也帮助了自己。"

让别人感到自己重要的另一个好处，就是反过来让你也感到自己很重要。在大多数情况下，你怎样对别人，别人就怎样对你，就像那个讲述两个不同的人迁移到同一小镇的故事一样。

第一个人到了市郊，就在一个加油站停下来，询问一位职员："这个镇里的人怎么样？"

加油站职员反问他："你从前住的那个镇的人怎么样？"

第一个人问答："他们真是糟透了，很不友好。"

于是加油站职员说："我们这个镇的人也一样。"

过了些时候，第二个驾车人驶进同一加油站，问了职员同一个问题："这个镇的人怎么样？"

那个职员同样反问："你从前住的那镇上的人怎么样？"

第二个人回答："他们好极了，真的十分友好。"

加油站职员于是说："你会发现我们这个镇的人完全一样。"

那个职员懂得，你对别人的态度跟别人对你的态度是一样的。

学会微笑也是加强 PMA 的重要方式。微笑是令人愉悦的一种表情，是上帝赐给人的专利。面对一个面带微笑的人，你能感觉到他的阳光、自信与友好。同时，他的自信与友好也会让你受到感染，让你自然地生出友好之情，拉近你和对方的距离。微笑不仅仅只是一个面部表情，也是一种含义深远的肢体语言。它所表达的是："朋友你好，很高兴认识你，我愿意看到你，和你在一起很愉快"。微笑能鼓励对方的信心，还能消除人们之间的陌生与隔阂。当然，这样的微笑，必须是发自内心的、真诚的微笑。"一副好的面孔就是一封介绍信"。微笑，是你打开友谊之门的钥匙。我们要发展友好的人际关系，建立积极的心态，就必须学会真诚地微笑。

你永远也不要消极地认为有什么事是不可能做到的。你首先一定要认为你能行，再进行不断地尝试，到最后，你就可以发现你确实能做到。

> 我年轻的时候，心怀着当作家的梦想。要实现这个梦想，我知道自己必须精于遣词造句。但是，我小时候家里贫穷，并没有接受到很完整的教育。有的朋友就跟我说，你的梦想是"不可能"实现的。
>
> 于是我存钱买了一本最好的、最完整的、最漂亮的字典，我所需要的字都在这本字典里面，而我的目标就是完全了解和掌握这些知识。可是在我的这本字典里找不到"不可能（impossible）"这个词，因为我用小剪刀把它剪下来丢掉了。这样，我就有了一本没有"不可能"的词典。后来我把整个事业建立在这个前提上，那就是：对一个要成长，而且成长速度要超过别人的人来说，没有哪件事情是不可能的。

你所要做的，并不是像我一样，把"不可能"这个词从字典里剪掉，而是你要从心中把"不可能"这个观念铲除掉。在交谈中、想法中、态度中摒弃它，不再为它寻找借口和理由，把这个词和观念永远地抛弃掉，以"可能"这一光辉的词语和观念来替代它。

第二章

明确你想达到的目标

一个明确的目标，就像为在大海中航行的船只指引方向的灯塔一般。只有通过灯塔的指引，船才能安全地到达彼岸。如果没有灯塔，那么这些船只迟早会沉没在汪洋大海之中。同样，在成功的路途中，如果你不能明确你自己的目标，那么你的人生征程将永远漆黑而漫长。

要选择明确的目标

很多人在工作上，虽然是埋头苦干，但却不知道为何而干。最终发现在追求成功的路上，那把追求的阶梯搭错了边，但为时已晚。基于这样的情况，我们就必须掌握好一个可行的目标，并设计好实现目标的过程，理清思绪，凝聚持续向前的力量。

一个人必须要有一个目标或者目的，具有一个明确、固定、清楚的目标，就能察觉到自己内在的最大潜能。反之，你可能永远是“徘徊的普通人”中的一员，即使你是一个“有才能的人”。

如果一个人没有目标，他就像一艘没有舵的船，永远漂流不定。最后到达的地方，只是失望、失败和沮丧的海滩。

在你的一生中，做任何事情，都有自己的理由和明确的目标吗？目标是具体的、泛泛的，还是长期的、短期的呢？我的答案是：目标必须是长期的、特定的、具体化的、远大的。

会被短期的种种挫折击倒的人，就是没有长期目标的人。这个理由很简单，

没有人能像他一样关心自己的成功。可能他会偶尔觉得有人在阻碍他的道路，并且故意阻止他的进步。但实际上，阻碍他进步最大的人，就是他自己。别人可以使他暂时停止，而唯一能让他完全停止的人，就是他自己。

没有长期的目标，任何事都可能构成无法避免的挫折。疾病、意外、家庭问题等一些不可抗拒的情况，都可能成为重大的阻碍。但是，有长期目标的人，他明白，每一次的挫折，不管有多么严重，都可以是进步的踏脚石，而不是绊脚石。

如果你设定了长期的目标，在一开始的时候，不要去尝试克服所有的阻碍。如果所有的困难，在一开始就统统解决了，就没有人愿意尝试有意义的事情了。打个比方说，你早上上班离家之前，打电话到交警部门询问所有的路口交通红绿灯是否都是绿灯了，交警会认为你是不通人性的。你一个一个地通过红绿灯，你不仅能达到当前的目标，而且当你到达那里时，你经常能有新的更远的目标。

几乎所有的人都知道，目标很重要。然而，很多人在人生路上，只是朝着阻力最小的方向行事，这是大多数普通人的行为，而不是“有意义的特殊人物”的行为。你必须成为一位有意义的特殊人物，而不是一位普通人。

一个人，不管有多少能力和才华，如果你无法利用它，将它聚集在特定的目标上，并始终坚持下去，是无法取得成就的。就像放大镜聚焦点火一样，如果放大镜和纸距离很近，是无法点燃它的，如果放大镜拉到适当的距离，让光线聚焦在一个点上，这时放大镜可以借太阳的威力，将纸点燃。

我们经常会问周围的小孩，包括自己的孩子：“你长大了要做什么？”如果有的孩子回答：“长大了我要做一个伟人。”像这种目标，太宽泛了，也非常不具体。就像我们小时候写作文，以长大了想做什么为题，有的同学就写道：“长大了我要当总统。”像这样的目标才够明确、够具体。

一个明确的目标，就必须是具体的。比如想学好英文，你就得定一个目标。每天背诵10个单词、1篇文章，1年之内能看懂英文书报。由于目标定得很具体，并且能按部就班地执行，目标就能容易地达到。

曾经有人做过一个跳高的实验，把人分为两组进行。

两组选手的身材都不相上下，在开始时，先是一起跳了6尺，然后将他们分开，对一组说：“你们能跳过6尺5寸。”而对另一组说：“你们能跳得更高。”然后分别让他们去跳。最终的结果，由于第一组有6尺5寸的具体目标和要求，因此他们每个人都跳得很高。而第二组没有明确的目标，因此他们只跳过了6尺多一点，不是所有的人都能达到6

尺5寸。这是为什么呢？就是因为第一组有明确的目标。

从这个故事可以看出，有没有设定具体的目标，最后的差别是非常大的。

约翰·贾伊·查普曼曾说："世人历来最敬仰的是目标远大的人，其他人无法与他们相比。贝多芬的交响乐、亚当·斯密的《原富》，以及人们所赞颂的任何人类精神产物……这些东西不是做出来的，而是他们的真知灼见创造出来的。"查普曼其实是在告诉我们，目标远大，会给人以创造性的火花，使你有可能取得成就。

成功人士都是这样走向成功的。获得奥运金牌的运动员，他们所依靠的，不仅是他们的运动技能，更重要的是他们远大目标的推动力。商界、政界等领袖也是一样的。推动梦想实现的，是远大的目标。并且，随着一个个梦想的实现，你会明白成功要求的要素是什么。如果没有远大的目标，人生就没有追求，也就没有更崇高的使命给你以希望。当你弄清楚了自己想取得什么成就，有了远大的目标，你就有了无论顺境逆境都能一往无前的勇气，这些，就是远大目标给你带来的超越自我能力的东西。

目标如何设定

设定一个明确的、适当的目标，就相当于达到了一部分的目的，一旦设定好目标，成功就会更容易些。

制定目标，并不是一次就够了。没有人能把目标设定完了，就可以高枕无忧的。设定的目标，应当经常去检查、修正、执行，以发展的眼光进行评估。有时一些情况，你应当要根据客观的状况在一些方面进行灵活的处理。比如，你更换了工作重点，目标也要适时地修改。在目标实现的过程中，你要懂得，自身的提高会比达到既定目标更为重要。

每一个人，都要在某一点上起步，才能够慢慢成为一个逐渐奔向目标的人。但平常不是随便哪个人都具备这个本事，应当要从下面几个步骤开始做起：

首先，确定你的目标及起跑线。这两点，对你的成功非常重要。没有一个目标，就会迷失前进的方向。没有起跑线，就没有规划自己航程的参照。有时候，一个人有了地图和指南针也仍然会无可奈何地迷失方向。只有当你知道地图上的

某一点是你现在所处的方位的时候，才能发挥地图和指南针的作用。

其次，把目标清楚地表述出来。无论哪种组织，企业、学校、教堂，都是通过对目标的清楚表述来指引单位内各成员的一切活动。鲍勃·汤森在《步步高升》一书中曾说："领导人的重要作用之一，是使机构全体同仁全神贯注于既定的目标。"你同样需要有某种因素来给你明确的指引，帮助你把你的精力集中在你的目标上。这个因素只能由你自己提供，他人无法代劳。

最后，让自己集中精力的最好方法，就是把自己的人生目标清楚地表述出来。每个人从心底都希望能发现自己的人生目标，并为实现这个目标而奋斗。把人生目标清晰地表述出来，有助于你时时刻刻集中精力，发挥出最高的效率。表述自己人生目标的时候，一定要以自己的梦想和个人信念作为基础，这样，有助于你把目标定得具体可行。

清楚表述完人生理想和人生目标后，接下来要做的就是制定一个个长期的和短期的目标了。把整体目标分解成一个个易记的目标。目标的表现形式，可以用业绩表示（如推销1000件产品），也可以用时间表示（如每周3次，每次锻炼一个小时）。目标可以涉及人生的所有领域，这个应视你想取得什么成就而定。你可以将下面几个领域作为制定目标的参考：

个人的发展、身体健康方面、专业成就、人际关系、家庭责任，财务方面。

想到什么样的目标，就可以先写下来。起初并不要求预估这些目标实现的可能性，也无需管它们是长期还是短期的目标。这一阶段，重要的是要有创意，有梦想。

把所想的目标都写下来后，对照自己的人生目标表述进行检查，然后问自己两个问题：

这一目标，能让我向前迈进一步吗？假如你发现这些目标，其中有和你人生目标不相符合的，这时你可以这样做：一是把它删除、忘记；二是重新评估自己的人生表述，并考虑改写，两者择其一。如果没有把与理想相匹配的目标制定好，就不可能实现自己的理想，成为成功者。

你记下了为实现理想必须达到的2~5个目标了吗？这个问题，在于帮助你搞清楚定下的目标是否写齐了。如果你察觉到你的理想还要求达到另外几个目标，也得把它写下来。做完了以上工作，你就可以对你的成功战略进行布局了。

有一个外国人，他一直梦想去中国旅游，于是制定了一个具体的旅行计划。他用了几个月的时间阅读自己所能找到的各种材料，像中国的艺术、历史、哲学、文化等。他对中国各省的地图进行了研究，并订好了飞机票、制定了详细的日程表，标出他要去观光的每一个地点，甚至每一天去哪里都筹划好了。

他有个朋友知道他正殷切期盼着这次旅游。在他预订回国的日子之后几天，朋友去他家去拜访，问他："中国怎么样啊？"

这人回答说："我认为，中国是不错的，可我没有去。"

朋友满脸疑惑："什么！你用了这么多的时间做准备工作，出了什么情况啦？"

他回答道："我很喜欢制定旅行计划，当时我不愿去机场，受不了，所以就待在家中没有去。"

这个人虽然设定了去中国旅游的目标和详细计划，但是他却不按计划实施，计划永远搁浅在纸上，他也永远实现不了去中国旅游的目标。在现实中，每个人都可以设定自己的人生目标，认真制定各时期的目标，但是，如果你不行动，不去身体力行地践行每个目标，终究还是一事无成。无论如何苦思冥想，谋划如何有所成就，都是不能代替实践行动的。没有行动的人，充其量只是在做白日梦，就像故事中的那个人一样。

定期评估计划执行情况。对事业的进展进行定期评估，和行动是同等重要的。随着计划的进展，有的时候你会发现短期目标没有让你向长期目标看齐、靠拢。或者你也许发现你当初的目标不太现实，或者你感觉到你的中长期目标中有一个不符合你的理想和人生的整体目标。不管是什么样的情况，你都要进行调整。对制定目标越陌生的人，越可能估计失误，就越需要重新评估和调整目标。

有些人会犯另外一个错误：当他制定了目标，也写下了要达到目标必须做的事情后，就把指导方针给忘掉了。对于这种情况，你可以把一句话贴在办公室或工作场所激励自己："现在做的事情会使我更接近我的目标吗？"

极具价值的成功计划

一个人，在养成制定、实现目标的良好习惯后，从此会脱胎换骨，取得连自己想也想不到的成就。和曾经成就平平的自己相比，已经是判若两人了。

对部分人来说，要养成事事先作规划的思维方式，要经过几番努力才可以。因此，你可以参考“极具价值的成功计划”，这个计划从五个方面入手，有助于你养成任何事情先谋划的思考习惯。

1. 使自己的想法清晰化。要做到这一点，你要先明确自己想达到什么样的具体目标，然后一心一意地去实现它。

2. 制定实现目标的计划，并定出最后期限。对各个时期的进度，进行细心规划。无论是每小时的、每日的、每月的。有组织的工作和持续的热情，是事业上的力量源泉。

3. 真诚希望取得人生所企求的东西。人类一切活动的原动力，是积极的心态。对成功的欲望，常常能给我们植入成功的潜意识。而成功的潜意识又会反作用于人，并培养出越来越浓厚的成功习惯。

4. 无限信任自己和自己的能力。做任何事情，内心绝不能有承认失败的意识。多想想自己的长处，避免强调自己的短处，想着自己的能力，而不是想着自己存在的问题。

5. 要有把计划进行到底的决心。坚定的决心是任何东西无法代替的。下决心将你的计划坚持到底，不要理会障碍、批评、不利环境，或别人会怎样想、怎样说、怎样做。以不懈的努力、专注及集中的力量来铸就自己的信念、决心。机会是不会空降在守株待兔的人的头上的。只有敢于出击、主动出击的人，才能抓住机会。正如牧师兼演说家罗伯特·H. 舒勒所说：“目标绝对重要，它不但调动我们的积极性而且维持着我们的人生。”

从即刻起，我们就要开始制定目标，规划未来。正如罗伯特·F. 梅杰说：“如果你没有明确的目的地，你很可能会走到不想去的地方。”竭尽所能，实现自己的理想，不要走到自己不想去的地方。接下来你就得列出让你成功的计划了。

你可以以自己既定的人生理想为基础，写出一份陈述，内容要包含你想做的一切，并把它记下来。写的时候，要包括以下几点：

- 什么事情是你人生活动的重点？
- 为何你想做这些事情？
- 对于这些事情，你打算怎样做？

把目标陈述写好后，最初一段时间，要每天看一次，看看这份陈述是否准确代表你的人生目标。然后定出你的目标。从人生的总体目标出发，找到实现人生目标所必须达到的各个主要目标。可能你会想出多个目标，但同样要花些时间从头审视一遍这些目标，看看你是否认为他们真的很重要。

接下来用一个小时阅读一遍每个主要目标。将一个总体目标分成若干个必须达到的中长期目标，再细分成每周、每月可以执行的任务。这样一来为你描绘成功的蓝图就绘成了。

把每个主要目标进行处理过后，你就能懂得，实现成功必须做什么，并组织好每天、每周、每月的活动。

最后要做的是评估你的目标。你的目标是否现实，哪些目标要和别人合作才能达到，把需要别人帮助的目标记下来以及或许可以给你提供帮助的人（最好是跟自己有类似目标及理想的人）。

有步骤地化目标为现实

自己的事情自己做。渴望成功的人，应当立即行动起来！并且把“化目标为成功”的有步骤地实施。

在你心里，首先要确定希望拥有的具体目标。想要成为富翁的人，只是空洞地说：“我要赚很多很多钱。”这是毫无意义的，也是没有用的。你必须要确定你追求成功的具体评价标准。如钱要挣多少，官要当到多大，科学成果要取得什么样等。

有这样一个例子：

> 有两个人，同样是投资房地产生意，汤姆计划向银行贷款 20 万美元，而约翰则向银行贷款 19.19 万美元。最终银行将款项贷给了约翰，并拒绝了汤姆的贷款请求。这是因为银行行长认为约翰的贷款预算是经过具体而又周到的考虑作出的，这说明了约翰办事非常细致认真，因此有较大的成功希望。

你要相信，坚强的决心可以创造奇迹。取得成功的人都懂得，进步是靠一点一滴的积累得来的。好比房屋是由一砖一瓦砌成的，体育竞技的最后胜利是由一次一次的得分累计而成的，商店的繁荣是靠一个一个的顾客创造的。因此，每个重大的成就，都是由一系列的小成就积累而成的。

著名的战地作家兼记者西华·莱德先生曾经在1957年4月的《读者文摘》上撰文表示，“继续走完下一里路”是他所收到的最好忠告，以下是其文章中的一段：

> “第二次世界大战期间，我和几个人不得不从一架破损的运输机上跳伞逃生，结果降落在缅印交界处的树林中。当时唯一能做的，就是迈着沉重的步伐往印度方向走，全程长达140英里，我们必须在8月的酷热和季风所带来的暴雨的侵袭下，翻山越岭长途跋涉。
>
> “才刚走一个小时，我的一只长筒靴的鞋钉扎伤了另一只脚，在傍晚时双脚磨出血泡，并且出血，范围足足有硬币那般大小。我能一瘸一拐地走完这140英里的路程吗？其他人的情况也差不多，甚至更为糟糕。他们还能走吗？我们以为这下完蛋了，但是又不能不走。为了能在夜晚之前走到个能休息的地方，我们别无选择，只得硬着头皮走下一英里路，直到终点。
>
> “后来，当我推掉其他的工作，开始编写一本25万字的书时，心里一直安定不下来，我差点放弃了一直引以为豪的教授尊严，也可以说几乎是不想干了，但我最后强迫自己去思考下一个段落该如何去写，并非是下一页，当然更不是下一章。在整整6个月的时间里，除了一段一段不停地写作之外，没有做任何事情，最终居然写成了。
>
> “几年前，我承接了一件每天写一个广播小剧本的工作，到目前为止，一共写了2000个。如果当初签一张‘写2000个广播剧本’的合同，那么我一定会被这个庞大的数字吓倒，甚至推辞掉。幸好只是写一个剧本，接着又写一个，就这样长年累月地写出这么多了。”

“继续走完下一里路”的原则不仅对西华·莱德很有用，当然对你也很有用。

欲实现任何目标，都必须按部就班地做下去。对于那些初级经理人员来讲，不管被指派的工作多么的不重要，都应该看成是“使自己向前跨一步”的好机会。同样，推销员每促成一笔交易，就为迈向更高的管理职位积累了条件。

如果你能即刻起制定一个30天的改善计划，那将是一个具有重大意义的步骤。计划应当具备下面的内容：

1. 要改正的坏习惯。如：不按时完成各种事情；消极性的词句；每天看电视超过60分钟；无意义的闲聊。

2. 要养成的习惯。如：每天早上出门以前检查自己的仪表；每一天的工作都在前一天晚上就计划好；任何场合都尽量赞美别人。

3. 用好的方法增加工作效率。如：尽量发掘部属的工作潜力。进一步学习公司的业务。如公司的业务有哪些？顾客又是哪些人？提出 3 项改善公司业务的建议。

4. 提高个性修养。如：每周花两小时阅读本行的专业杂志；阅读一本励志书籍；结交 4 个新朋友；每天静静思考 30 分钟。

当你看到那些高人一等的风云人物时，你要明白，他们那么好的风度并非是天生的，而是通过许许多多严格的自我修炼所形成的。建立新的良好习惯，同时就得根除不良习惯，才是这一类人的修养过程。

在真正要讨论和制定“设定目标的做法时”，有人可能会说：“我非常明白一心一意追求目标的重要性，但我杂务太多，原有的计划经常被‘扰乱’，这该怎么办呢？”确实，很多未知的因素都是客观存在的，并影响着目标计划的执行步骤，比如失业、家人生病或者其他意外事件。

面对障碍与困难，更需要我们心里的冷静，并采取相应的补救措施。比如，你开车时遇上堵车或者封路的情况，你是不可能停在那里不动，也不甘心掉头的。道路的暂时关闭只是表示目前无法通行，但你可以选择另一条路，同样地到达目的地。

在每次战役前，高级将领们拟定一个计划时，同时都会拟出几套备用方案，以备不时之需。也就是说，万一发生意外，使甲方案无法实施时，就采用乙方案。飞机也一样，如果原定降落的机场因故关闭，机组人员一定会改降到邻近机场。我们在制定目标计划时，也应该要做几套备用的计划方案。如果原定方案行不通，就可以启用备用的，克服眼前所碰到的困难。

制定了目标，并有了详细的步骤，就立刻行动起来吧，把目标变为现实，你会发现成功离你只有咫尺之遥。

第三章

不要吝啬你的付出

要想取得成功，一定会付出代价，有时是让你付出一丁点儿，有时也许让你付出巨大的代价。但是不管是一丁点儿还是巨大的，只要你乐于付出，你就能得到成功所带来的补偿。如果无论多少代价，你都不愿意付出，那么你就注定与成功无缘。

寻找另外一点儿东西

我们常常会问，成功与失败，它们究竟意味着什么？成功又如何呢？失败又如何呢？

如果平时能仔细的思考，你就会发现，成功与失败的差别是很小的，它们两者之间其实不是隔着一条鸿沟，而仅仅是隔着一条细小的线，也许成功与失败之间就是那么一步之遥，但结果却分隔得那么远。

其实，成功只不过是比失败多了点儿什么东西。你的失败，或许是因为你少了“另外一点儿东西”，需要它把成功带给你。你的成功，也许是因为你比别人多走了几段路，找到了别人没找到的另外一点儿东西。

消极的心态常常是失败的主要原因。倘若你能保持一种积极的心态去寻求成功，你就会通过不懈的努力，把你所缺少的、但具有决定意义的“另外一点儿东西”找到。而那些只要受到一点困难和挫折就停止寻找那“另外一点儿东西”的人，他们的人生，注定是要失败的，而且是永远地面对着失败的困扰。

很久以前，有一位作曲家写了一首歌，但总是没有发表的机会。后来，乔治·柯汉将它买了下来，并再加上“另外一点儿”东西。结果，这“另外一点儿”却让柯汉赚了大钱。他只是加上了三个小小的字：“呀！呀！嗨！”

全球都知道飞机是美国莱特兄弟发明的，但是你也许不知道他们兄弟俩其实只不过是在他人研制的基础上多增加了那么一点儿东西，就让飞机起飞，翱翔于蓝天。

早在莱特兄弟研制飞机成功之前，有许多的发明家差一点儿就把飞机研制出来了。而莱特兄弟研制飞机使用的原理和其他人没什么两样，但是他们增加了“另外一点儿”的东西，他们创造了一种新的组合，因此在别人失败的地方，他们却获得了成功。这“另外一点儿”其实比较简单，他们将特殊设计的活动翼缘加装在两个机翼上，好让飞行员能够控制和维持飞机的平衡。而这些可拆卸的翼缘就是今天辅助翼的前身。

我们从柯汉和莱特兄弟的故事里可以明白，不管是有多么辉煌的成就和伟大的成功，其实它们都只不过比失败多了那么一点儿东西，我们有时甚至看那“另外一点儿东西”是多么的微不足道，但是成功确实少不了它。

毫无疑问的是，这“另外一点儿东西”是绝对不会空降到你的身边的，毕竟现实中是没有天上掉馅饼的好事的。因此，你就得自己努力地去寻找。在寻找的过程中，就要求你能多动一些脑筋，不要去管你为此付出了多少，你不能吝惜你的付出。比常人多走一些路、多经历一些事情、多干一些活。这样，传说中的“另外一点儿东西”才会一步一步地走到现实中来，并逐渐地掀开它那神秘的面纱，直到最后出现在你的眼前。“另外一点儿东西”能不能找到，决定性的因素还是在于你自己。你只有通过自己不懈的努力，找到这“另外一点儿东西”，才是决定你的事业是成功还是失败的正确做法。

将机会抓住和把握好

生命巨流中，黄金时刻转瞬即逝，除了流沙，我们别无所见。即使天使能到访，我们也当面不识，失之交臂。

机会和事业休戚相关，机会是一个美丽而性情古怪的天使。她突然地降临到

你身边，如果你稍有不慎，她又会翩然离去。之后，不管你如何扼腕叹息，她却从此音信全无，一去不复返。

从事商业活动，对于机遇的把握，决定你是否有所成就。抓住每一个致富的机会，即使那种机会概率只有万分之一。

不过，要想把握这万分之一的机会，你就必须具备两个条件：

一是要有长远的目光。不可鼠目寸光，不能看见了树叶，而忽视了整片森林。

二是要有锲而不舍的精神。如果没有持之以恒的毅力和百折不挠的信心是于事无补的。

如果你具备了这些条件，只要你付诸行动，终有一天你要在商业活动中有所作为，是不能仅靠盲目蛮干的，那样只能收效甚微。你应该学会“投机”，看准时机把握它，把机会变成现实的财富，这才是一个成功商人的明智选择。

机不可失，时不再来，这是一个浅显而深刻的道理。

在任何领域中，尤其是商业活动，如果你能在时机来临之前就能识别它，并且在它开溜之前就采取行动，那么，幸运之神就光临到你身边了。在商场，幸运与霉运与对时机的利用是有很大关联的。有的人在失去时机后才扼腕悔恨，这就注定他会成为一个倒霉鬼。而有的人明白时机稍纵即逝，因而他能及时把握机遇，那么，他的一生将一帆风顺，心想事成。

1865 年，美国内战结束，北方工业家战胜了南方种植园主，但林肯总统不幸遇刺身亡。全国沉浸在欢乐与悲痛之中，既为美国的统一而欢欣鼓舞，又为失去了一位敬爱的总统而无限悲恸。

后来，美国的钢铁巨头卡内基先生却看到了另外一面。他预料到，在战争结束后，接下来的就是经济的复苏。经济建设对于钢铁的需求必然会大大增加。于是，他毫不犹豫地辞去在铁路部门那份薪酬优厚的工作，进入钢铁业。之后，他将他主持的两大钢铁公司进行了合并——都市钢铁公司和独眼巨人钢铁公司，创立了联合制铁公司。

与此同时，卡内基让弟弟汤姆创立匹兹堡火车头制造公司以及经营苏必利尔铁矿。此时，上帝赋予了卡内基绝好的发展机会。

当时，美国打败了墨西哥，夺取了加利福尼亚州，并决定在那儿建造一条铁路，同时，美国政府也在规划修建横贯大陆的铁路。此时，几乎没有什么投资比铁路更加能盈利的了。

联邦政府和议会首先核准了联合太平洋铁路，再以它建造的铁路为中心线，核准另外两条横贯大陆的铁路线。

第一条是从苏必利尔湖，横穿明尼苏达州，经过加拿大国界附近的蒙大拿州西南部，再横穿落基山脉，到达俄勒冈的北太平洋铁路。第二条是以密西西比河的北奥尔巴港为起点，横越德克萨斯州，经墨西哥边界城市艾尔帕索到达洛杉矶，再从这里连接旧金山的南太平洋铁路。第三条是由堪萨斯州溯阿色河，再越过科罗拉多河到达圣地亚哥的圣达菲。

随后，各种纵横交错而又相连的铁路建设的申请纷纷提出，竟达数十条之多，美洲大陆即将迎来铁路革命的时代。“美洲大陆现在是铁路时代、钢铁时代，需要建造铁路、火车头和钢轨，钢铁是一本万利的。”卡内基这么思索着。此后不久，卡内基加大对钢铁领域的投资。

在联合制铁厂中，矗立起了一座22.5米高的大熔炉，这是当时世界最大的熔矿炉。对于它的建造。连投资者都感到提心吊胆，非常害怕将本钱赔进去了而不能获利。

但卡内基的不懈努力，让这些担心成为杞人忧天，他聘请了化学专家进驻厂里，对买进的矿石、焦炭和灰石的品质进行严格的检验，使得产品、零部件以及原材料的检测得到了系统化。在那个时代，从原材料的购入到产品的卖出，经常显得很混乱，直到决算结账的时候才知道盈亏如何，根本不存在科学的经营方式，而卡内基大力整顿了经营方式，明确了各层次的职责，使生产力水平大为提高。

同时，卡内基购买了英国道兹的“钢铁制造”和“焦炭洗涤还原法”的专利。这一做法在后来的经济大萧条中见证了卡内基的先见之明，避免了他的事业成为大萧条中的牺牲品。

1873年，经济大萧条来临，银行倒闭、证券交易所关门，各地铁路工程支付款也突然中断，现场施工几乎戛然而止，铁矿、煤矿等，一切都歇业了。

但卡内基断言：“在经济萧条的时代，可购买到价格低廉的钢材等建材，工资也相对便宜，其他钢铁公司相继倒闭，东部的钢铁竞争对手也已收兵。这是一个千载难逢的好机会，决不能放过。”

正是在这种困难的情况下，卡内基一反常人之道，打算再建立一座钢铁厂。

他向公司股东摩根谈出自己的新打算：“我计划进行一个百万元规模的投资，建两座贝亚默式转炉和两座亚门斯式熔炉……”

摩根问道：“那么工厂的生产能力会怎样呢?”

“1875 年 1 月开始运作，钢轨年产量预计达 3 万吨，全年制造成本大约 69 万。”

“现在平均成本大约为 110 万，新设备投资额为 100 万，第一年的收益就可以收回成本。”

“这比股票投资还盈利。”卡内基补充道。于是，股东们同意发行公司债券。

工程进度比预定时间稍微落后。在 1875 年 8 月，卡内基收到了第一个订单，2000 支钢轨——熔炉开始运作了。

1881 年卡内基与焦炭大王费里克达成合作协议，双方投资组建 F. C. 佛里克焦炭公司，股份各持一半。

同年，卡内基以自己三家钢铁企业为主，联合许多小焦炭公司，成立了卡内基公司。

卡内基兄弟的钢铁产量占了全美的 1/7，正逐步向垄断企业迈进。

1890 年，卡内基兄弟兼并了狄克仙钢铁公司，其资金增加到了 2500 万美元，公司名称变更为卡内基钢铁公司，不久之后，又更名为美国钢铁企业集团。

卡内基的成功，与他善于把握、抓住机遇是休戚相关的。有人称机遇为运气，不管用什么称谓，有一点是绝对正确的，善于利用机遇总比怨天尤人更为有益。

机会偏爱有准备的人

今天，我要与别人竞争；今天，我要与我自己竞争；今天，我要多做一些工作；今天，我要打破昨天的纪录。

阿穆耳肥料工厂的厂长马克道厄尔之所以能由一个速记员升为厂

长，是因为他能做并非他份内所应做的工作。最初他在一个懒惰的书记手下做事，那书记总是把事推到手下职员的身上。他觉得马克道厄尔是一个可以任意驱使的人，某次便叫他替自己编一本总裁阿穆耳先生去欧洲时用的密码电报书。那个书记的懒惰，使马克道厄尔拥有了做事的机会。

马克道厄尔不像一般人编电码一样，随意简单地编几张纸；而是编成一本小小的书，用打字机很清楚地打出来，然后细心地用胶装订好。做好之后，便由书记交给阿穆耳先生。

“这大概不是你做的。”阿穆耳先生问。

“不……是……”那书记官战栗地回答。

“你叫他到我这里来。”

马克道厄尔到办公室来了，阿穆耳说：“小伙子，你怎么把我的电报做成这样子的呢?”

“我想这样你用起来方便些。”

几天之后，马克道厄尔便坐在了前面办公室的一张写字台前；再过些时候，他便代替了那个书记的职位。

假如在你的单位，你的某位同事性情懒惰，你就可以利用这种机会，多做些事情，一定可以产生意想不到的效果。不要想着和别人比谁懒惰，或者向他抱怨，这样会让你的机会溜走。有许多成功之士除了做好分内的工作之外，还做其他别的事情，因此获得不少经验。他们干同事的工作，不计较酬劳，所花的时间都在上班之后，又常常是别人或者上级所不知道的。

但是，做额外的工作，一定要以一种热忱而有趣的精神去做，才会有成效。如果以埋怨的态度去做，或者是为了特意引起同事或者上级的注意，博取他们的同情或称赞，那么工作就不会有所成就了。成功的人这样做的目的，并不是要获得谁的赞美，而是因为工作本身有趣才这样做的。对待工作的态度比工作本身更重要些。

罗斯福总统喜欢通过竞争的方法让自己尽力地做事，他不会等待别人来安排他和他人的竞争，而是时时刻刻和自己竞赛。他会把所有要做的事情都记载下来，然后制定一个计划表，规定自己在某时间内要做某事。这样，他就能按时做完各项事宜。罗斯福是不断向前进的。我们可

以通过他的办公日程表看出，从上午9点和太太在白宫草坪上散步开始，到晚上招待客人吃晚饭为止，在一整天，他总是有事可做的。当就寝的时候，他能够完全放下心中的一切忧思，安心去睡觉。他每天都按时睡觉，睡得很熟。

罗斯福办事有力的秘诀，就是将自己的工作计划好。每当有一项工作来临的时候，他就先计划需要多长时间，然后列入他的日程表中。他因为能够把重要的事务安排好，所以每天他能够把许多事情在预定的时间之前完成。而那些做事毫无计划的人，对于一项重要的工作，直至最后一分钟，都还未做好充分的准备。而罗斯福，比如有人请他讲演或者写文章，早就在截止日期到达之前，他就完成了。他这种办事迅速的态度，使他可以办许多别的事情。他虽然有办事的干劲，但永远不是仓促。

你的工作无论多少，都要拟定一种程序表，并尽量地按照表中的计划去做。比如，你的工作一个小时可以完成，那么你一个小时就得做完它。原本一个小时可以干完的事情，却要拖延到一天完成，这样就显得太愚钝。假如你的事务繁多，时间有限，那么应该选择把重要的事情做好，不重要的事情缓一缓，或者干脆事先把不重要的事情删去。

我们周围经常有人因为工作繁多而感到吃力。其实，很多人吃力的真正原因，并不是因为工作繁多，而是没有制定好工作计划，工作起来没有方向。毫无计划地工作的人，只知拼命去做，这样是没有效率的。如果每天都有计划，那么在每时每刻，就都知道自己该做什么事情了。

必须立刻行动起来

目前社会上，有很多高级职位空缺，每一个行业的领导人物，都认为一流的人才是非常欠缺的。有一个主管曾经说，资历好的人很多，但都缺乏一个非常重要的成功因素，就是贯彻的能力。

不管哪一种工作，推销、科研、经营、管理、政府机关等，最后都需要脚踏实地的人来执行。一般用人主管在招聘重要岗位的人才时，都会考虑到下面几个问题，然后决定是否聘用：

- 他愿不愿意做？
- 他会不会坚持到底把事情做完？
- 他能不能独当一面，自己设法解决困难？
- 他是不是有始无终，光说不做的那一种人？

问这些问题的目的，就是招聘主管设法了解应聘者能不能“说做就做”。他的工作态度是不是积极的。每个人都想变成一个积极主动的人，以符合社会的要求。如果要达到这个目标，就必须及时养成良好的行动习惯。

不同的态度产生不同的结果。有很多做事被动的人，一辈子生活在平庸之中，这是因为他们总是想要等到一件事百分之百的有利、万无一失后才敢下手。当然，能追求完美是最好的，而且我们也必须追求完美。然而世界上的事情没有绝对的完美或者接近完美，假如要等待所有的条件具备后才去做，那么，他只能永远等待下去了。

席第先生想要自己创业，但是，他却是那种一定要等到一切准备好后才去做的人。

第二次世界大战后不久，席第先生进入了美国海关。他很喜欢他的工作，但是5年之后，他厌烦了这份工作带来的种种限制、固定呆板的上下班时间、微薄的薪酬以及靠资历升迁的人事制度（这让他升迁的机会很小）。

有一天，他突然有了一种想法：他已经学习到了很多贸易上所应具备的专业知识，这都是他在海关工作熏陶的结果。为何不早一点跳出来，自己去做礼品玩具的买卖呢？他和许多贸易商都是老相识，他对这一行业的很多细节的了解并不见得比他们少。

但从他有自己创业的想法以后，已经过去了10个年头，他一直还在海关规规矩矩的上班。

怎么会这样呢？这是因为他每一次正准备放手大干一把时，总碰到一些意外事件而让他停止。比如，资金不够、经济不景气、孩子的出世、对海关工作的留恋、贸易条款的种种限制以及许许多多难以尽述的借口，都成为了他一直拖延下去的理由。

席第先生之所以没有行动，是想等待所有的条件都具备后再动手，因为实际情况与他的理想不相符，所以就一直拖延下去了。席第先生这样，就使他成为了一个“被动的人”。

做事要当机立断。“现在”这个词就是对成功的无穷妙用，而“明天”、“下周”、“以后”、“将来”等，往往就是“永远无法实现”的同义词。一个优秀的计划，最终没有实现，就只因为在应该说“现在我就去做，马上行动”的时候，却说“我过些天会开始去做”。

以储蓄为例，人们都认为储蓄是件好事，但并不表示人们会根据系统的储蓄计划去做，虽然有很多人想要储蓄，但真正做到的，只有少数人。

比尔先生的月收入是1000美元，但每月的开销也得1000美元，收支刚好相抵。夫妻俩非常想储蓄，但是常常会找一些理由，使他们无法着手进行。有些理由他们说了好多年：“加工资后马上存钱”“分期付款还清后就要……”“度过这次困难后就得……”“下个月就要”“明年开始存钱吧”。

最终，太太珍妮不想再拖下去了，她对比尔说：“你仔细想想，到底要不要存钱？”他回答：“当然要啊，但是目前钱省不下来。”

可珍妮这次下定决心了，她说：“我们已经有好几年存钱的想法了，因为一直认为节省不下来，才一直没有储蓄。从现在开始，我们要认为可以储蓄。我今天看到一则广告说：‘先存钱，再花钱’会比‘先花钱，再存钱’要容易许多。”

“要是你真的想储蓄，就得把薪水的10%先存起来，不可挪作他用。我们或许要靠饼干和牛奶过到月底，只要我们真的那么做，就一定能够办到。”

他们为了存钱，在开始的几个月吃了不少的苦头，尽量地节省，才将这笔预算留了出来。现在，他们已经觉得“存钱和花钱一样容易了”。

做事情，一定要当机立断，立刻执行，马上就行动起来。不能犹豫不决，今天拖明天，明天拖后天，这样你计划要做的事情，永远实现不了。你应时时刻刻记住本杰明·富兰克林的话：“今天可以做完的事不要拖到明天。”

我们平时也常说：“今天的事情今天完成。”拖到明天做，只能是消耗明天的时间清偿今天的债务，而且还影响明天的任务。如果你时时刻刻想到“现在”的时间，那么就会完成许许多多的事情。如果常想到“以后什么时候”或者“将来有一天”，将注定一事无成，所以，从现在就马上行动起来吧！

第四章

正确的思考方法

在日常的工作和生活中，我们要面对和处理太多太多的事情。要是我们不能去有效处理的话，或许你的工作和生活就会变得纷繁杂乱。假如你能以正确的思考方法去梳理、分类和处理那些林林总总的事情，相信不久之后，你就可以享受到前所未有的轻松的感觉。怎样才能拥有正确的思考方法？这可需要你仔细地去探索和研究。

培养正确的思考方法

要使自己成为一个思想方法正确的人，就必须具备顽强坚定的性格。无须否认的是，要使思想方法正确，有时会暂时受到很多挫折。但是由于思想方法正确而获得的补偿性报酬，综合起来，会比挫折所失去的要多得多。培养正确的思想方法，你就要做好三个方面的工作：

1. 培养注意重点的习惯

能将事情分成重要的和不重要的，或者是有关的和无关的，是正确的思想方法所包含的两项基础。在实现自己目标的主要过程中，我们能使用的所有事实，都是重要而有密切关联的。不重要的以及没有重大关联的东西，你需要忽略。有的人因为做不到这一点，造成了这样一种现象：机会与能力相差无几的人的成就却有大大的不同。

成就大的那部分人已经培养出一种习惯，他能把凡是影响到他们工作的重要

事项全部综合起来加以利用。他们由于懂得工作中的奥妙，知道如何从无关紧要的事情中找出重要的事情。因此，他们能为自己找到一个杠杆的支点，只需用手轻轻一拨，就能完成你即使以整个力量都无法完成的工作量。

一个人如果能养成只注意重点的习惯，并用这些重点来构建他成功的大厦，那他就已经获得了一种非常强大的力量。好比获得一把一下子可以击出10吨力量的大锤，而不是只有一磅力量的小锤。

2. 看清事实才能思想方法正确

法律程序中，有一项名为“证据法”的原则，其目的就是得到案件的事实。只要依据事实，任何法官都能将案子处理得公平公正。但是，如果他故意回避这项“证据法”，那么他也可能冤枉无辜的人。

以各种渠道收集到事实后，要很小心地检查它所提供的证据，以及证据的提供人。而当证据的性质影响到提供证据的证人的利益时，我们就更加要去详细审核这些证据。也许和他们所提出的证据有关系的证人，通常会受到某种诱惑，并向诱惑屈服，而对证据予以掩饰或改造，以保护他们的利益。所以，这个时候，我们更应该要有清晰的判断力，把事实看清楚，才能使自己的思想方法正确，顺利地做好自己的工作。

3. 正确评价自己和他人

很多人出于他的偏见和怨恨，低估了竞争对手的实力和优点，从而导致失败。要成为一个思想方法正确的人，至少要让自己做到公正，能够找出别人的优缺点。所有的人身上都同时具有各类不尽相同的优缺点。

> 洛克菲勒有一项特别突出的优点，就像闪亮的星星般突出于他其他的优点之上。这个优点就是他坚持以“知己知彼”作为他商业的哲学基础。有的人讲，对待竞争者，洛克菲勒有时显得不公平。也许这个说法是真的，也可能不是。但是，从未有什么人，乃至于他的竞争者，指责洛克菲勒对他的对手的实力“轻易判断”或“估计过低”。洛克菲勒不仅可以一眼看出和他事业有切身相关的事实，无论什么时间、什么地方，洛克菲勒都会去主动寻找他的对手的长处与短处。

凭着事实工作的人，往往会在工作中产生信心，因为这不会使他踌躇等待，因为他已经知道，努力将会带给他什么样的回报。因此他的工作效率会高于他人，成就也胜过他人。

充分发挥你的想象力

想象力赋予了灵魂创造力，它是每一个人自身的宝贵财富，是你在这个世界上唯一能够自己绝对控制的东西。能够充分地发挥想象力的人就能够去创造成功的财富。

想象力如同参天大树，它从一粒种子开始发芽成长；也像鸟儿一样，从鸟蛋沉睡的胚胎细胞中逐渐成长。你在物质上的成就，也将从你的想象中成长。其中，思想是首先出现的，然后再将思想观念与计划组织结合起来，最终你所要做的，就是把这些计划变成现实。同时，你会注意到，一切都是从自己的想象中开始。

在加州海岸的一个城市里，一切适合搞建筑的土地都已经被开发出来，并加以利用。而在城市的另一端，是陡峭的小山，不能作为建筑用地。而且另一边因为地势太低，也不适合建房子。每天涨潮时，总会被海水淹没一次。

一位具有想象力的人来到了这座城市。通常具有想象力的人，他的观察力也往往很敏锐，这个人也不例外。在到达这座城市的第一天，他就立刻看出了这些土地盈利的可能性。他先是预购了那些因陡峭而无法使用的山坡地，也预购了那些每天都要被海水淹没一次而无法使用的低洼地。他预购的价格非常低，这是因为这些土地被人们公认为没什么太大的价值。

之后，他使用了几吨炸药，将那些陡峭的小山炸成松土，再用了几台推土机将泥土推平。原来的山坡地变成了很好的建筑用地。另外，他又雇来一些汽车，将多余的土倒在那些低洼地上，使其超过海平面，这样，就让它们变成了极好的建筑用地。

这个人赚了很多钱，他之所以能赚来钱，只不过是将一些泥土从不需要它们

的地方运到需要它们的地方而已。他也只是把这些泥土和想象力混合使用罢了。这个小城的市民视这个人为天才。他确实是一位天才。其实，无论什么人，只要能像这个人一样充分发挥和运用他的想象力，那么，他也同样是一位天才。

想象能创造奇迹。正确使用想象力的人，他将在想象力的协助下，把别人眼中无用的东西变成价值非凡的资产。并且也将引导他发现一项只有使用想象力的人才能知道的真理，那就是，生活中的最大逆境和不幸，通常反而会带来美好的机会。

美国最好的一位雕刻师，曾经是位邮差。有一天，他搭乘一辆电车，不幸遭遇车祸，让他因此失去了一条腿。电车公司赔偿了5000美元给他。他利用这笔钱进行学习，最终成为了一名雕刻师。他用双手加上他的想象力制成的产品，比利用他的双脚蹬着自行车当一名邮差所能赚到的钱更多。因为发生车祸，他必须改变他所努力的目标，结果，他发现原来想象力也可以让他成功。

我们的神经系统，无法区分想象出来的经验和实际的经验，可是心里的图像可以给我们提供一个实践的机会，就是把新的优点和方法“付诸实践”。通过想象力，我们能找到一条获得技巧、成功和幸福的新途径。如果我们正想象自己以某种方式行动，而实际上几乎也是这么做的，那么想象给我们提供的实践，可以帮助我们的行动日臻完美。

除此之外，古往今来很多的成功者，都会自觉和不自觉地运用“正确想象”和“付诸实践”来完善自我，从而成功。拿破仑在领兵横扫欧洲大陆之前，曾经在内心想象进行了多年的“军事演习”。拿破仑早年读书时期所做的阅读笔记，在付印的时候达400页之多！他把自己想象成一个将军，绘出科西嘉岛的地图，经过精确的数学计算后，标出他可能布防的各种情况。最后，他将这种想象付诸实践并取得了成功。

一个成功的人，他事业上的每一个目标实现之前，他都在想象中预先实现过，这就是想象力奇妙的地方。人们总是会把“想象”与“魔术”联系起来，在成功的路上，想象力的确有着难以抗拒的魔力。

想象力有如此大的魔力，那么如何将它发挥出来呢？

在练习想象力的时候，首先应练习自己的超前想象力。就是通过科学、合理的想象，对未来要发生的事进行正确预见的能力。超前想象力的办法如下：

•事物的静止是相对的，运动和变化是绝对的。因此，你必须在对目前市场状况进行综合分析的基础上，预测到市场将来会出现的某些变化。

•在预测市场上将要出现的某些变化时，要更为真实地在脑海中浮现某种相应的场景，同时要看见自己正在做什么。

•在走向成功的每一个阶段中，都应当要根据自己所掌握的信息，结合市场的情况，对自己将要面临的处境进行构思，在你的脑海中浮现出好的情况。

一个错误的决定，往往和他的预见能力不足有关，而一个正确的决定可以帮助你更快地取得成功。所以，预见性想象力，对事业和生活的影响是不言而喻的。想象力的预见作用在成功之路上的发挥，还有一套尚不被人们重视的运作法，即要求你：

•重视所能获得的一切信息，并正确地进行综合的分析和判断，预见它的潜在价值。

•对于信息的可靠性，要及时地去证实，预估它对成功目标的影响程度。

•如果你的确注意到了某一预兆，就应马上着手拟定应对的方案，并开始实施。

也就是说，你应当善于通过大量信息，及时、科学、准确地把握机遇到来前的各种征兆，并加以利用，以获得成功。在我们周围，不是许多人都在埋怨自己缺少机遇吗？那就请不失时机地运用预见性想象。因为预见性想象力对我们的大脑而言，只有越用方能越灵敏。要知道，预见性想象力具有使人一夜之间暴富的魔力。

如何挖掘潜能

潜能以一种不为人知的方式利用了无穷智慧的力量，日夜不停地工作。利用这一种力量，可以把一个人的欲望转化为其他同等的物质。

任何的成功人士，他并不是天生就具备成功的技能，成功的根本原因，是他善于开发无限的潜能。只要你有积极的心态，去开发你的潜能，你就会有用之不竭的能量，而且，你的能力也会越来越强。

每个人的身上都蕴涵着非常大的潜能。爱迪生曾经说：“如果我们作出所有

我们能做的事情，我们毫无疑问地会使自己大吃一惊。”根据爱迪生的话，我们可以提出一个相当科学的问题：“你一生有没有使自己惊奇过？”

有一句老话说：“在命运向你掷来一把刀的时候，你会抓住它的哪个地方：刀口或刀柄？”如果你抓住的是刀口，它会使你受伤，甚至对你造成生命威胁。但是如果你能抓住刀柄，你就可以用它来开辟一条新的大道。因此，当你遇到了较大阻碍的时候，你要抓住它的柄。也就是说，没有十足的战斗精神，也就没有任何的成就。所以，你要发挥战斗精神，将你的力量引发出来，并且付诸行动。

每一个人的真实自我，就像一块大磁石一样，有很强的磁性，对别人具有强大的影响力和感染力，这就是我们通常说的“很有个性和魅力”。他没有压抑自我的创造性和表现自我的勇气。如果你受到了某种压抑，那么潜能也无法发挥，就容易遭受不幸和失败，那么你就必须有意识地练习解除抑制的方法。在生活中，你不要那么拘谨、担心和过于认真。学会摒弃在行动前的“过于仔细”的思考。

1. 释放潜能方法一

不要事先考虑你“想要说些什么”，张开嘴巴说出来就行。

不要做计划（不要考虑明天），不要在行动前考虑。“行动——在行动中纠正你的行为”。这个模式看来有些偏颇，但事实上它符合机制开动的原则。一枚鱼雷绝不事先“考虑好”它的方向是否错误，也不事先试图纠正错误，它必须首先发射——朝目标发射——然后纠正行进过程中可能产生的一切偏差。

停止批评自己。

养成大声说话的习惯。

直接表露爱憎好恶。

2. 释放潜能方法二

这里介绍一种有效的循序式肌肉放松法，来释放被压抑的潜能：

初步的肌肉放松运动并不难学，跟着下列要点练习大约一星期，就可以掌握放松的要诀。

安排半小时时间。

在一个宁静而且最好是黑暗的房间，里面摆设有一张舒适的床或者沙发。

穿着像睡衣等宽松的衣服，或者将自己的紧身衣裤解松，然后睡在或躺在沙发上。

做3次深呼吸，每吸入一次后，尽量忍气不呼出，并让全身紧张，然后紧握拳头，这是一个让你体会到紧张的感觉。在每次忍受不了时，再将气缓缓呼出，尽可能让自己有“如释重负”之感。

按照身体部位，逐一发布“自我催眠命令”。这些部位的次序依次为手掌、前臂、手臂、头皮、前额、眼、耳、口、鼻、下颚、颈、脖、背、前胸、后腰、肚、臀、耻骨以及生殖器、大腿、膝、小腿、脚以及脚趾。

按照这些部位的次序，发布“放……松……松……弛……我现在感觉非常舒坦，我（部位）现在非常的松弛，我明显地感觉这一部位有一种既沉重但舒服的感觉。”的命令。

在向自己发布那些命令的同时，要尽量让身体体验到全身松弛的感受。

在完成手指到脚趾的松弛过程后，要想象有一股暖流，由头顶缓缓地流向你的脖子、胸、肚、腿以及脚尖。这股暖流带来的舒适感，将会大大加深全身的松弛度。

静静地躺在床或沙发上，尽情享受这难得的松弛，体会这状态的美好。

3. 释放潜能方法三

释放潜能的另一个重要手段，就是暗示。通过暗示，会使人产生强烈的心理定势，并引导潜在动机的产生。积极的带有成功意识的暗示会让你较少利用意志力，在自发心理中实现自己的目标。学习自我暗示，要记住以下五大原则：

（1）简洁。你默念的句子要简单有力。比如：“我越来越强”“我挣了越来越多的钱”等。

（2）积极。关于这一点，是非常重要的。比如你对自己说：“我不能失败”，虽未言“败”，但毕竟“失败”这种消极语言会将失败的观念印在你的潜意识里。所以，你应该正面对自己说：“我会成功的。”

（3）信念。这个原则，要求你的话语要有“可行性”，避免与心理产生矛盾的抗拒。假如你觉得“我在今年会赚到100万”是没有这个可能的话，那么你就应该选择一个能接受的数目。比如，“我今年可以赚到20万或者50万”。

（4）想象。默诵或朗诵自己定下的语句时，要在脑海里清晰地形成印象。

（5）感情。要把自己想象成健康的，你就得要有浑身充满干劲的感觉。想象自己成功，你就得要有丰盛的人生感受。当你朗诵（或默诵）你的语句时，要把

感情贯注进去，否则光嘴里念是不会有结果的，你的潜意识是依靠思想和感受的协调去运作的。

培养积极的心理暗示

世界上有许多因自卑而苦恼的人，他们总以为自己对任何事情都无可奈何，这显然是陷入了负面的自我暗示之中。自我暗示的积极作用，是训练我们如何增强自信心，如何从失败中体验成功，又如何克服恶劣的情绪等。如何正确地使用自我暗示，是一门学问。

暗示是在无对抗意识的情况下，通过议论、行动、表情、服饰或者环境氛围，对人的心理和行为产生影响，使其接受有暗示作用的观点、意见或按暗示的方向去行动。通过自我暗示，可以使意识中最具力量的意念转化到潜意识里，并成为潜意识的一部分。也就是说，我们可以通过有意识的自我暗示，将有益于成功的积极思想和感觉，洒到潜意识的土壤里，使其能在成功过程中减少因考虑不周和疏忽大意等招致的破坏性后果。所以，通过想象不断地进行积极的自我暗示的人，很可能会成为一个成功者。

暗示的力量，不乏令人深思的例证。

有一个以死囚犯为样本的实验，监狱长对囚犯说：“我们以放血的方式对你执行死刑，这是你死前对人类能做的一点有益的事情。”这位犯人表示同意这样做。实验于手术室进行，犯人躺在一个小间里的床上，他把一只手伸到隔壁的大间中。他听到隔壁的护士和医生正在忙碌着，准备对他放血。护士问医生：“准备5个放血瓶够吗?”医生回答：“不够，这人个头大，要准备7个。”护士在他的手臂上用刀尖点了一下，算是开始放血，并且在他上臂上方用一根细管子放热水，水顺着手臂一滴一滴地滴进瓶子中。犯人只感觉到自己的血正一滴一滴地往外流出。滴了3瓶，他就已经休克了，滴了5瓶，他就死亡了。但实际上他没有被放血。

从这个故事，就足以看出暗示的巨大威力。暗示虽为人类心理方面的正常特

性，但它是以"走后门"的方式进入人的潜意识，不以人的主管意识为转移。因此，使用暗示的时候，应注意暗示以无批判地接受为基础，不要付诸压力，也不要求他人非接受不可。

积极的暗示，会对自己的心理产生有益的影响，也就是运用语言来对自己的心理产生作用。比如，如果你的上司经常对你说："年轻人，干得不错，继续努力！"你就会有十足的信心，并且以后的工作会干得更加好。他人对你的肯定，会变成你对自己的期望，而你的行为会尽力地回报这一期望。同时，我们也可以通过运用自我暗示来作用于自身，对自己创造的财富和业绩加以肯定，强化自己追求成功的意念。

通过自我暗示使自己获得成功的方法，可以通过以下6大步骤进行：

1. 要在心中确定你所期望达到的具体目标。比如，具体的金钱的数额，并全神贯注地、牢牢地盯着这个具体的目标，直到达到这个目标——你得到了金钱。

2. 天底下的一切都是不可能不劳而获的，这一点应牢记。你更不能进行自我欺骗，尤其是在目标明确之后。

3. 没有执行的想法只是空想，所以你不能再停留于想象和空谈。你要做的，是立即着手你的计划，不要浪费时间，也不要害怕。

4. 不能光凭记忆，要将目标写下来。这在心理学中被认为是很重要的自律方式。采用这个办法，还能使你原本模糊的细节变得更清晰明确，这是创造财富、取得成功的必备条件。

5. 现实地在行动中修订你的计划，但不要轻易地改变时间表，更不能随意地转换你的目标。

6. 每天起床与就寝前，默念两次你所定的目标。在这两个时候，人的意识活动能力是比较软弱的，及时的自我暗示会使你更容易与潜意识沟通，在默念的时候，应该要让自己看到明显的获得财富的结果。

上述几个步骤的指示，是非常重要的。以最后一步为例，这是一项特别重要的指示。也许你会抱怨，在没有真正达到具体目标之前，比如得到这笔钱之前，你总是看不到你拥有这笔钱。但是在这些步骤中，强烈的愿望将会帮助你。如果你对成功的向往程度非常深，相信你得到它是不存在任何困难的。你的目的，就是要成功、要致富、要成就一番事业，态度的坚决，会使你相信你能得到它们。

第五章

不做情绪的奴隶

情绪是你情感的重要体现。一个人能否成功？现在能不能离成功更近？在一定程度上是取决于你的情绪的。拥有良好的情绪，可以发挥你潜在的巨大力量，它能激励你不断从一个成功走向另一个成功。如果你不能够控制你的情绪，那么情绪将变成你的奴隶主，把你奴役起来。这样的话，那成功对于你来说，就会成为一种奢望。

巨大的自制力量

热忱是人采取行动的原动力，而自制是指引人的行动的平衡轮，它有益于你的行动，并且不会对你的行动起到破坏作用。

我对美国监狱的 16 万名成年犯人做过一项调查，发现了一个惊人的事实：这些犯人之所以沦落到蹲监狱的地步，有百分之九十的人是因为缺乏必要的自制，他们未能把精力用在积极有益的方面。

想要做一个非常“平衡”的人，你身上的热忱和自制必须相等才行。

一般推销员有一个最具破坏性的缺点，就是缺乏自制。比如，客户对一位推销员说了几句他不爱听、也不希望听到的话语，如果这位推销员缺乏自制能力的话，就会立刻针锋相对，并用同样的话进行反击，这就是推销员在销售工作中最致命的伤害。

我在做律师的时候，曾注意到一项辩护律师专门用来套取对方证人的诡计，这项诡计是十分聪明的。面对律师的质问，那些证人的回答就是："我记不清楚了"或者"我不知道。"当辩护律师用尽各种方法企图套取证人的证词而宣告失败的时候，他就会想办法将这名证人激怒。这名证人在愤怒的情况下，往往会失去自制。并说出他在冷静状态下不会说出的一些证词。

具备了自制力的人，他往往能抓住成功的机会。他们那些伟大的基本原则，包含在我们大多数人永远不会去注意的最普通的生活经验中。同样的是，真正的机会也经常隐藏在常人看来并不重要的琐碎的生活事务中。

你可以做一个调查，就是立刻去询问你所遇见的任何 10 个人，问他们为何不能在所从事的行业中获得更大成就？这 10 人之中，将会有 9 个人告诉你，他们并未获得更好的机会。如果你对这 9 个人的行为作出一整天的观察，你将会发现，他们在这一天每小时的工作中，会不知不觉把自动来到他们面前的良机给错过掉，甚至是推掉。我就曾碰到过这样的一个年轻人：

有一天，我站在一家商店出售手套的柜台前，和这家商店的一名年轻雇员聊天。年轻人告诉我，他已经为这家商店效力四年了，但由于这家商店对他抱有成见，他的工作能力并没有得到雇主的赏识，因此，他正要寻找其他的工作，准备跳槽。

在谈话的时候，有位顾客走到他面前，要求看一些帽子。对于这位顾客的请求，这位年轻的店员置之不理，一直继续和我聊天。即使是这位顾客已经显出不耐烦的神情，但他还是不去理会。最终，他把话说完了，才转身对那位顾客说："这里不是帽子专柜。""那帽子专柜在哪儿?"顾客问道。年轻人回答说："你去问管理员好了，他会告诉你帽子专柜在哪儿。"

四年多来，这位年轻人其实一直处于一个很好的机会中，但他竟然不知。他可以和他所服务过的每个人结为好朋友，并且这些人能使他成为店里最有价值的人。因为这些人都会成为他的老顾客，能不断回来和他交易。但是，这位年轻人不懂得运用自制力，对顾客不理不睬，或者是冷淡地随便应付一声，就把好机会一个又一个地错失掉了。

自制力如此重要，那么应该如何培养呢？下面我给大家提供一个培养"自制力的七个 C"的方法：

Clock（控制自己的时间）。时间虽然不断流逝，但人可以支配它。你能够选

择时间来工作、学习、游戏、休息等。人虽然不能任意掌握客观的环境，但是却可以为自己制定长期的计划。当我们可以控制时间的时候，就能改变自己的一切。时间就是生命，把握时间就是掌握生命。所以，人就应该让自己每天的生活过得充实无隙，今天的事情今天完成。

Concept（控制思想）。我们可以控制自己的思想与想象。少做一些无聊的白日梦，多做一些能激励自己、振奋自己的想象。我们要记住的是：幻想在经过刺激之后，将会被实现。

Contacts（控制接触的对象）。我们难以选择共同工作或一起相处的全部对象，但是我们能够选择共度最多时间的同伴，也可以结交新朋友，找出成功的榜样，向他们学习。

Communication（控制沟通的方式）。说话的内容和方式，我们还是可以控制的。但要记住，我们谈话的时候，是学不到任何东西的。所以，沟通的方式最主要的是聆听、观察以及吸收。当你和人沟通时，你就要用信息来使聆听者获得一些价值，并且彼此能得到了解。

Commitments（控制承诺）。我们应当选择最有效果的思想、交往对象和沟通方式。我们负有使这些成为一种契约式承诺的责任，定下次序与期限。我们要按部就班、平稳地实现自己的承诺。

Causes（控制目标）。在有了自己的思想、交往对象以及承诺之后，就可以确定下生活中的长期目标了，这个目标同时也是我们心中的理想。明确了一生朝哪个方向走，决心成为一个什么样的人，就能够控制自己，使言行服从和服务于自己的人生目标，而排斥同目标相对立的各种诱惑。

Concern（控制忧虑）。种瓜得瓜，种豆得豆。人们都必须对自己的行为负责。在人生漫长的旅途中，我们必须面对各种困难，从事具有挑战性的工作。只有不断地努力，才能获得自我的满足感。贡献的质与量决定着人生的真正报酬。无论长期还是短期，我们会因为自己所播种的种子而得到收获。这就如同我们所从事的工作，首先必须提出劳务，之后才能谈论薪酬和各种福利项目。

一个人缺乏自制力，就像汽车失去了方向盘和刹车，必然会越轨，甚至翻车。所以，千万不要纵容自己，给自己找借口。对自己严格一点儿，时间长了，自律便会成为一种习惯，一种生活方式，你的人格和智慧也因此变得更完美。

提高自我意识的诀窍

要提高自我意识，虽然并不是一两天就能办得到的，但是其中仍有规律可循。有规律自然就有诀窍，如果能遵循规律下的诀窍或者原则，你就会发现自己在自我意识上会有可喜的进步。提高自我意识的诀窍，可以通过以下办法实现：

首先，你要比别人更爱自己。坦白地讲，一个人的价值最少有上千万，如果有人决定把自己出售的话。如果你有了这种意识，你就会明白，要是没有你的允许，那么在这个世界上没有人能使你觉得低贱。

美国印第安纳州的一位妇女收到了100万美元的赔偿金，这是因为她被一种药物伤害了视力，她曾经用这种药物来消除脸上的疙瘩，但是药物进入了她的眼睛，使她丧失了98%的视力。在加州也有一个妇女获得了100万美元的补偿，那是在一次空难中，她的脊椎受到了伤害，医生说她以后再也不能走路了。如果你的视力正常并且你的脊椎也健康的话，你会考虑和这两位女士交换吗？你一旦向她们提出的话，她们会非常乐意和你交换，并衷心地感谢你。

贝蒂·格莱柏是第二次世界大战时的选美皇后。她以“百万美元的腿”而著称，这是因为她为她的腿买了100万美元的保险。你想看到另一双百万美元的腿吗？如果想，那你就往下看。你会看到一双腿，如果它们能使你行走的话，你是一定不会把它照着贝蒂·格莱柏百万美元的价格出售的。

既然你不愿用百万美元来交换眼睛，不愿用百万美元来交换你的脊椎、也不愿用百万美元来交换你的腿，那么你已经拥有超过300万美元的财富了。而且我们才刚刚开始个人的资产计算。相信你已经比较喜欢自己了吧，不是吗？

但很幸运的是，你不必以自己的健康来换成金钱，因为健康就是你最宝贵的资产。

曾经有亿万人在地球上生活过，但从来就没有过，也将永远不会有第二个

你。你是地球上一个独特的、唯一的生物。这些特性赋予了你极大的价值。你应该明白，即使爱因斯坦是一个天才，也只是一个人罢了，上帝在创造爱因斯坦的时候也创造了你。而且从上帝的眼光来看，你和爱因斯坦是一样珍贵的，所以你应更加珍惜自己、爱护自己。

提高自我意识，你还应知道，避免庸俗便是高尚。因为进入你心灵的每一件事情都有一种效用，并且会被永远地记录下来。

提高自我意识，还有一个诀窍，就是向已经成功的失败者学习。在美国绝大多数的推销机构中，那些最成功的推销员比他们公司中大部分的推销员错过更多的生意，这是有目共睹的。沃特·狄斯尼在成功前，曾破产过 7 次，还精神崩溃过 1 次。他之所以能成功，是因为他坚持不懈的努力所带来的。伟大的神枪手与平庸的枪手之间的主要差别，就在于神枪手是一位坚持练习的枪手而已。

通过对以上例子的分析我们可以知道，失败者与成功者只有一个差别，就是毅力。明白到这一点，你就无须自卑，不应该跪下双膝来仰视那些成功者，因为他们也失败过、沮丧过、自卑过，你只不过是正在经历他们曾经走过的路而已。你和他们一样，生下来就有同等机遇、同等成功的权利。所以，具有积极自我意识是你应有的能力，也是你所具备的能力。

如果有机会加入一个有目标的组织团体，这对你提高自我意识会有积极的帮助。这个目标不仅能指引你向良好的方向发展，组织成员之间也会帮助你、引导你。而且也有了向失败者学习的机会，因为你有了更广泛的与别人接触的机会。人人都会失败，而你就要能从失败者中学到他们如何走出失败的诀窍。

这样你的自我意识就会大大提高。你会在碰到同样问题时，可以用这一句话来激励自己：“我与那些成功者有同样的条件，他们能行，我也能行！”

克制非理性情绪

成功最大的敌人，其实并不是缺少机会，或是资历浅薄，而是不能有效地控制自己的情绪。愤怒时，怒不可遏的怒火，会让周围的合作者望而却步；消沉时，放纵自己的萎靡，把许多宝贵的机会白白浪费。

生活中非理性的因素有很多，我们常常会因为这些非理性的因素而控制不住自己的情绪，导致一些不应该的后果。那么，怎样做才能有效地控制好自己的情绪呢？就拿发脾气来说，你知道什么时候该发脾气，什么时候不该发脾气吗？

打个比方来讲，你开车时，有人从你身边一擦而过，呼啸一声，让你大吃一惊，你是否会破口大骂呢？多数人会因此大发雷霆，甚至为此一天不高兴。可是，对方早已扬长而去了，他根本就看不到你的愤怒。这时，我们何不以一种幽默、温和的态度来对待当时的情形："这小子，一定是老婆赶着去生孩子。"然后一笑置之。

当然，控制好自己的情绪，并不是说要你遇到任何事情都一直忍住不发脾气。比如，就在你的孩子为升学考试备战的前夜，隔壁的音响开得很大声，面对这种情况，若你只是一味的忍耐，不去伸张权益，有何结果？像这种情况，我们还能忍住不发脾气，无异于纵容别人在做不该做的事情。

在生活中，我们感受周围的事物，形成我们的观念，作出我们的评价，以及相应地判断、决策等，这都是通过我们的心理世界来进行。经由主观世界认识和体察的事物，就不可避免地使我们对事物的认识和判断产生偏差，从而受到非理性因素的干扰和影响。知识、经验的局限，认知观念的偏差，感官的限制等，都会成为影响我们认知准确性的因素。其中影响最大的因素是情绪的介入和干扰。

那么生活中，常见的非理性因素有哪些呢？这里介绍嫉妒、愤怒、恐惧、紧张以及狂躁五种。

1. 嫉妒

关于嫉妒，它会使人心中充满恶意、伤害。一个人要是在生活中有了嫉妒的情绪，那么他从此就会生活在阴暗的角落里，任何事情都不能在阳光下光明磊落地说和做。面对他人的成功与优点，他会咬牙切齿，恨的心痛。嫉妒之人，首先伤害的是自己，这是因为他不把时间、精力和生命放在人生的积极上进中去，而是放在岁月的蹉跎之中。嫉妒也能让人变得消沉，并且充满仇恨。如果这样的话，那么他离成功就会越来越远。

2. 愤怒

愤怒是使人丧失理智思考机会的重要因素。很多场合，因为不可抑制的愤怒，常使人失去了解决问题和冲突的良好机会。而且，一时冲动的愤怒，可能意味着事过之后要付出高昂代价来弥补。在实际生活中，愤怒导致的损失往往可能是无法弥补的。你可能从此失去一个好朋友，失去一批客户；你的形象可能从此在领导眼里受到损害，别人也从此开始对你产生疑虑。

愤怒导致的最坏后果，是人在愤怒情绪的支配下，往往不顾及别人的尊严，并严重伤害了别人的面子。损害他人物质利益或许问题不太严重，但损害他人情感和自尊却是无异于自绝后路，自挖陷阱。如果你有渴求成功的梦想，那么愤怒就是你最大的敌人，必须彻底把它从你的生活中赶走。

3. 恐惧

关于恐惧，一般过分的担忧就可能产生恐惧，而恐惧会使人畏惧困难，让人学会逃避、退缩，不敢迎接挑战。对于某些事物存在恐惧情绪，可能来源于缺乏自信或自卑。一次失败的经历或尴尬的遭遇都可能让人变得恐惧。比如经历过一次语无伦次的演讲，以后他就可能恐惧演讲。这就注定他在生活中将会凭空少了很多机会。一些可以通过演说或者游说来获得成功的机会将从身边溜走。泛化的恐惧还能导致焦虑，而焦虑的情绪则比恐惧还要糟糕。

4. 紧张

生活工作中，适度的紧张能使我们精力集中，不致分神。然而，过度的紧张却会使我们长期的准备工作付诸东流。一个成功者，或许他一直都有些紧张的情绪。但他之所以能成功，是因为他已经学会了如何控制紧张。即使是美国前总统林肯，当众演说时始终有些紧张，可是他知道如何控制和巧妙掩饰过去，不让听众看出来。

5. 狂躁

狂躁的人容易给人一种假象：似乎他精力充沛，说话做事那么有感染力，并显得咄咄逼人。初次接触狂躁者，很多人都会对他产生错觉，以为他是多么具有活力，使人大为感动。可是随着与他交往的加深，你就会发现狂躁者其实不过是白纸一张。他的谈话没有深度内涵，行事缺乏条理和计划，说过的话转眼就会忘记，交待他的事情也不会认真对待。但狂躁者的情绪容易使人陶醉，因为他的自我感觉好极了。他会显得雄心勃勃，但是世界上没有一例狂躁者取得成功的例子，这是因为狂躁和抑郁其实是两个极端的情绪。狂躁是极度兴奋，抑郁是极度抑制。

那么我们怎样才能控制非理性因素带来的不良后果呢？有一则关于美国总统麦金利的故事：

麦金利总统又一次在原本可以发怒的情形中，制止了自己的愤怒。这就足以证明了他是一个能够渡过难关的人。他使用了一种非常聪明而且极为简单的方法，以此征服了那些发怒的对手。

有几位代表，因为总统指派某人为收税的经纪人，而前来抗议。其中带头的是一位议员，有6.2英尺的身高，脾气很暴躁。他以愤怒的口吻骂着总统，几乎用的是一种带有侮辱性的词汇。但总统没有作声，任由他去泄尽他自己的精力，然后总统以平和的语气说："现在你觉得好一点了吗?"继而接着说："按照你的那种说法，你其实对实情并不了解，不过我仍旧会告诉你。"

那位议员马上脸红了，想道歉，但是总统又用一副笑脸说："无论是什么人，如果不知道事实，总是容易弄得发狂的。"然后总统向他解释其中的缘由。

麦金利总统这种既冷静又带讽刺的答复，就足以让这位议员觉得自己用粗鲁的语言是错误的，而这次的指派也许是正确的。他以这种聪明的应对方略，就让那位议员完全无言以对了。

当这位议员回去向朋友报告他所抗议的结果时，他只能说："伙计们，我忘了总统所讲的是些什么，不过他是对的。"

发怒的结果总是承认自己错了。你可以控制不发怒，那么你是对的，你的对手也就无能为力了。自己冷静也能令对方冷静下来。对方就是要激你发怒让你作出一种不合乎情理的事情来，使你事后后悔。落入到这种陷阱中的人实在是愚钝。一个对你的愤怒无任何反应的人，你对他发怒，这是毫无意义的。而要打倒一个愤怒的对手，则没有比冷静更好的办法了。

自我激励的动机

人通过不断地自我激励，就会产生一股内在的动力，作出积极的行动，并朝着所预期的目标前进，从而达到成功的顶峰。

什么是激励？激励，就是鼓舞人们作出抉择并从事行动，它能提供动因。动因即是个人体内的内部催动，比如本能、热情、情绪、习惯、态度、冲动、愿望或者想法等，能激励人行动起来。希望或别的力量也能引起人的行动，让人获得特殊的成就。

你如果知道某些能激励自己的原则，那么你也会知道这些原则同样可激励别人，反之一样。我们讲述别人成功和失败的特殊经历，就是为了激励你去从事理想的工作。因此，为了激励自己，也要去了解激励别人的原则。为了激励别人，你也要了解激励自己的原则。在养成以积极的心态激励自己的习惯后，你就能掌握自己的命运了。

我们每种思想和每个自觉行动的后面，都可发现某种或几种相结合的动机。经过分析，有10种基本的动机可导致产生所有的思想和自觉的行为。世上不存在不受到激励而做任何事的人。

这10种基本动机是：自我保护的愿望，爱的情绪，恐惧的情绪，性的情绪，不想死和生活的愿望，谋求身心自由的愿望，愤怒的情绪，憎恨的情绪，谋求被认可和自我表现的愿望，获得物质财富的愿望。

第六章

领导才能的培养

出色的成功者，往往他也是一名优秀的领导者。领导者可以享受追随者不曾有的报偿、待遇或者特权。如果你立志成为一名杰出的领导者，那么你从现在的追随者阶段开始，就要努力培养自己的领导才能。出色的领导才能就是你成为优秀领导者的资本。

何谓领导才能

所谓领导才能，并不是指挥舞手中的权力，而是授权别人去干。

在一个项目中，可能一个小小的胜利，仅凭一个人就可以单枪匹马地取得，但是，那种带来最后成功的伟大胜利，靠个人的单干是不可能取得的。要取得这样的胜利，就必须要有其他人的参与。当你开始动员其他人一起为达到某个目的而工作的那个时候起，你就跨进了领导者的行列。事情的成败，则有赖于领导者的水平。

究竟什么是领导才能，我认为领导才能就是把理想转化为现实的能力。从广义上来讲，这是正确的。一个领导者，的确可以将理想变成现实，但必须有一个重要的因素加入——其他人。一个领导者，他不但要通过自己的努力，而且更要通过别人的努力来实现理想。那些自以为自己是领导人而没有追随者的，不过是空想罢了。

《韦氏新世界英语词典》给“领导才能”下的定义是：“领导者的地位或指挥能力；领导的能力。”这个定义不具实用意义。事实上，这个定义会强化一般人

对领导才能的误解。许多人以为领导者的权力来源于他的地位或者头衔。这些人认为，老板有地位就可以领导别人，经理有头衔就能领导别人。但这些都不是领导才能的真正本质。一个只会在自己位置的狭窄范围内指挥别人的人，并不是真正的领导人物。

给“领导才能”的最佳定义是：“领导才能就是影响力。”一个真正的领导者，是能影响别人、使别人追随自己的人物，他可以让别人参加进来，同他一起干。这样的领导人物，他能鼓舞着周围的人协助他朝着他的理想、目标和成功迈进，并给予他们成功的力量。

领导能力，它首先是一个人的个性和洞察力，这是他作为一个人最为核心的东西。就像领导才能研究专家费雷德·史密斯所说：“领导人物走在队伍前面，并且一直走在前面。他们用自己提出的标准来衡量自己，并且也乐意别人用这些标准来衡量他们。”一个最好的领导人，就是能不断成长、发展和学习的人。他们愿意付出当领导人物的代价。为了不断提高自己的水平，拓宽自己的事业，增加自己的技巧，发挥自己的潜能，他们会作出很多必要的牺牲。他们通过自己的努力成为受别人尊敬的人。

拥有良好的个人品质的可信赖的人，比没有受敬仰的品质的人，更有可能成为领导人物。但是，单靠良好的个人品质，仍旧不能达到成为领导人物的条件。这些品质必须得与积极和别人沟通的能力结合起来。领导人物要和他人建立良好的人际关系，能关怀别人，学会和别人交谈相结合，并调动别人的积极性。PMA、个性、理想、与人沟通和激发别人积极性的能力，才是构成领导才能的基本要素。

领导人的特征

世界上一般有两种类型的人：追随者和领导者。在开始工作的时候，你就要决定是否愿意在你所处的行业中成为一名领导者，还是继续当一名追随者。这两者的回报差别是非常大的，追随者不可能有理由得到和领导者一样的回报，尽管很多追随者错误地期望这样的报酬。

当然，作为一名追随者本身没有什么不光彩的，但是，从另一个角度来说，做一名追随者是不会有什么名望的。然而，大多数领导者的起点，都是以追随者

开始的。他们最终之所以成为领导者，是因为他们开始是聪明的追随者。如果没有足够机智去跟随领导者的人，是不可能成为有能力的领导者的。一位聪明的追随者具有很多的优势，包括从领导者那儿获得知识的机会。

在今天这个商战激烈的时代，要想成长为一个称职的领导，就必须具有灵活性、勇毅不凡、胆大心细、掌握细节以及通晓敌我、掌握游戏规则的能力，并具备以下特征：

1. 毫不动摇的勇气。当今社会，没有哪个追随者愿意接受一个缺乏自信和勇气的领导者的指挥，也没有哪个聪明的追随者愿意长期被这样的领导者指挥。所以作为领导人，需要有毫不动摇的勇气。

2. 良好的自制性。如果连自己的行为都控制不了，那么他也无法控制其他人。良好的自制性为追随者们树立了榜样，他们会更加努力地进行效仿。

3. 强烈的正义感。一个没有公平正义感的领导，是不可能获得下属的尊敬的，也无从指挥他们。

4. 坚定的决心。有坚定的决心，就能向追随者坚定地肯定自己，从而领导他人。

5. 具体的计划。一名成功的领导人，他必须计划好自己的工作，并将工作计划付诸行动。靠临时的推测行动，没有一个可行的具体计划，就如一艘没有舵的船，迟早会触礁。

6. 付出超出所得的努力。需要奉献是领导者的不利后果之一，它要求领导者干的工作超过他要求下属所干的工作。

7. 迷人的个性。没有懒散粗心的人能成为成功的领导者。领导人物需要受到尊重。跟随者不会尊重一位性格上各种因素档次不高的领导者。

8. 同情与理解。成功的领导者必须同情他的下属。另外，他必须理解他们和懂得他们的困难。

9. 有责任感。成功的领导者必须愿为下属的缺点和错误承担责任。如果他尽量推卸责任，他将不能继续担任领导职务。如果他的下属犯了错误，这显示他不称职，领导者必须意识到失败的是他本人。

10. 富有协作精神。成功的领导者必须懂得和运用合作力量的原则，并能劝导下属也去这样做。领导人物需要力量，力量需要合作。

11. 果决是领导者的特色。领导者的一项重要的必备条件是具有快速决断的能力。

12. 要善于与员工沟通。所谓沟通是一个人向另一个人传递信息并获得理解的过程，领导每天依靠它来发布命令和指令，建立集体意识并回收反馈信息，领导必须在员工、上司、别的领导和组织外围重要团体之间保持沟通，领导为了与员工有效沟通，提高办事效率，必须注意以下几个方面：

（1）避免撒手不管的态度。如果你要员工认真地对待任务并严格地遵循指令，有时偶尔开个玩笑是可以的，但是要清楚并把握那些重要的事情。

（2）注意言辞。多数员工接受这样的事实：领导的工作就是传达命令和指令。由此引发的争吵可能与传达命令的方式有关，因此，选择能清楚表达思想的言辞，并且注意说话的语调。

（3）不能假设员工已经理解。鼓励员工问问题，并且解释这些问题。通过重复或演示来巩固员工的理解。

（4）反馈。给那些抱怨指派工作的员工提供机会这样去做，在有时间去纠正前，发现员工的抵触和误解。

（5）提供正好需要的材料。做好不同工作所要求的复杂程度有所不同，员工对他们所需的材料也不尽相同。年岁稍长的员工认为是不必要的资料，可能正是新员工渴求的有利材料。所以考虑考虑，对谈话的对象有选择地提供材料。

（6）防止指令不一致。检查一下，在你明确打算告诉员工一项指令时，别的部门的主管是否正在告诉他们另一项指令。另外，对提供的指令要使时间和对象不相矛盾，保持一致。

（7）不要只选择那些配合的员工。有些人天生就是适于合作的，另一些人则不是每次让他们做事都没有问题的。不要让情愿干的人超负荷而忽视难办事的人，以避免对抗。

（8）尽量不要批评人。通过员工完成令人不快的工作来惩罚他们是冒险。尽量不要这样干。员工有权期望分配合理的工作，即使你怨恨他们中的某个人。

（9）要善于倾听。不要猜测别人要对你说些什么，并且不要让员工认为你了解他要说的事情，即使你真的知道。让人把话说完，如果你很忙，要么限定时间要么另找时间，保证你能了解整个事情的过程。弄清楚员工要你注意的真实用意，这时常与你所想的有很大不同。对听到的事情不要急于回答，避免仅仅因为事情没说清楚或用词不当而感到心烦。在理解别人的看法时，耐心将会使你受益匪浅。

13. 正面激励和赞扬员工。有时候冷酷和严肃给下属的鼓励往往适得其反。

在这个时候，你使用正面的激励法，主动地鼓励和表扬他们，那么，你就取得了相当棒的成功。正面激励法不仅对自己的下属有效，对待自己的家人也很有效。当你说完这些话后，第二次他们办事一定会更加熨帖，更加迅速了。

14. 敢于冒险。在不确定性的环境里，人的冒险精神是最稀有的资源。

15. 领导要有创意。领导时时都要有创意，并激发员工去想一些新的点子。

领导才能的培养

取得成功唯一所能依靠的，是同事和下属的支持。但要想取得同事和下属的支持、合作，就必须有领导能力。所以，领导能力是成功必不可少的条件。但是，领导能力却不是与生俱来的，需要不断地进行培养。在培养领导能力方面，前面的章节所谈的各项内容，当然是很有价值的。这里所要谈的是让他人乐于和你合作的四个领导原则。这些原则可应用于工作上、管理上、交际上、家庭生活上，以及有人的任何地方。

1. 跟那些你想去影响的人交换意见

这是让包括朋友、同事、顾客、员工在内的其他人按照“你理想的那种方式”去做的秘方。通过以下的练习，你就可以做到：

如果你要撰拟广告文案，没想你是一个典型的顾客，对这个广告会有什么反应？

给别人打电话的方式。设想你是接听电话的人，对于人家来电时的语气，你会有何感想。

如果你用“命令别人”的方式要别人为你效劳时，你换位想想，你是否愿意去执行？

在举办一次讲座时，考虑到听众的背景和兴趣时，你作为一名听众，是怎样看待这个讲座的？

如果你是客人，在娱乐、嗜好方面，你会喜欢什么样的食物、音乐和娱乐活动。

“和别人交换意见”的具体做法：

要考虑和体谅到别人的处境。也就是说，要设身处地为他人着想，进行换位思考。

接下来得问自己：“如果我是他，这件事应该要怎么做才行?”当然，不管什么事，一定要让他为你做。

最后，你就要践行“如果你是别人，别人会让你怎么做”的行动。

2. 考虑要周到

在处理事情时候，应当要多考虑还有哪些符合人性的方法。每个领导者，都会用自己的方法去领导别人。其中，常见的领导方法有独裁方式和刻板方式。

以独裁方式进行领导的人，他的每一个决定，都不会征求相关人士的意见。部属的意见他不会接受，因为他害怕下属的意见是对的，这样会有损他的面子或者破坏他的形象。独裁的领导人通常不能维持很久。因为在他的下属羽翼未丰的时候会暂时屈服，但是他们很快就会感到不耐烦。而优秀的人迟早都会远走高飞。

刻板方式的领导人，往往表现得铁面无私，不通人情。这样的领导人在处理任何一件事情的时候，都要引经据典。而他并不了解，每一个规定和政策只是一般情况的通用标准而已。而且，他们最糟糕的做法是，都把别人看成做事的机器，但是，任何人都不喜欢被别人看做是机器。那些铁面无私、毫无感情的效率专家，并不是理想的领导人，因为为他工作的那些“机器”，只能发挥他们的一小部分潜能而已。

真正卓越的领导人，他们所使用的领导方式，就是第三种“人性化管理”的方式。

约翰是一家铝器工厂开发部的主管。约翰先生使用“人性化管理”的技术非常高明，他自己也受益甚多。

当一个远道来的新员工初进他的部门时，约翰会想到这个人离乡背井、出外工作可能遇到的不便，尽量帮他找一个住处。他还请秘书和两个女职员帮忙，适时地在上班时间替员工举办生日会。这件事所花的时间不是浪费，反而是加强员工向心力的有利投资。

当约翰知道某某人信奉那种信徒比较少的宗教时，他还会尽量为他安排，使他能参加该宗教的节日，因为那些宗教节日通常跟普通假日不一致。

当员工本人或家属生病时，约翰会抽空去探望，并且夸奖他们各种业余的成就。

当约翰想要辞退一个不能胜任这份工作的员工时，他会帮助这位员工找到一份他能胜任的工作。他的这一做法使所有的员工都能感觉到自己的工作是有保障的。

约翰先生的“人性化管理”方式使人们永远不会在私下批评他。他得到部属忠诚不二的拥护。由于他使部属获得最大的工作保障，他本人也因而获得最大的工作保障。

因此，若想成为一个出色的领导者，当你遇到和他人有关的难题的时候，要及时反问自己：“处理这件事，哪个方法是最合乎人性的方式？”

如果你的下属不能胜任工作或者某一个员工制造了棘手的问题时，你应当记住帮助别人改正错误的方法。不要一味地讽刺他们，也不可把别人说得什么都不是，更不可当场发飙、骂人，绝不做刻薄鬼。这时候要多想想“合乎人性的方法”，那么一定会有回报，会让你有意外的惊喜。

3. 要关心下属的业余成就

你应该要明白，一个人活着最主要的目的，就是享受生活。这是一个非常普通的原则，你越关心一个人，他就越会努力地为你服务，那么你的成就也会越来越大。

同时，利用每一个机会，尽量赞美下属取得的个人成就，赞美他的合作，并嘉奖他们额外的努力和尝试。赞美本身就是对于人最大、最好、最方便以及最廉价的鼓励，不用花一分钱，何乐而不为？

4. 尽量追求进步

无论在哪个阶段，你要相信你还可以进步，更要推动帮助进步的行动。在别人提及你时，最好的恭维就是“他很上进，真正在努力工作”。

无论干哪一行，能获得升迁的只有精益求精的人。在领导人中，真正的领导人非常缺乏，而安于现状的人要多得多。如果你为了加入真正的领导人的行列，那请培养你上进的决心吧！

为了能够激发和鼓励你的上进心，你需要做好以下两件事情：

一是每一件事情都要去研究改善的最佳策略。

二是每一件事情都应该要制订出更高的标准。

我在给受训的学生上课时，曾要求13个受训学员每天把自己关在房间里一个小时，看看会有什么样的结果。

两周以后，差不多每个学员都说这个经验的确非常难得而且实用，其中有一位学员说，在此之前，他差点和另一家公司的主管断绝交往。经过仔细、清晰的思考之后，他已经认识到了问题的原因并找到了改进的办法。还有学员说，他们已经解决了许多麻烦的问题，这些问题多半和更换工作、婚姻不和谐、买房以及为孩子择校有关。

每一个学员都积极地说，他们比以前更为了解自己了，更清楚自己的优势和不足。

他们发现，在适当的独处时作出的决定或者观察，其正确率可达百分之百。他们又发现，“浓雾一旦消失，真相就会水落石出”，因此就能得到正确的抉择。

在适当、合理控制情况之下的独处，不失为我们值得采用的方法。

领导者失败的10个原因

在现实的社会生活中，也有不少失败的领导者。对于失败的领导者，我们可以分析导致他们失败的主要原因，从他们身上获取宝贵的经验教训。毕竟，知道什么不能做与知道什么能做是同等重要的。

1. 无法组织和搜集详细的资料

一个做事有高效率的领导人，他需要有能力去组织、收集详细的资料，以便掌握具体的真实情况。而没有真正的领导能力的领导总是“太忙”，没有时间去做好领导者必须去做的事。

不管是领导者和跟随者，当他承认自己“太忙”的时候，不能改变他的计划或者没有剩余的精力去应付紧急事件的时候，他无异于向外宣布自己无能。成功的领导者必须要掌握与自己职责相关的一切详细情况。当然，他还需要养成把详

细情况移交给能干的助手的习惯。

2. 不愿提供自认卑微的服务

总有一些领导者认为为下属及员工提供服务，特别是需要动手的劳动，有损领导的威严。事实上，为别人提供服务是领导者的重要工作，优秀的领导者在适当的场合都愿意做平常可能由普通员工去做的工作，他们从不认为在会议间隙为员工端茶递水是一件羞耻的事。大凡最伟大的领导人，都是大家的仆人，这可是所有人都必须承认的事实。这也是优秀的领导者能受到人们尊重的原因。

3. 期待着从他们的所知中得到报酬，而不是用他们的所知去干了什么得到报酬

在这个社会上，报酬是不会付给只知道说的人，它只付给做了事或者引导别人做了某事的人。一个人凭着自己的能力促使别人去做事获得的工作报酬，会比自己亲手去做而获得的报酬要多得多，这是一个不变的事实。有才干的领导人通过他的专业知识和有吸引力的性格可极大地提高他人的效益，引导他们提供更多更好的服务。

4. 惧怕来自下属的竞争

这一类的领导人，他主要所担心的，就是怕他的手下取而代之。但是实际上这种担心、恐惧的事情早晚会成为事实。优秀的领导人懂得训练接班人，并且会把他岗位的任何有关的详细资料移交给他。只有这样，领导者才能从各方面强化自己、培养自己。

5. 缺乏思维

没有思维，领导者不能应付紧急情况，不能制定出有效地引导下属的计划。

6. 自私

如果领导者将下属工作取得的荣誉窃为己有，这肯定会遇到下属的抵触情绪和不满。优秀的领导者不会把任何荣誉据为己有。面对荣誉，他会感到高兴，并将它归功于属下。这是因为他知道，下属得到了荣誉和鼓励，会加倍努力地工作。

7. 无节制

下属不会尊重一位无节制的领导。另外，任何形式的无节制都会毁灭掉放纵者的毅力和活力。

8. 不忠实

这一点也许应列在最前面。不守信用的领导，对上级和下级不忠实的领导，不可能长久地维护他的领导职位。缺乏忠诚是各行各业的人们失败的重要原因。

9. 强调领导人的"权威"

具备合格领导能力的人，是通过鼓励，而不是凭借职位本身带来的权威在心理上向下属施加威胁进行领导的。企图用"权威"给下属留下印象的领导是属于凭权力领导的这一类。一位优秀的领导者，它就会认为没有必要这样做，除非他以自己的实际行动，他的同情、公正、理解等证实他知道他所在的职位。

10. 注重头衔

一个称职的领导人，不会要求任何头衔来使他得到属下的尊重。在头衔上花太多精力的人，往往很少会注重其他事情。优秀的领导人，他的办公室对所有愿意进来的人都是敞开着的，他的工作方式不受任何形式主义或者官僚主义的影响。

这些原因，是领导人失败的比较普遍的因素，其中任何一个都可能导致领导者的失败。作为一个追随者，这本身并不是一件可耻的事，但是停留在追随者的境界也不是一件光荣的事情，我们要努力把自己训练成出色的领导人物。我们要切记，领导才能是能培养出来的。

在现在这个物竞天择、适者生存的残酷社会中，一个优秀的领导人，应该像一个指挥官，指挥着他的军队协同作战，而不是像一个大侠，光凭自己去单打独斗。

第七章

相信自己才能缔造成功

成功之路，并没有太多的通途可走，它不可能为你一路大开绿灯，在这条路上，或许会有太多的荆棘坎坷。尽管如此，但只要你能对自己充满信心，相信不管前面的道路有多么的艰难，成功必然会离你越来越近，它会从传说中走到你的身边。相信自己，让自己充满自信和勇气，那么你就是成功的缔造者。

成功的信念

没有人喜欢巴结、讨好别人，过着平庸的生活。也没有人喜欢自己被迫进入某种情况。但是，人人都会想要成功，都会想得到一些最美好的事物。因为，成功意味着能享受许多美好、积极的事物。这是人们所追求的东西。成功！成功！成功！就是许多人人生中的最终目标。

怎样才能成功呢？首先我们应有成功的信念。相信自己会胜利的人，他必定会成功；而心存疑惑的人，注定会失败。成功的人相信自己能移山，会成就事业；而认为自己不能的人，他一辈子都会一事无成。

在圣经中，我们就可以找到“坚定不移的信心能够移山”这句话。虽然，在实际生活中，真正能移山的人并没有，但是坚定的信念真的很重要。当然，光是像阿里巴巴那样喊：“芝麻，开门！”就想把成功之门打开，那是根本不可能的。有这种想法的人，他是把“信心”和“希望”等同起来了。确实，我们无法用“希望”来移动一座大山；也无法靠“希望”实现你的目标。但你还是要相信这

句话：“只要有信心，你就能移动一座山。只要相信你能成功，你就会赢得成功。”

信心本身并没有什么神秘可言，但有着非同一般的威力。信心是这样起作用的：相信“我确实能做到”的态度，产生了能力、技巧与精力这些必备条件，每当你相信“我能做到”时，自然就会想出“如何去做”的方法。

放眼社会，每天都有不少年轻人开始新的工作，他们都有登上最高阶层的“理想”，享受伴随而来的成功果实的想法。但是，大多数的年轻人却不具备必需的信心与决心，因此他们难以达到最高点，或许也因为他们相信自己达不到，找不到登上顶峰的途径，最终他们的成就也一直停留在一般人的水平。

但是，其中仍有少部分人确实相信他们总有一天会取得成功。于是他们抱着“我就是要达到顶峰”的积极心态来进行各项工作，并且认为这不是不可能的。这部分年轻人会仔细研究企业高管的各种作为，并学习那些成功者分析问题和作出决定的方式，并且留意他们如何应付进退。最终他们凭着坚强的信心达到了目标。

拿破仑曾经说过：“我成功，是因为我志在成功。”倘若没有这个目标，拿破仑必然没有坚定的决心与信心，当然，最终成功也就不会与他有缘。其实，信心就是成功的秘诀。

信心不仅能使一个白手起家的人成为巨富，也会使一个演员在风云变幻的政坛上大获成功，美国前总统里根、美国加利福尼亚州前州长施瓦辛格就是很好的例子。他们在跨入政坛之前，都是演员，是娱乐圈明星，但后来却成为政坛的风云人物。其中一个重要的原因，就都来源于他们的信心。因为有十足的信心，所以他们能以娱乐明星的身份，在政坛上获得巨大的成功。

我们可以感觉到：在成功者的足迹中，信心起着决定性的作用。要想有所成就，就必须要有无坚不摧的坚定信心。

信心对于立志成功者具有重要意义。有人说：成功的欲望是创造和拥有财富的源泉。人一旦拥有了这一欲望并经由自我暗示和潜意识的激发后形成一种信心，这种信心便会转化为一种“积极的感情”。它能够激发潜意识释放出无穷的热情、精力和智慧，进而帮助其获得巨大的财富与事业上的成就。

因此，有人把“信心”比喻为“一个人心理建筑的工程师”。在现实生活中，信心一旦和思考结合起来，就能将潜意识激发出来，激励人们表现出无限的智慧的力量，让每个人的欲望转化为物质、金钱、事业等方面的实在的价值。

每一个成功者或是富豪的身后，都有信心这股巨大的力量在支持和推动他们不断向自己的人生目标迈进。所以，我可以肯定地说：

信心是生命和力量。

信心是奇迹。

信心是立业之本。

不计辛劳，勇往直前，你的人生定会大放异彩。

自信能克服万难

信心具有惊人的力量，它可以改变恶劣的现状，造成令人难以置信的圆满结局。充满信心的人永远不会被击倒，他们是人生中的胜利者。

我认为，信心是“不可能”这一毒素的解药。信心可令我们每一个意念都充满力量。当你有强大的自信心去推动你的成功车轮时，你就可平步青云、无止境地攀上成功之岭。能克服眼失明、耳失聪、口失言的三重痛苦，终生贡献于社会福利事业，被称为“奇迹”的海伦·凯勒成功的一生，无疑就是最好的佐证。

海伦·凯勒在一岁半时突患急性脑充血病，连日的高烧使她昏迷不醒。当她苏醒过来，眼睛瞎了，耳朵聋了，嘴巴也不能说话了。从此，她坠入了一个黑暗而沉寂的世界，陷进了痛苦的深渊。

所幸的是，小海伦在黑暗沉寂的悲剧中遇到了一位伟大的光明天使——安妮·沙莉文女士。沙莉文也是位有着不幸经历的女性。她10岁时，和弟弟两人一起被送进麻省孤儿院，在孤儿院中长大。由于房间紧缺，幼小的姐弟俩只好住进放置尸体的太平间。在卫生条件极差又贫困的环境中，幼小的弟弟6个月后就夭折了。她也在14岁时得了眼疾，几乎失明。后来，她被送到帕金斯盲人学校学习凸字和指语法。之后，她成为了海伦的家庭教师。

从此，沙莉文女士与这个蒙受三重痛苦的姑娘的斗争就开始了。洗脸、梳头、用刀叉吃饭都必须一下一下教她。固执己见的海伦以哭喊、怪叫等方式反抗着严格的教育。但是，沙利文女士终究以自己的坚持不懈，实现了与完全生活在黑暗、无声世界里的海伦进行沟通。

海伦·凯勒在所著的《我的一生》中，曾经写道：一位年轻的失明者，没有多少“教学经验”，将无比的爱心与惊人的信心，灌注到一位全聋全哑的小女孩身上——先通过潜意识的沟通，靠着身体的接触，为她们之间的心灵搭起一座桥。接着，自信与自爱在小海伦的心里产生，将她从痛苦的孤独地狱中营救出来，通过自我奋发，将潜意识这一无限能量发挥出来，步向光明。

就是这样，两人手携手，心连心，用爱心和信心作为“药方”，经过一段常人难以想象的挣扎，唤醒了海伦那沉睡的意识力量。一个既聋又哑且盲的少女，初次领悟到语言的喜悦时，那种令人感动的情景，实在难用笔述。

仍然是失明，仍然是聋哑的海伦，凭着触觉、指尖去代替眼和耳，而且学会了与外界沟通。她 10 多岁时，名字就已传遍全美，成为残疾人士的典范。

1893 年 5 月 8 日，是海伦最开心的一天，这也是电话发明者贝尔博士值得纪念的一日。贝尔博士这位成功人士在这一日成立了他那著名的国际聋人教育基金会，而为会址奠基的正是 13 岁的小海伦。

若说小海伦没有自卑感，那是不确切的，也是不对的。幸运的是她自小就在心底里树起了颠扑不灭的信心，完成了对自卑的超越。

小海伦成名后，并未因此而自满，她继续孜孜不倦地接受教育。1900 年，这个 20 岁的学习了指语法、凸字及发声，并通过这些手段获得超过常人的知识的姑娘，进入了哈佛大学拉德克利夫学院学习。她说出的第一句话是：“我已经不是哑巴了！”她发觉自己的努力没有白费，兴奋异常，不断地重复说：“我已经不是哑巴了！”4 年后，她作为世界上第一个受到大学教育的盲聋哑人，以优异的成绩毕业。

海伦不仅学会了说话，还学会了用打字机著书和写稿。她虽然是位盲人，但读过的书却比视力正常的人还多。而且，她比“正常人”更会鉴赏音乐。海伦的触觉极为敏锐，只需用手指头轻轻地放在对方的唇上，就能知道对方在说什么；把手放在钢琴、小提琴的木质部分，就能“鉴赏”音乐。她能以收音机和音箱的振动来辨明声音，又能够利用手指轻轻地碰触对方的喉咙来“听歌”。

如果你和海伦·凯勒握过手，5 年后你们再见面握手时，她就能凭着握手来认出你，并知道你是美丽的、强壮的、体弱的、滑稽的、爽朗的、或者是满腹牢骚的人。

这个克服了常人“无法克服”的残疾的“苦命人”，其事迹在全世界引起了震惊和赞赏。她大学毕业那年，人们设立了“海伦·凯勒日”。

海伦·凯勒，身为一个三重残废的人，却始终对生命充满信心，充满热忱。她凭着坚强的信念，终于战胜自己，体现了自身价值。她虽然没有发大财，也没有成为政界伟人，但是，她所获得的成就却比富人、政客还要大。

美国作家马克·吐温曾经评价说：19世纪出现了两个了不起的人物，一个是拿破仑，一个就是海伦·凯勒。

海伦凯勒身受盲、聋、哑三重痛苦，但她却能克服这些困难并向全世界投射出光明，这说明了什么呢？

我的答案是：信心是心灵的第一号化学家。当思想中融入了信心之后，潜意识会立即拾起这种震撼，并将它变成等量的精神力量，再转送到无限智慧的领域里促成成功思想的物质化。

的确，心存疑惑，就会失败；相信胜利，必定成功。

恐惧是自信最可怕的敌人

信心也有敌人，那就是恐惧。恐惧有许多种，我曾经提出过7种主要的恐惧：恐惧贫穷；恐惧批评；恐惧健康不佳；恐惧失去爱；恐惧失去自由；恐惧年老；恐惧死亡。

恐惧的理由有无数种，其中对贫穷和衰老的恐惧是最可怕的，所以，我们会希望储备金钱以备养老。只因如此，这种恐惧才给我们造成很大的压力，促使身体过度劳累，并且给我们带来了我们所极力要避免的东西。

凡是恐惧所在的地方，是无法有任何成就的。一位哲学家曾指出：“恐惧是意志的地牢，它跑进里面，躲藏起来，企图在里面隐居。恐惧带来迷信，而迷信是一把短剑，伪善者用它来刺杀灵魂。”

我曾在用来撰写成功学书籍的打字机前，悬挂着一个牌子，上面用

大写字母写道："日复一日，我在各方面都将获得更大的成功。"

一名抱有怀疑态度的人看到这个牌子之后，就问我是不是真的相信"这一套"。我回答道："我当然不相信，这块牌子'只不过'帮助我离开了我原本担任矿工的那个煤矿，并帮助我在这个世界中谋得一席之地，让我能够帮助10万人逆流而上，在他们的思想里灌输和这块牌子相同的积极思想，因此，我为何要相信它呢？"

这个人在准备离开时说："好吧，或许这一套哲学有它的一定道理，因为我害怕自己会成为一名失败者，到现在为止，我的这种恐惧可以讲已经彻底实现了。"

你若不是逼迫自己走向贫穷、悲哀与失败，就是正引导着自己攀向成功的顶峰。如果你要求自己获得成功，并采取相应的明智的行动，那么，最终你一定会胜利。

恐惧是一种全球性的消极心理，它处处压迫着人们。所以我们必须了解，在我们的恐惧中，有很多是在年幼时，当某种价值观和观点受到威胁后，所产生的后遗症。

我们也许有"害怕被拒绝"的恐惧，这可以归咎于小时候所受到的批评。这些批评则来自父母、亲戚或教师，而最严重的是来自于我们同辈伙伴的批评。这些批评把我们和错误连结在一起。

我们不妨联想一番，幼年时期，如果我们犯错误或失败时，父母的反应是什么？"坏孩子"、"淘气鬼"、"再不乖，就赶你出去"、"不听话，坏人来了就把你卖给坏人"。父母一时无心的责备，无形中等于给孩子的行为贴上了标签。然而不幸的是，孩子对自己的行为并无认知能力，于是造成了行为与观念的混淆，而导致不安的后果。入学后，同伴们又会给你取些绰号："大头"、"四腿田鸡"、"糊涂虫"、"竹竿"、"雀斑"、"胖子"、"暴牙"，等等。有些人甚至上了大学或进入了社会，情况也并未改善，还时经被别人批评："无聊"、"刻薄"、"呆板"、"假认真"、"顽固"、"粗野"、"虚伪"、"激进派"。

在这些充满挫折、消极绰号以及各种批评环境中长大的孩子，常会变得吹毛求疵，缺乏足够的自尊。"害怕被拒绝"的恐惧因此成为"害怕变化"。他们随波逐流，追求与社会制度相配的安全与地位，不敢"轻举妄动"。"害怕变化"最后变为"害怕成功"。在我看来，"害怕成功"和"害怕被拒绝"是同出一辙。

既然我们有恐惧，那么该如何去克服它呢？大家可以参考一下我曾用于教育员工、指导子女的方法：

1. 把个性和表现分开：和其他人沟通时，要把行为或表现，与个性或身份绝对分开来。

错误："你是个骗子。"

正确："你的说法和我所想的不同；我们一起来检讨一番。"

错误："根据你的主管报告，你很懒，工作效率也差。"

正确："你的主管和我深信，你有能力把工作做得更好。如果我能帮忙的话，请尽量提出来。"

错误："除非你用功读书，否则你永远上不了大学。像这种成绩单，只能找到一个扫街的工作。"

正确："看了你的成绩单，虽然我无话可说，但是我知道你本来有能力得到更好的成绩。我到你学校去了一趟，和你的导师及几位老师谈过话，他们深信你一定可以得到更好的成绩。我也相信你办得到。我爱你，我知道你一向尽力而为，这一点最重要。我很关心你的生活，你需要我帮助你吗？"

2. 在私下谴责个人的表现，如果称赞的对象是团体中的某一个人，最好也在私下加以称赞。公开谴责是最坏的惩罚方式，会伤害个人的自尊，引起个人对成功与被拒绝的恐惧。

公开称赞某人，将会引起员工之间的嫉妒或家庭中兄弟姐妹的不和，特别是明显的比较，更是如此。最有效的称赞方式是面对面、私下进行，而且要在受称赞者事先未曾预料的情况下；另一种同样有效的方式，则是在一次众人所关切的领奖仪式中进行。

如此说来，有了价值观念之后，恐惧就会消失。在恐惧中成长的孩子，长大之后，在每一行中，都会落在别人之后；反之，在称赞中长大的孩子，将学会独立，即使环境恶劣，也会出人头地。被宠坏及溺爱的小孩，长大后变得贪婪。赋有挑战与责任的小孩，长大后有价值感与目标。

建立自信心

你心中如何想，就会成为什么样。征服畏惧、自卑，建立自信最快、最有效的方法，就是去做你害怕的事情，直到你获得成功。建立自信，你还需要有适当的方法。

无论是在教堂或是教室等各种活动中，后面的座位往往会被坐满。而大部分占据后排座位的人，都希望自己不会“太显眼”。他们怕受到注目的原因，其实就是缺乏自信。所以，坐在前面就意味着建立信心，可以试着把它当做一个规则，从一开始就尽量往前坐。坐在前面确实会比较显眼，但是你要明白，有关成功的一切，都是显眼的、引人瞩目的。

另外，一个人的眼神，能透露出很多关于他的信息。当某人不敢正眼瞧你的时候，你会直觉地问自己：“他想要隐藏什么呢？他怕什么呢？他会对我不利吗？”不敢正视别人的人，通常意味着：“我有罪恶感，我做了或想到了什么我不希望你知道的事情；我害怕接触你的眼神，你会看穿我，这都是一些不好的信息。”而敢于正视别人眼神的人，等于告诉别人：“我很诚实，而且目光光明正大，我相信我告诉你的话是真的，毫不心虚。”要让自己的眼睛为你工作，就是要让你的眼神专注别人，这不但能给你信心，也能为你赢得别人的信任。

我曾见过很多思路敏锐、天资聪慧的人，却无法发挥他们的长处去参与讨论。这并不是他们不想参与，而是因为他们缺少信心。在会议中，那些沉默寡言的人可能都这么认为：“我的意见可能没有价值，如果说出来，别人可能会觉得很愚蠢，我最好什么也不说。而且，其他人可能都比我懂得多，我并不想让他们知道我是这么无知。”

这些人常常会对自己说：“等下次再发言吧。”可是他们清楚地知道自己下次也照常不会发言的。每次这些沉默寡言的人在不发言的时候，其实又中了一次缺乏信心的毒素了，就会更丧失自信。如果能尽量发言，就会增加信心，下次也更容易发言。所以，无论什么会议，都要主动发言、多发言，也许是评论，也许是建议或者提问，都不要有例外，因为这是信心的“维生素”。并且，不要到最后才发言，要做破冰船，第一个打破沉默。也不要担心你会显得很愚蠢，这是不会的，因为总有人会同意你的见解。所以不要再对自己讲：“我怀疑我是否敢说出来。”要用心获得会议主持人的注意，好让自己有机会发言。

一个印度人因偷窃当场被抓，不料，这个小偷丝毫没有畏缩的样子，反而理直气壮地说：“假如我拿了东西又逃走，那才算是偷窃。可是现在我只是拿到东西而已，了不起把东西还给你就是了。”他说完之后，就大大方方地开溜了。

当然，我们并不鼓励偷窃。不过，这个印度人说的逻辑。从客观上来说，情况是非常不利于他的，但他本人却不肯认罪。反之，如果换做别人，即使在客观上还不至于失败，但在主观上就已经投降了，结果任人摆布。

现在的年轻人似乎都有这种倾向，而且愈来愈强。事实上，人生不能这样简单地就表示绝望的，在某些情况下，应该坚持到底。我认为，凡事不能先行畏怯，心里失去信心，这无异于拆除了主客观的心理界限，倘若斗志与意欲都丧失，那就无可救药了。

实验心理学之祖威廉华特曾提出，内观法是研究心理学的主要方法之一。这个方法就是要很冷静地观察自己内心的情况，然后毫无隐瞒地用言语表达出来，那么就没有产生烦恼的余力了。例如，初次到某一个陌生的地方，内心难免会疑惧万分，这时候，不妨将此不安的情绪，清楚地用语言表达出来：“我几乎愣住了，我的心忐忑地跳个不停，甚至两眼也发黑，舌尖凝固，喉咙干渴得不能说话。”这样一来，不但可将内心的紧张驱除殆尽，而且也能使心情得到意外的平静。

每当我闷闷不乐，或者烦恼情绪高涨，进而影响到工作效率的时候，我就会尽量把那些烦闷的原因，具体的写在纸上。哪怕是些微不足道的事，也全部把它写出来。比如，“邻居家的猫叫声令人很讨厌”。“很急切地想听刚买回来的唱片”或者“快些决定下一次的讲演题目”等。把大小事情都逐条明列出来，这都是消除苦闷的方法，如果稍微加以整理，那么就可能发现这些原因是这样的复杂，或者如此的简单，只要能很客观地找到苦恼的原因，也就能很自然地找到解决的方法。

所以，有时候你也可以记下事情的优先次序，例如马上要处理的，稍缓处理

的，甚至也把处理的方式，仔细写下来。等到事情逐一被处理完毕之后，苦闷和无聊的情绪，也就在不知不觉中消失殆尽。这是我转换气氛的方法之一。写字这一动作的本身就具有减轻紧张的作用，有人喜欢在考卷上胡乱涂写与题目无关的恶作剧，或在重要会议上，顺手在便条上画漫画，其实，这些活动能使人在无意识中收到减轻紧张的效果。

第八章

个人魅力的展示

当我们看到那些伟人、明星、大师、巨贾时，他们是多么的受到人们的尊敬和爱戴啊！在他们身边，总是能吸引到一大群追捧他们的人，这是为什么？其实这不仅仅是他们的卓越成就带来的效果，更为主要的是，他们总是能散发出一种吸引他人的个人魅力。个人的魅力体现出人的个性。富有个性的人，必然可以吸引到属于自己的追随者。这样，在通往成功的道路上，他就不再是一个人孤军奋战了。

富有魅力的个性

所谓迷人的个性，就是能够吸引人的个性。什么因素能让个性吸引人？我们来逐步发掘这个问题的真相。

一个人的个性就是他特点与外表的总和，这些也是他和别人不同的地方。我们所穿的服饰、脸上的轮廓、我们的声调、思想以及由这些思想所发展出来的品德，所有的这些东西，都构成一个人的个性。但是，你的个性是否为别人所喜爱，则又是另外一个问题了。

你的个性中最重要的一部分，很显然是你品格中所代表的那一部分，也是从外表上看不出来的那一部分。毫无疑问，你所穿的衣服式样是否适当，这也构成了你个性中的一部分，这是因为人们都是从你的外表获得对你的第一个印象。即使是你握手的态度，也密切关系到你的个性是否能吸引或排斥你握手的人。

另外，你的眼神也是构成你个性中的一个重要部分，因为有些人能够透过你

的眼睛看到你的内心深处的思想，看出你最隐秘的念头。如果你对其他人的生活、工作表示深切的关心和兴趣，那么你可以用来表现你的个性内容，并让你的个性永远引人称赞。

你如果能够发挥想象力，你也将会获得迷人的魅力。假设你渴望发财，而且也有足够的勇气承担随着财富带来的负担。那么，你可以试着把一般人获得财富的普通方法颠倒过来，例如用最低的利润卖出你的商品，而不是最大限度地获取利益。福特曾发现，对他自己最有利的方法就是在利益允许的范围内，尽量提高员工的工资和待遇。而不是尽量少付工资给他们。他同时也发现另一个对自己最有利的方法，在其他汽车制造企业不断提高他们汽车售价的时候，他却反而降低了福特汽车的售价。最终，福特取得了成功，而其他汽车商失败了。这就是发挥想象力获得迷人魅力的地方。

有一些计划也许相当不错，可以让你尽量去压榨消费者，而且也受不到惩罚。但是，从长远来看，你能效法特定的计划，并加以实行，这样，你就可以获得更多的利润，而且也更为心安理得。

约翰·洛克菲勒以前经常遭到别人的怒骂，而那些怒骂洛克菲勒的人，多半纯粹是出于嫉妒之心。这是因为他们渴望拥有像洛克菲勒那般的财富，但自己却没有赚到这笔财富的能力。不管你对洛克菲勒有什么样的看法，你都不能忘记，他当初只是一位地位卑微的簿记员，后来，他之所以能荣登“世界首富”的宝座，完全是因为他有组织并指挥智力与能力比他差的人的能力。洛克菲勒在尚未成功之前，必须花25美分购买一加仑的煤油，而且必须扛着个大铁桶在火辣辣的太阳底下步行回家。后来，洛克菲勒的车子却能把煤油送到别人的家门口。无论是在城中，还是郊外的农场，他都能将煤油送到，而且价钱是别的公司的一半。

只要洛克菲勒把这项民生必需品的价格降低一点，那么谁还能有权利去责骂他呢？他原本也可以轻易地将煤油的售价定为5毛钱/加仑，但要是他真的这么做了，那么他后来是否还能成为一位百万富翁则是个问号。

很多人都想挣大钱，并且每一百人当中就有九十九人一开始就会拟定计划，并经由这个计划来赚钱，他们只是想到怎样用各种方法把钱弄到自己的腰包里，而从来不会想到“用服务去换取酬劳”。

有的人可能会用最漂亮、最新款式的衣服打扮自己，以此来吸引别人。但是，如果你存在着贪婪、妒忌、自私以及怨恨的内心，那么你将永远吸引不了任何人，能吸引的仅仅只是与你同类的人。俗话说，物以类聚，人以群分。所以，你可以肯定，被吸引到你身边来的，都是品格与你相同的人。

你可能会作出虚伪的笑容，来掩饰住你真正的感觉，你也能模仿表现热情的握手方式，但这些“吸引人的个性”的外在表现缺乏热忱这个重要因素的时候，那么，这不但吸引不了人，反而会让人家逃避你。

我认为，真正迷人的个性必须具备以下几个要素：

1. 养成让你自己对别人产生兴趣的习惯，并且你得从他们身上找出美德，并加以赞扬。

2. 培养说话的能力，使你的话更有分量，更有说服力。你还应把这种能力应用在日常谈话和公开的演说上。

3. 为自己开创出一种独特的风格，使它能够适合你的外在条件和你所从事的职业。

4. 培养和发展出一种积极的品格。

5. 学习如何与人握手，使你能够通过这种寒暄方式，将温柔与热忱表达出来。

6. 把其他的人吸引到你的身边，但你首先得让自己“被吸引”到他们的身边。

7. 同时记住：在合理的范围之内，你唯一的限制就是在你自己的头脑中设立的那个限制。

你如果具备这些好的思想、好的感觉以及好的行动，那么就可以建立一种积极的品格，然后再以有力及富有说服性的方式来表达你自己，这将会展示出你迷人的个性。而且你从中可以看到，这里面可以发展出这里所描述的其他美德。

具有积极品格的人自然有很大的吸引力，可是这种力量时隐时现。但只要你深入这一类人中间，即使他不说一句话，你也仍旧会感觉到他那“看不到的内心深处的力量”。

幽默展示人的个性

幽默能给人带来愉快的心情，可以让自己摆脱尴尬的境地，化险为夷；幽默还能缓解紧张的氛围，让人们的相处变得非常融洽。同时，幽默也是一个人个性的重要的展示。

幽默是建立在机智的基础之上的，但它又不完全等同于机智。机智能把一些毫不相干的事物巧妙地融合起来，给人以聪颖之感，而幽默是一种恰当、得体的自我玩笑。比如漫画中一个人头戴着呢子帽，鼻梁上架着眼镜，走起路时神气活现的，但未料正当得意洋洋之时，脚踩到了一块香蕉皮。刚刚的好不得意和跌了一跤后的狼狈形象形成了鲜明的对比，给人以一种幽默感。

幽默运用得恰当，可以使一个怀有敌意的人立即变得无话可说，或许还可以帮助他解决尴尬的局面，从而获得别人的鼓掌喝彩。

著名作家马克·吐温以幽默著称。有一天，马克·吐温去拜访法国名人波盖，波盖取笑美国短暂的历史："美国人在没事干的时候，常常喜欢怀念他的祖宗，可是一怀念到他祖父那一辈，就不得不停止了。"马克·吐温听后只是微微一笑，用诙谐轻松的语气说："每当法国人没事干的时候，总是拼命地想着他的父亲到底是谁。"

幽默有高级和文雅的，也有低级和庸俗的，有的时候还含有暗示作用。在交际中切忌开一些低级趣味的玩笑，因为这样的幽默和讥讽相类似。有的时候，一句平常的讥讽话会让人当场丢脸，会让你和别人结怨，因此在社交活动中，幽默应当表现出人的文雅和高尚才好。

在社交场合中，幽默也应恰如其分、因地因时适宜。如果大家都在全神贯注地讨论一个具体问题，这时候如果你突然来一句与之毫无关联的玩笑，这不但不能让人发笑，也会遭遇大家无趣的目光。

交际中，如果只是一味地说俏皮话，毫无限制地幽默，结果也会适得其反。比如，一个笑话，你把它反反复复地讲了很多遍，在开始的时候，人们会认为你是一个很风趣的人，但到后来人们就会开始对你感到厌烦。如果你在幽默中含有恶意攻击、挖苦别人的目的，那么这还是不说为好。一剂毒药外面不管包裹着多厚的糖衣，它一样会置人于死地。

优秀的领导人，在口语表达中应具有幽默风趣的特征。说话的时候能够谈笑风生、挥洒自如。无论在什么情况下，他都可以从容应对、出口成章。因此，我们必须训练自己的口才，做到说话风趣。幽默是人际关系中的“润滑剂”，可以让人们的生活变得轻松、快乐。

当然，幽默并不是让我们变得油腔滑调、耍贫嘴。幽默是智慧和灵感的光辉点，让人含而不露地引发人的联想，神奇地推动人们领悟一种观点、一种哲理。它包含了情的酿造、理的启迪，传递着丰富的信息。与此同时，幽默风趣也是一种巧妙的应变技巧，它可以帮助我们在刹那之间摆脱无比尴尬的窘境。同时，幽默风趣也不仅仅是一种技巧，它也是一种品格、一种特性、一种情怀、一种素质。

幽默是个性的体现和展示，是个人魅力中的重要砝码，那么如何才能使自己具有幽默感呢？

培养幽默感，首先得在构思上下工夫，掌握必要的技巧。幽默风趣属于一种“快语艺术”，它不按常理出牌，遵循反常原则，出乎意料之外，又在情理之中。

有一位军官问一位士兵：“丘吉尔是哪国人？”士兵思索了一会儿说：“法国人。”军官先是一怔，然后说：“哦，丘吉尔搬家了。”

另外，在修辞手法上要灵活运用。幽默的构成，可以是极度的夸张、顺拈的借代、含蓄的反语以及对比和拟人的说法等。此外，俏皮的词语、奇特的句式和特殊的语气、语调乃至一个姿势、微笑，都能表达出意味深长的幽默和风趣。

注意收集幽默素材，也是一种培养幽默的方法。多姿多彩的生活，为我们提供了很多有趣的素材，如谚语、格言、趣闻、笑话等，这些素材都会不自觉地储存在我们的脑海之中。我们可以对这些素材加以改装、利用、提取，这样就可以为我们的语言增加不少幽默的材料了。

以“趣味思维方式”捕捉生活中的喜剧因素。作为一种反常的“错位思维”，拥有“趣味思维”的人是不会按照普通人的思路来想问题的。

一个英国人，一个日本人，一个美国人，同去一家咖啡厅喝咖啡。入座后，服务员端来3杯咖啡。不知怎么回事，每杯里面都有一只苍蝇。这时，英国人不声不响地掏出钞票，压在杯下，悄悄地离开了；日本人与服务员争辩起来，批评咖啡厅管理不善；美国人则一本正经地叫来服

务员说："你应该把咖啡放在一起，苍蝇另外放在一处，客人要吃什么，自己来。"

这个美国人就捕捉到了苍蝇和咖啡的喜剧因素，从而产生了幽默、诙谐的效果。

幽默风趣在应变语境中运用较多，它作为最高级的口才训练，所表达的应该是较高的境界。通过"趣说训练"，在进一步提高心理素质的同时，要习惯于"趣味思维方式"，常用"错位"的语言艺术构成幽默和风趣，将几种常见的幽默表达技巧掌握好。通过讲笑话、自嘲、说俏皮话等训练方式，就能表达出更为风趣、诙谐以及更具吸引力的幽默。

微笑的魅力

笑是人类的天性，人人都能笑，但并非人人都会笑。笑拥有无穷无尽的魅力，也蕴藏着无穷无尽的艺术。真诚的微笑不仅可以让人们和睦相处，也能给人带来极大的成功。旅馆大王康拉德·希尔顿就是善于利用微笑而获得成功的典型。

希尔顿酒店从一家扩展到近百家，遍布世界五大洲的各大城市，成为全球最大规模的旅馆之一。一个多世纪以来，希尔顿旅馆的生意之好，财富增加之快，都令人惊奇，而其成功的秘诀之一，就在于服务人员的"微笑影响力"。

希尔顿旅馆的创始人唐纳·希尔顿在50多年间，不断到他分设在各国的希尔顿旅馆视察业务。他每天至少与一家希尔顿旅馆的服务人员接触。他向各级人员（从总经理到服务员）问的最多的一句话，必定是："你今天微笑了没有？"1930年是美国经济大萧条的一年，全美的旅馆倒闭了80%。希尔顿旅馆也一家接一家地相继发生亏损，一度负债达到50万美元。可希尔顿并不灰心，他召集每一家旅馆的员工特别交代和呼吁："目前正值旅馆亏空，靠借债度日时期，我决定强渡难关。一旦美国经济恐慌时期过去，我们希望希尔顿旅馆很快就进入云开日出的局面。因此，我请各位记住，万万不可把心里的愁云摆在脸上。无论旅馆本身遭遇的困难如何，希尔顿旅馆服务员脸上的微笑永远是属于顾客的。”事实上，在那纷纷倒闭后所剩下的20%的旅馆中，只有希尔顿服务员的微笑是最好的。

经济萧条刚过，希尔顿旅馆就率先进入了新的繁荣期，跨入了经营的黄金时代。希尔顿旅馆充实了一批现代化设备。此时，希尔顿走到每一家旅馆召集全体员工开会：“现在我们的旅馆已新添了第一流的设备，你们觉得还必须配合一些什么第一流的东西使客人更喜欢它呢？”员工们回答了以后，希尔顿笑着摇头说：“请你们想一想，如果旅馆里只有第一流的设备而没有第一流服务员的微笑，那些旅客会认为我们提供了他们全部最喜欢的东西吗？如果缺少服务员的美好微笑，正好比花园里失去了春天的太阳与春风。假若我是顾客，我宁愿住进虽然只有旧地毯，却处处见到微笑的旅馆，而不愿走进只有一流设备却不见微笑的地方……”

微笑服务给希尔顿旅馆带来了十分丰厚的利润，现在，微笑服务成为了该公司所有职工的信条，使希尔顿旅馆成为了誉满全球的旅馆。假如，一个商店、旅馆缺乏美好的微笑，就好似花园失去了和煦的春风和明媚的阳光。所有的服务行业，如果能效仿一下希尔顿旅馆的做法，也许会更上一层楼。

微笑有如此大的魅力，那么应当如何学会微笑呢？

首先你可以从学会说笑话入手。一大群人相聚，如果所有人都陷于沉闷，那么这个聚会就显得死气沉沉。此时如果当中有人谈笑风生，整个聚会就会进入一种热闹和谐的氛围中。其中那位谈笑风生的人，他一定就是掌握了说笑话秘诀的一个成功的交际者。

说笑话不仅和人的乐观的天性相关，而且也需要有一定的知识和技巧，所以，说笑话可能是交际中最难的一门艺术。在卡耐基的课程中，他就着重训练说笑话的技巧，很多原本木讷的学生在学了他的课程后都能把笑话说得既幽默又诙谐，令人刮目相看。

说笑话不一定要让人笑得前仰后翻，最普通的、最轻松的笑话就是高级的笑话。

在说笑话时注意不要卖关子，特别是在关键的地方。笑话不同谚语，它需要急速直下，让听众在笑意凝聚时突然在瞬间释放出来哈哈大笑，那这个笑话就取

得了很大成果。同时你要注意，当你说到一半时，却无人发笑，此刻你只得自己捧场，自己放声大笑，才不至于出现爆冷的气氛。而别人说笑时，你要尽量捧场。你捧了别人的场，别人自然会捧你的场，这样你才能大显交际身手。

微笑魅力的训练，还应运用智慧的幽默。运用智慧的幽默，这样在开玩笑时就不容易伤害到别人，使他与自己的生活时时刻刻充满了风趣和快乐。这样的人，他便是一个令人快乐的成功的交际家。

在生活中，有很多人需要安慰，像病人和病人的家属、死者家属、失恋和失败的人，等等，此时，你就不能吝惜你的微笑，请用微笑去安慰他们，也许你会获得更多的朋友。

人人都有同情心，即使多么冷酷无情的人也会存在一丝恻隐之心。运用同情心，也是交际中的一大艺术。人们正因为相互鼓励和支持，心灵上彼此照应，才能创造出更多美好的东西。假如你有朋友做生意失败了，他正处在沮丧之中，你想去安慰他，就必须有一定的策略。

此时，如果你说些“忘记过去，打起精神来”或“以后再东山再起”等老套的话，也许对方已经听腻了。这个时候你可以约他到公园或郊外散散步，给对方讲一些幽默的笑话、一些趣闻，并可以趁此讲一些名人成功的励志案例，让他感到生活很有趣，并重新鼓起勇气。也可以和他说些俏皮话，比如“失败是什么？那是成功的妈妈”之类的话语。当然，你在表现出你同情的微笑时，不要太过表露出你的怜悯，以免导致对方生厌。

承认错误的艺术

在对待错误问题上，如果你先承认自己也许有错，你的大度才会感染别人，他也会认为他有错。这就像打拳一样，伸着的拳头要想再打出去，就必须先缩回来。

美国前总统西奥多·罗斯福当年入主白宫的时候，曾坦言，如果他的决策能达到75%的正确率，就达到他的最高标准了。罗斯福作为20世纪杰出的人物之一，最高希望也就是这样，而寻常人呢？

如果你肯定别人弄错事情，就直接告诉他，会有什么样的后果呢？这里有一个特殊的例子可以进行说明：

> 施先生是纽约一位年轻的律师，他曾在最高法院内参加一个重要案件的辩论。这个案子牵涉了一大笔资金和一项重要的法律问题。在辩论中，最高法院的一位法官对施先生说："海事法追诉期限是6年，对吧？"
>
> "法庭内顿时沉静了下来，"施先生讲述道，"当时似乎气温一下子就降到了冰点，我是正确的，法官是错误的。而且我也据实告诉他，但那样他就会对你友善些了吗？没有。我仍旧相信法律是站在我这一边。我也明白我的辩论比过去都精彩，但我并未使用外交辞令。我铸成了大错，当庭指出一位声望卓著、学识渊博的人错了。"

我们大多数人都会犯有武断、偏见的毛病，较少人会具有逻辑性的思考。

> 哈尔德·伦克是道奇汽车在蒙大拿州比林斯的代理商，他就知道应该如何做。他深知汽车销售这个行业所面临的压力很大，因此他在处理客户的投诉和抱怨时，常常是冷酷无情的，这造成了不少冲突，使生意减少，而且产生了种种的不愉快。
>
> "当我了解到这种情形对自己并没有益处后，我就尝试着使用另一种办法。我会这样讲：'我们的确是犯了不少错误，真是不好意思。关于你的车子，也许我们也有错，请你告诉我。'这个办法能很快使客户不再抵触，等到关系缓和之后，他一般就会更讲道理，解决事情也就更为容易了。很多客户还因为我的这种谅解而向我致谢。其中还有两位客户介绍他们的朋友过来买新车。在这种竞争激烈的商场中，我们需要更多这一类的优质客户。我相信，对客户所提出的所有的意见和建议表示尊重，并且用这种灵活和礼貌的方式加以处理，就有助于成功的取得。"

哈尔德承认自己也许会弄错，这样做，不但可以避免所有争执，而且可以让对方变得像你一样的宽宏大度，他也会承认自己可能也会弄错。

也许在事实上你没有错，而让你承认自己有错也许有些委屈和难过，但这样事情往往会成功，用成功来冲淡你认错了的沮丧也是值得的。况且，在大多数情况下，你最终还是要把对方的错误纠正过来，但这不是在一开始的时候进行，而是要在气氛和谐的时候。这样，你的方式就不是那么强硬而是委婉地说出来。

这些情况，都是在假如从原则上你是对的情况下，你得先尊重别人的意见，

不要和他们争辩，更不要刺激他们。但如果是你错了，你就应该热忱而迅速地承认。如果我们知道自己免不了要受到责备，为何不抢先一步承认自己的错误呢？自己谴责会比挨别人的批评会好受得多。

如果你知道有人想要或者准备责备你，你就自己先把对方要责备的话讲出来，那么他也就不会那么生气了，十有八九他还会以宽大、谅解的态度来对待你。一个人有勇气承认自己的错误，也能获得某种程度上的满足感，这不仅能够减轻罪恶感和自我防护的气氛，而且有利于解决这项错误所造成的问题。

新墨西哥州阿库克市的布鲁斯·哈威，有一次错误地核准一位请了病假的员工的全薪。当他发现这个错误后，就告诉这位员工，并向他解释说，必须将这个错误纠正过来，他会在下次薪水的支票中减去多付的薪水金额。但这位员工说，这样做会给他带来严重的财务短缺问题，所以请求分期扣回他多领的这部分薪水。可是这样哈威必须征得上级的批准。“我明白这样做，”哈威说，“一定会让老板非常不满。在我考虑怎样用更好的方式来处理这种情况的时候，我了解到这一切的混乱是我的错误，我必须得在老板面前承认。”

“我走进老板的办公室，告知他我犯了一个错误，然后将整个情况告诉了他。他大发脾气地说这个应为人事部门的错误，但是我反复强调这是我的错误。”

“他又大声指责这是财务部门的错误，我又解释道这是我的错误。他虽责备办公室另外的两名同事，但我仍旧强调这是我的错误。最后他看着我说：‘好吧，这是你的错误，现在将这个问题解决掉吧。’这个错误已经改正过来，并且不会给任何人带来麻烦，我觉得挺不错的，因为我已经能解决一个紧张的情况，并且有了不去寻找借口的勇气。从此以后，我的老板就更为看重我了。”

即使是愚钝的人也会为自己的错误辩护，但能承认自己错误的人，更能凌驾于他人之上，从而有一种高贵怡然之感。请记住卡耐基曾经说过的一句话：“用争斗的方法，你绝不会得到好的结果，但用让步的方法，收获会比预期的高出许多。”

学会懂得认错的艺术，这不仅可以为你带来预想不到的效果，而且因认错而显示出的大度，更能体现出你个人的巨大魅力。

第九章

创新才能永不落后

创新，是发展的灵魂。换言之，如果没有创新，那么人类社会就不可能取得进步，也不可能有今天如此日新月异的成就。相对于个人而言，创新也是取得连续成功的核心手段。人如果停止了创新的话，那么就会落后，就会被自然、被社会所淘汰。

什么是创新

创新是什么？我们首先来弄清“创造性思考”的定义。很多人把“创造性的思考”想象成电或艾滋病疫苗的发现，或者是小说的创作和彩电的发明。的确，这些都属于创新的结果，但是，创新并不是某些行业的专利，也不仅仅是具有超凡智慧的人才所具备的。那么，创新到底是什么呢？我们可以通过下面这个例子来进行了解：

有一次，我问PMA成功之道训练班上的学员：“你们有多少人觉得我们可以在30年内废除所有的监狱？”

学员们听后顿感困惑，怀疑自己听错了。经过一阵的沉默，我又重复问：“你们有多少人觉得我们可以在30年内废除所有的监狱？”

在确信我不是在开玩笑以后，马上就有人反驳：“你的意思是要把那些杀人犯、抢劫犯以及强奸犯全部释放吗？你知道后果是什么吗？这样我们就别想有安宁的日子过了。无论如何，一定要有监狱。”

此时学员们展开了热烈的讨论：“社会秩序会因此破坏。”“某些人

生来就是坏蛋。”“如果可能，还需要更多的监狱呢！”“你难道没有看到今天有关于谋杀案的报道吗？”有的人还指出，必须有监狱，这样警察和狱卒才有事可做。

我接着说：“你们说的是各种不能废除的理由。现在，我们试着来相信可以废除监狱，假如可以废除，我们应该如何着手？”

大家开始有点勉强地把它当成试验，过了一会儿，才有人说：“成立更多的青年活动中心可以减少犯罪事件。”不久，这群在10分钟之前持反对态度的人，开始热心地参与讨论了。

“要消除贫穷，大多数犯罪都源于低收入的阶层。”“要能辨认、疏导有犯罪倾向的人。”“可以用手术的方法来医治某些罪犯。”

学员们总共提出了78种构想。

这个实验重在说明，当你相信某一件事不能做到时，你的思维中就会产生种种做不到的理由。然而，当你真正地相信某件事的确可以做到时，你就会从脑海中找出各种能做到的方法。这就是对思维的创新，也就是我们常讲的创新性思维。

创新性思维与常规性思维不同的特点，在于常规性思维只能解决我们日常常规性的问题，而创新性思维具备了创新的特点，非常规的、新产生的问题。创新性思维在思路的探索上、思维的方式方法上以及思维结论上，能独具卓识，提出新的意见，并作出新的发现，实现新突破，具有开创性和独创性。常规性思维只是遵循现存常规思维的思路和方法进行思维，重复前人、常人过去已经进行的思维过程，其思维的结论属于现成的知识范围，这也就是所谓的墨守成规。但是，人生的思维是要解决实践中不断出现的新情况和新问题，仅以常规性思维是无法解决的。

通过仔细观察，我们可以看到现实中有两类人：一类是不加分析地接受现在的知识和观念，思想僵化、墨守成规以及安于现状。这种人既无生活热情，更无创新意识；而另外一类是思想活跃，不受陈旧的传统观念束缚，会注意观察研究新事物。这类人是不会满足现状，常常给自己提出质疑，勤于思考积极探索，用于创新。所以我们应当学习后一类人，培养和锻炼自己创造性思维的能力。

说起创新，有部分人总是觉得神秘，似乎只有少数人才能做到它。其实，创新有大有小，内容和形式可以各不相同。现在创新不仅是科学家、发明家的事情，它早已深入到普通人的生活之中。人人都可以进行创新性活动，在生活、学习和工作各方面都存在着创新的火种。我们在事业上会不断产生新的追求、新的理想和新的目标，在为新事业的创造奋斗中，如果能实现这些新的追求、理想和目标，就会产生新的幸福。创新永无止境，人类的幸福也没有终点，人类幸福的实现是一个不断发展和创造的过程。

创新和幸福有何关联？我认为，创新是力量、自由及幸福的源泉。英国著名哲学家罗素把创新看做是"快乐的生活"，是"一种根本的快乐"。前苏联教育家苏霍姆林斯基认为：创新是生活的最大乐趣，幸福寓于创新之中，他在《给儿子的信》中写道："什么是生活的最大乐趣？我认为，这种乐趣就是寓于和艺术相似的创新性劳动之中，寓于高超的技艺之中。一个人如果热爱自己所从事的工作，他一定会全力以赴地使其工作过程和工作成果充满美好的东西，生活的伟大和幸福就寓于这种劳动之中。"

创新为何是人类获得新的幸福的源泉和动力？我们知道，幸福是人们在进行物质生产和精神生产的实践中，由于感受和理解到自己所追求的目标的实现，从而得到的精神上的满足。然而怎样才能满足人们物质生活和精神生活的需要呢？就是要靠劳动、靠工作，为事业奋斗。而人们需要的内容是不断发展的，需要的层次是不断提高的，旧的需要满足了，又会产生新的需要；低层次的需要满足了，又会产生高层次的需要。实现人类对幸福的追求，就得靠创新。人类社会的进步在于创新，个人幸福和成功与否一样得依靠创新。

创新应不惧艰险

人生道路没有平坦的大道，只有不畏艰险、不辞劳苦并沿着陡峭的山路攀登的人，才最有希望达到成功的巅峰。

新生的事物可以推动人类进步的脚步，因此人们需要永不停息地创新。但是，人类取得进步之后又会变得保守起来，因为害怕进步，就会墨守成规，安于现状，从而阻碍新生事物的发展。然而，我们要明白，新生事物的出现必定要面临大自然的阻碍和人类的刁难。

大自然的阻碍指的是在大自然中偶然性的因素，也就是机遇，机遇是可遇而不可求的，转瞬即逝，千载难逢。因此，我们在创新的过程中，就要做到不懈的坚持。据说有这样一个故事：

弗兰克有一次对爱因斯坦说："有一位科学家虽然坚持研究一些非常困难的问题，但是成绩不大，可是他发现了许多新问题。"爱因斯坦感慨地说："我尊敬这样的人，但我不能容忍这样的科学家，他好比是拿出一块木板来，寻找最为薄弱的地方，然后在容易钻透的地方钻许多孔。"

爱因斯坦所不能容忍的这种科学家确实存在，他们或见识较短，或急于名利，或疲于应付，匆匆忙忙地"钻了许多孔"，数量虽然可观，但质量不高。既无实用价值，也没有解决重大理论问题。他们的论文，仍然逃不了被抛进废纸堆的命运。

科学家要有与天、与人斗争的大无畏精神。既要像布鲁诺那样与守旧顽固势力斗争，又要和各种困难斗争。不准备作长期的艰苦奋战，是不可能取得辉煌成就的。任何显著的科研成果和重大的发明，都是历经长期艰苦奋斗的产物，是汗水的结晶。居里夫妇发现镭的经历，就是一个极富教育意义的故事。

为了研究放射性元素，居里夫妇百折不挠、坚持不懈地进行着枯燥而又繁重的研究工作，并且数年如一日。他们从沥青矿中一千克一千克地提炼铀元素，从数吨的铀矿残余物中提炼出只有几厘克的纯镭氯化物。居里夫妇的工作条件非常艰苦，奥斯特瓦尔曾在参观他们的实验室后说："看那景象，竟是一所既类似马厩、又宛如若马铃薯窖的屋子，十分简陋。"

在艰苦的条件下，居里夫妇艰苦地奋斗着，最终获得了举世瞩目的成就，令后人十分崇敬。俗话说，有志者事竟成，攀登高峰需要锲而不舍的精神，的确是如此！

创新往往会受到人类的责难，正如"人言可畏"、"众口铄金，积毁销骨"等古语所表达的内容，人类责难的威力是十分巨大的。

每逢面对困难和责难的时候，我就会想起帕拉塞尔苏斯。之所以我会想起他，是因为人类对帕拉塞尔苏斯已经争论了五百多年。

帕拉塞尔苏斯于1493年生于欧洲苏黎世，他的原名叫"受洗的奥尼俄卢斯·菲利普斯·塞俄弗那斯图斯·朋巴斯图斯·冯·胡恩海恩"。这么长的名字是不易让人记住的，但万幸的是，他为了否定举世公认的古罗马最伟大的医学家塞尔苏斯，就给自己取了一个非常简洁的名字——帕拉塞尔苏斯，意为“超过塞尔苏斯”。如果用“与世无争”这一传统美德衡量帕拉塞尔苏斯的话，那么他的确是一个“大逆不道”的人，他好像就是为了挑战世俗而生，并蔑视一切传统，他对当时的医学实践更是不屑一顾。他公然把传世一千多年的教科书扔到火里，并主张放弃所有的传统医学手段，从实践创新出一种全新的疗法。他曾经使用过盐、水银等物质合成去治疗被全欧洲认为不可治愈的一种前所未有的疾病——梅毒，这给当时处于绝望中的医学带来了一丝希望，并且这种疗法的效果又让当时传统的医学界瞠目结舌。

1552年，帕拉塞尔苏斯在瑞士巴塞尔用全新的化学疗治愈了著名的新教徒、印刷商约翰·弗洛本尼留斯的腿部感染，把他“生命的一半从地狱里带了回来”，从而享誉整个欧洲。巴塞尔市政厅不顾医学界的反对，坚持让帕拉塞尔苏斯在大学任教。这才使他那些离经叛道的新观念得以传遍天涯海角。

帕拉塞尔苏斯并不是一个很讨人喜欢的人，传统势力对于他的说教甚至生活是难以接受的。然而，社会的发展，人类的进步，科学的前行，并不是全靠那些讨人喜欢的人去推动。人与人之间本身也没有明显的好坏之分，从这一点上讲，帕拉塞尔苏斯对人类的贡献是无与伦比、弥足珍贵的。但是，人们对与自己习惯不相符的事情总是喜欢飞短流长，说三道四，哪怕是给他们自己以生命和幸福的人也都不轻易放过，这是人们的一大悲哀。所幸的是，生命的多样性又是人类的本质所在。就是因为有了像帕拉塞尔苏斯一样充满激情的人们，才使得今天是如此绚丽多彩，我们对他们没有理由不表示敬意。

帕拉塞尔苏斯的事例，给了我们一个明确的启示，那就是任何创造发明实际上产生在一种人格之上，那就是不畏艰险地去追求、奋斗和探索的人格。正因如此，人类就可以在自己的理想之路上有所进步、有所成就。而那些恪守教条、墨守成规的人，即使饱读诗书、皓首穷经也都无济于事。科学与进步是不可能回首反顾的，那些人永远也走不出幼年的摇篮。

即使人类对帕拉塞尔苏斯进行责难，然而人类的进步需要靠他的精神来推动。人类需要创新、需要进步，创新就要不畏艰险。

创新思维如何培养

如果你有传统的思维，那么它就是你创新计划成功的头号敌人。因为传统的思维会冻结你的心灵，阻碍你前进的脚步，干扰你进一步发展你真正需要的创造性能力。你心中只有坚持“有志者，事竟成”的想法，才是创新思维的根本。那么要通过什么方法去培养自己的创新思维呢？

在你的思想里，你必须要抛弃“不可行”、“办不到”、“没有用”以及“那很愚蠢”等错误的观点，要乐于接受各种新创意。曾经有一位杰出的保险行业人士告诉我：“我并不想把自己伪装得精明干练，但我却是保险业中最好的一块海绵，我会竭尽所能地去汲取所有良好的创意。”

另外，创新思维的培养，还要求你要有实验精神。我们的生活不能什么都“照例”，应废除这些照例的事务。你可以去尝试新的餐馆、新的书籍、新的影剧院以及新的朋友。你也可以去探索一条和平常不同的上下班路线，或者在休息日做一件与先前大不相同的事情，或者过一个与往年不同的假期，等等。

如果你是在车间从事生产工作，你也可以试着去培养对人力资源、行政管理、会计、财务、销售等方面的兴趣，这样就可以扩展你的能力，为你以后能升入更好的部门、从事更好的职业做准备。

成功的人从来都是主动前进的，并不会被动后退，他们常常爱问的问题就是：“怎样做才能做得更好？”

我曾教过的一位从商仅4年的女学生，她在4年内开过4家五金店，这的确是一个了不起的成就。而且在这位女士创业之初，只有3500美元的资金。她既要应付同行之间激烈的竞争，同时又缺乏经验。

在她的第4个五金店开业后不久，我前去祝贺，并问她怎么会取得如此的成就，而其他大多数的商人都还只是为一间店铺而努力挣扎。

她回答说：“我确实很努力，但仅仅靠早起与加班是不能开这4家店铺的。这一行业大部分的人都是在很努力的工作，我的成功主要就是靠我自创的‘每周改良计划’。其实它也没有什么很特别的地方，它只是一种帮助我每过一周，就可以把工作做得更好的计划而已。

“为了让我的思考上轨道，我把我的工作分为顾客、员工、货品、升迁4项。我每天将各种改进业务的构思记录下来。

“然后在每周一晚上，我会用4个小时的时间检视一遍我写下的各种构思，同时考虑怎样将一些比较踏实的构思运用到业务上。在这4小时里，我强迫自己严格检讨我的工作。我不仅仅只是盼望更多的顾客上门，我会问自己：‘我还能做哪些事情来吸引更多的顾客？’‘我要如何发展稳定、忠实的老客户呢？’”

这位女士继续说明能使她最初3个店铺成功的许许多多的创新行动，比如改变商品的陈列方式、“建议式的销售技术”使顾客原本不打算买的东西，却可以卖出三分之二。针对因为罢工而失业的顾客，就实施“信用计划”，使顾客得以延期支付货款，并实施“购买竞争计划”使淡季的销售额仍可增加。

这位女士又说：“我问自己：‘我还能做什么来改进商品的销售呢？’我又想到一些主意，其中一个就是我想到我该做一些事来吸引更多的孩子进我的店面。因为，如果我有一些能吸引孩子上门的商品，也就能吸引更多的大人。我不断地想，最后我想到了一个主意，就是在供应4~8岁的孩子产品中多添加一排小型的纸玩具，结果确实很管用。这些玩具不会占太多的空间，也卖不了多少钱。但最重要的是，这些玩具使店面始终保持着旺盛的人气。”

“请相信我，我的‘每周改良计划’真的有效。另外，我还学到了有关成功的生意观念，这是每一位经商的人都应该知道的。”

“是什么呢？”我问道。

“那就是，你开始懂多少并不重要，最重要的是，你开张后学到什么，以及如何去运用。”

这位女士就是具备了实验的精神，探索新的工作方式、不断询问自己如何才能把五金店经营好，并运用创新思维，总结出不一样的新的经营办法，并不断地改良，所以她就获得了成功。

一般有重大成功的人，他都会为自己和别人设定比较高的标准，并不断寻求增进效率的各种办法，以较低的成本获得高额的回报，用较少的精力去做更多的事情。这是因为他明白进步本身就是一种收获。而且“最大的成功”都是保留给具有“我能将事情做得更好”的态度的人。

一般成功的公司都会投下大笔资金，对消费者做各种形式的调查，并研究消费者的需要。比如询问某种产品的口味、品质、大小以至于包装等方面的意见。这是因为他们懂得迎合消费者的喜好这一原理，并倾听大家的谈论来想出“加强销售力的各种创见，还可据此宣传产品的特色来配合消费者的喜好”。我们的耳朵就是自己信心输入的管道，它可以听到许多信息，并化为有用的创造力。从自己说的话中我们无法学到什么，但却可以从“提问”和“聆听”中学到无穷的学问。

在长期的生活中，我们有时或许会得到一些偶然的发现。虽说是偶然，但却并不神秘，当我们对所研究的对象还认识不清而又要不断和它打交道时，就可能获得一些出乎意料的东西。对于偶然的发现，我们不可轻易放过它，一定要弄清楚它的原因。这是因为有限偶然的发现并不在预料之中，也不属于旧的思想体系，而且往往独树一帜。所以它往往就能作为新的研究起点，为科学世界增光添彩。

也许我们在无意之中会突然有了一个新的主意，这时可千万不能小看它，它可能就是瞬间来的灵感。爱迪生曾经说过：“天才就是百分之九十九的汗水加上百分之一的灵感”。正因为这灵感只是百分之一，所以它会瞬时而来，也会瞬间即过。所以，我们千万不能小看这无意中的主意，抓住灵感就意味着成功。

第十章

保持热忱之心

热忱，是一股重要的力量。在人的心中，他的那颗心如果永远是那么活跃、那么热情的话，那么他就是永远充满着青春的活力和无限的激情的。能保持热忱之心的人，成功必然会是属于他。而且，一个人的热忱，不仅仅是属于他一个人的，还会传染给其他的人，使他身边拥有一批和他一样热忱的追随者。成功，需要你有一颗热忱的心。

热忱是一种重要的力量

热忱能够鼓舞及激励一个人对手中的工作采取行动。不仅如此，它还具有感染性，不只对其他热心人士产生重大影响，所有和它有过接触的人也将受到影响。

热忱与人类之间，就好比蒸汽和火车头的关系，它是推动火车头前进的主要推动力。伟大的领袖就是知道怎样鼓舞他的追随者发挥热忱的人。

如果你能将热忱和你的工作结合在一起，那么，你的工作将不会再是辛苦或者是很单调的。因为热忱让你整个身体充满着激情与活力，它让你只需在睡眠时间不到平日一半的情况下，工作量却达到平时的2~3倍，并且不知疲倦。

多年以来，我的写作大部分是在晚上进行。有一天晚上，当我正在专注地敲打着打字机时，我偶尔从书房的窗户上望去——我的住处正好在纽约大都会高塔广场的对面，我看到了似乎是最怪异的月亮倒影，反射在大都会高塔上。那是一个银灰色的影子，是我从未见过的。再仔细地观察一遍，那是清晨太阳的倒影，并不是月亮的影子，原来已经天亮

了。我整整工作了一夜，但我太专注于自己的工作，仿佛这一夜只有一个小时，一眨眼的工夫就过去了。之后，我又继续工作了一天一夜，除了停下来吃点清淡的食物以外，就没有停下来休息。

如果不是对手中的工作充满热忱，而使身体获得了充分的精力，我将无法做到连续一天两夜地工作，而且丝毫无疲倦之感。

热忱的力量很伟大，人们可以利用它来补充身体的精力，并发展出一种坚强的个性。有的人或许天生就拥有热忱，但不少人必须努力才能获得。培养、发展热忱的过程并不复杂，首先你要从事你最喜爱的工作，或者提供你最喜欢的服务。如果因为特殊原因，你暂时不能从事你最喜欢的工作，那么，你可以把将来你从事的最喜欢的那项工作作为你明确的目标，这也是一个有效的方法。

我每次评估一个人的时候，总是会考虑到他的才干和能力。但是，我相信考量这个人所蕴涵的热情也是很重要的。因为拥有热忱的人，他将所向无敌。

如果你失业了，需要一份收入养家糊口，于是你决定摆个地摊卖热狗。当然，你希望以此盈利。刚开始，你就得避免因失业产生的失败者的态度。不要认为自己失业，也找不到下一家用人单位，才去摆摊。相反，你应该找一个奋进的理由，以鼓舞自己和家人。对未来充满热情和希望，并要成为一个独立的企业家。并把你的愿望告诉你的家人和朋友，并解释你全身心投入的理由。

对自己的梦想要大胆地说出来，因为有远大的梦想并不是罪恶。但是，你应当要考虑到与你共事的人的利益，为他们想想。倘若你的梦想对社会是有益的，那最好。但更重要的是有真诚之心，不管对己还是对别人。

在你放飞梦想之时，要以事实为着眼点是非常重要的。你必须定下具体的目标，构思达到目标的系列过程。比如，你应想到买一辆三轮车，并改装成流动式热狗摊，想到用液化瓦斯来烹调热狗，并装个饮料机。

接下来，就要营业了。是在大学周围、建筑工地，还是人流量最多而且用餐的人最多的地方，你都必须去实地考察，注意那儿的交通等区位因素。

另外，你也应当考虑到所有潜在的不利因素和困难。比如下雨天、车子坏了、热狗不受欢迎或者货源不足等，该怎么解决？节假日是否照常营业？如果供应商无法送货过来呢？或者有同行竞争，怎么办？对于这些设想，就必须寻求解决之道。这样你就会更坚强，即使将来遇到困难时，也有面对的勇气。

另外，你可以想出新颖的办法来规避风险，并招揽客人来买你的热狗，这是你整天都能做的事。运用自己的大脑无须花费一毛钱，但却可以帮你省去日后的麻烦。

在每天，甚至是一两个月不断地制定营业计划，这样你就能预估自己能卖出多少热狗，收支是多少。把雨雪天和节假日的营业收入打个折扣来计算收益，就好像你在经营企业一样。这个企业，就好像有自己的生命，并充满着光彩和活力。这样，你就能感觉到心中有一股热情、一个信心正在升起，使得计划成功。这个时候，就是践行你的计划的时候了，可以说，你的计划的成功几率一定会很大。一旦开始了，就要有决心和毅力坚持下去，直到成功！

这个故事中，如果把其中的热狗换成其他事物，道理还是一样的。

“十分钱连锁商店”的创办人查尔斯·华尔渥滋也说过：“只有对工作毫无热忱的人才会到处碰壁。”查尔斯·史考伯则说：“对任何事都热忱的人，做任何事都会成功。”

当然，这不是说在所有人的身上都适用，比如一个对美术毫无才气的人，无论他如何热忱和努力，他都不可能成为一位著名的大画家。只要是有着必需的才气，制定了可行的目标，并且具有了极大热忱的人，无论在物质上和精神上，他都会有所收获。

热忱最能够感染他人

前面的章节中我已经讲述过“自我暗示”这个问题。“暗示”作为一种原则，你的言论、行为甚至是意识状态，都是由这个原则去影响到其他人。然而，当你的意识因为受到热忱的影响而产生剧烈波动时，这个波动会自动记录在相关的人的意识中，特别是和你有过亲密接触的人。

假如你对自己所要推销的产品、提供的服务或者发表的演讲产生热忱时，你的“意识状态”将很明显地被所有听你说话的人了解，他们可以从你说话的语气上加以判断。实际上，要让对方相信或者是怀疑你，主要根据的是你说话时的语气，而不仅仅是你所讲述的内容。

有一次，一位推销员来拜访我，希望我订阅一份《周六晚邮》。他把那份杂志拿到我面前，并向我暗示：“你不会因为要帮助我而订阅《周六晚邮》吧，是不是？”

面对这样的问题，我一口回绝了他。因为是他让我这么轻易地拒绝了他。他的话语中找不到丝毫的热忱基础，他阴沉的脸上充满了沮丧的神情。他急切希望从我的订阅费中赚取佣金，这是不容置疑的。但他没有表述出任何可以打动我的理由，因此，这位推销员无法达成这笔交易。

数周之后，另一位推销员来拜访我。她共推销6种杂志，其中一种就是《周六晚邮》。但是她的推销方法则大不相同。她看了看我的办公桌，发现桌子上摆放了几本杂志，然后，她又看看我的书桌，忍不住热心地说："哦，我能看出来，你非常喜欢阅读书籍和各种杂志。"

我非常骄傲地接受了她的"说法"。在这位女推销员刚走进来时，我正在阅览手中的一份文稿，此时我把稿子放了下来，想听听她会说些什么。短短的一句话、一个愉快的笑容，再加上真正热忱的语气，她就成功地让我中断了手中的工作，使我准备好要听她说些什么。她只是用了那个短短的话语就完成了难度最高的工作。

我自己本身也是一个推销术和暗示原则的学习者，所以我密切注意她下一步会采取什么样的行动。她怀抱着一大堆杂志，我原本以为她会把它们展开，开始催促我订阅它们，但她没有这样做。

她走到书架前，取出一本爱默生的论文集，此后10分钟，她不停地谈论爱默生那篇"论报酬"的文章，由于谈得津津有味，竟让我不再刻意注意她所携带的那些杂志。不知不觉，这位女士给了我很多关于爱默生作品的新观念。让我得到了宝贵的资料。

之后，她问我："你定期收到的杂志有哪些？"我向她说明后，她脸上露出了微笑，她就把杂志展开，摊放在我的办公桌上。她对这些杂志一一做了分析，并说明了我为什么应当每种杂志都要订阅一份。《周六晚邮》可以让人读到最纯洁的小说；《文学书摘》以摘要的方式将文学介绍给我，而像我这样的大忙人是非常需要这种方式的服务的；《美国杂志》则可以向我介绍工商界领袖最新的生活动态，等等。

但我的反应并没有像她想象的那般热烈，于是她对我提出了这样的一个温和的暗示："像你这样的大人物，一定要消息灵通，学识渊博。如果不是这样的话，也会在自己的工作中表现出来。"

她的话的确令人受用，既是恭维，也是一种温和的劝告。她使我多少感觉有些惭愧，因为她已经调查过我所阅读的材料，而那6种她所推

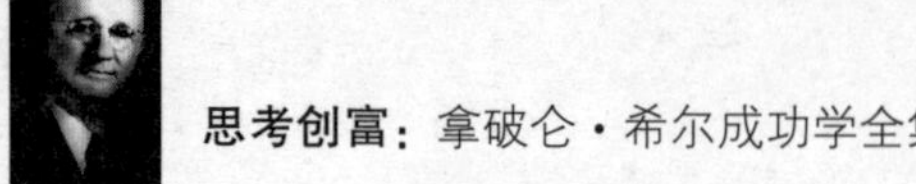

销的杂志并不在我的办公桌上。

接下来，我开始“说漏了嘴”，问她订阅这6种杂志总共需要多少钱。她很灵巧地回答：“多少钱？呀！加起来还比不上你手中所拿一张稿纸的稿费呢！”

她又说对了。她怎么能如此准确猜出我的稿费收入呢？其实，这并不是猜的，而是她早已经知道了。她推销方式的一部分，就是巧妙引导我将我的工作性质说出来。她走进我的办公室后不久，我就放下了手中的稿纸，她对此十分感兴趣。所以，就诱导我去谈论这方面的事情。在我谈到自己的原稿时，曾经承认说这15张稿纸就可以让我赚得250美元的稿酬。

于是，在这位女推销员临走时，就带走了我订阅这6种杂志的订单以及12美元订报费。但这并不是她利用巧妙的“暗示”和“热忱”获得的全部收获。她经我的同意，又到了我的办公室进行推销。结果，她在离开之前，又让我的5个职员订阅了她的杂志。

当她停留在我办公室的那些时间，我对她一直不曾有这样的一个印象：我订阅杂志是在帮她的忙。恰好相反，她非常自然地让我有了这样的感觉：她是在帮助我。这是一种非常巧妙的暗示。

当这位聪明的女推销员一进到我的书房，并说出那段开场白之后，我就从她身上感受到了那股热忱。而且我深信，她的热忱并不是偶然出现的。她已经训练过自己，知道应该从客户的办公室中，或是从对方的工作或谈话中，找出某些她可以表现出热忱的事物。

热忱是永驻心中之神

成功会有很多因素，而居于诸多因素之首的就是热忱。

热忱出自于内心的兴奋，并散布到整个人身上。“热忱”这个英文单词实际上是由两个希腊字根组成的，一个为“内”，一个为“神”，意思是一个热忱的人，在他内心里有神在其中。

无论团体、个人、公司或是社区，培养出的热忱，其报偿必然是积极的行

动、成功和快乐幸福。

热忱必须发自一个人的内心，不可以只是表面工夫，假装的热忱也是不可能持久的。要产生持久的热忱，其中的一个方法是确定一个目标，通过努力地工作去达到这个目标。在目标达到后，继续制定下一个目标，再努力地完成它。这样做，既可以提供兴奋和挑战，又可以维持自己长久的热忱。

对工作极大的热忱，也是你获得丰厚回报的重要法宝，卡通大王沃特·狄斯尼正是凭借那股疯狂的工作热忱而成为举世巨富的。

《米老鼠》和《三只小猪》的作者沃特·狄斯尼，在1918年以前一直是个默默无闻的人，可后来却是全美国乃至全世界最有名的人物之一。

在出名之前，狄斯尼过着贫困的生活。狄斯尼原来住在密苏里州的堪萨斯城，并且身怀画家之梦。一天，他到堪萨斯城明星报社求职，让报社主编看看他的自画像。主编一看他的作品就说不行，说他毫无画画的天赋，他也只好垂头丧气地回家了。

后来，他费了好大劲才谋求到一份在教会中绘图的工作，薪水非常微薄。因为一直借不到办公室，他只好用父亲汽车厂的工作室。工作室充满着润滑油和汽油味，在里面工作的辛劳是可想而知的，但却引发了日后价值百万美元的构想。

事情是这样发生的。一只小白鼠在汽车厂的地里窜来窜去。狄斯尼将手中的工作停下，抓起面包屑喂小白鼠。

就这样，一天又一天，小白鼠变得很亲人，甚至会爬到画板上来。

不久，狄斯尼前往好莱坞，开始制作《奥斯沃特与兔子》的卡通电影，但却全部失败了。他再次失业了，又变回一个不名一文的人。

有一天，他正在公寓里思索着有什么好的创意时，忽然想起了在堪萨斯城的汽车厂中，在画板上爬来爬去的小白鼠。

因此，沃特·狄斯尼即刻开始描绘小白鼠，这就是米老鼠诞生的过程。

堪萨斯城的那只小白鼠早已不在世上，它就是全世界最有名的电影巨星“米老鼠”的原形。今天，电影界收到影迷信件最多的明星就是米老鼠。播放米老鼠电影的国家，比其他任何电影都要多。

后来，沃特·狄斯尼每个星期都会前往动物园研究动物们的动作及声音。米老鼠影片中许多动物的叫声，多是由他自己配音。

卡通影片的制作必须要有许多原画，他也是由自己一张一张地画，如果不写台词，画面的完成也要由自己担任。因此，这些工作全部要靠许多的助手帮忙。

狄斯尼自己则投入到新的电影构想之中，只要有一点构想，就和剧本部的助手们一同商议。有一次，他提出了一个构想，想将孩提时代母亲讲过的童话故事，改编成彩色电影，那就是三只小猪的故事。助手们都表示不赞成，后来只得取消。但在狄斯尼的心中一直未曾放下，他屡次提出这一构想，也都屡次地被否决掉。

终于，因为他的无与伦比的工作热情，并且不断向大家提出这一构想，大家才答应暂且试试，但不对它抱有任何希望。米老鼠制片时用了90天，如果《三只小猪》也花90天来制作那就太浪费了。于是，狄斯尼用了两个月时间就把它完成了，谁也没有料到，这个片子受到了全美人民的喜爱。

这确实是一个空前的胜利，从乔治亚州的棉花田到俄勒冈州的苹果园，它的主题曲风靡全国——“大野狼呀，谁怕他，谁怕他?”据狄斯尼回忆说，这个片子在电影院总共重新上映了7次之多。这是在卡通影片历史上史无前例的创举。

而今，米老鼠的形象，早已在世界各地深入人心。他因此创办的迪斯尼主题公园也遍布了世界各大主要城市。

沃特·狄斯尼获得所有的成功，其秘诀就在于他热忱地工作，这也是他的信念。沃特·狄斯尼认为只是赚钱，其实并无乐趣，只有工作才是他生活的乐趣。与游乐相比，工作令他能发现更多的乐趣。

永葆热忱之心

如果你能保持一颗热忱之心，将会给你带来奇迹。

我和我母亲在一个浓雾之夜从新泽西州乘船渡江来到纽约的时候，

她欢叫道："这是多么令人惊心动魄的情景啊！"

"有什么出奇的事情呢？"我问道。

母亲依旧充满热情，"你看，那浓雾，那四周时隐时现的光，还有消失在雾中的船，带走了迷人的灯光，那是多么地令人不可思议。"

也许是被母亲的热情所感染，我也着实感受到厚厚的白雾中那隐藏着神秘、虚无及点点的迷惑。我那颗迟钝的心仿佛得到了一些新鲜血液的渗透，不会再没有感觉了。

母亲注视着我，"我从未放弃过给你忠告。无论是以前的忠告你是否接受，但这一刻的忠告你一定得听，而且要永远牢记。那就是：世界本来就有美丽和兴奋的存在，她本身就是那么动人、那么令人神往。所以，你自己必须要对她敏感，永远不要让自己的感觉迟钝，永远不要让自己失去那份应有的热情。"

我一直谨记着母亲的话，而且也试着去做，就是让自己永葆那颗热忱的心，永远有那份热情。

人生中，能做得最多和做得最好的人，也就是那些成功人士，而且他们也都必定具有这种能力和特点。即使两个才能完全相同的人，其中能取得更大成就的人必定是那个热忱的人。热忱是一种自发的力量，它能帮助我们集中全身心的力量去投身到某一件事情上。如何增强热忱之心呢？你可以按照以下的步骤来进行：

1. 深入了解每个问题

很多年以来，我对现代画一直不怀好感，认为它们只是由许多乱七八糟的线条所构成的图画而已。直到一个内行的朋友开导之后。我才恍然大悟。说实在的，有了对现代画进一步的了解之后，我才发现它是那么的有趣，那么的令人着迷。

深入了解每个问题，是帮助你建立"对某种事物的热心"的关键，想要对什么事热心，先要学习更多你目前尚不热心的事。了解越多，兴趣也越容易培养。

所以，将来你不得不做什么的时候，一定要用到这项原则。在自己不耐烦的时候，也要想到这个原则。只有对事情进行进一步的了解，才能挖掘出自己的兴趣所在。

2. 培养“你很重要”的态度

每一个人，无论他处在世界的什么地方，无论他是默默无闻还是声名显赫，文明或野蛮，年少或年老，都要有成为重要人物的愿望。这种愿望是人类最强烈、最迫切的一种目标。

我在底特律生活的时候，每天早晨都得搭乘公共汽车上班。有个司机是一个脾气暴躁的大老粗，我见过这位司机几十次乃至上百次加快油门扬长而去，根本不会理会只差两秒钟就能赶上车的乘客。但是他对一个乘客特别关照，这位司机一定会等他上车。

这是什么原因呢？因为这位乘客会想办法让司机觉得自己很重要。他每天清晨都会和司机打个招呼，寒暄一声：“早安，先生。”有时候他会坐在司机旁边，说些无关紧要、但却让司机觉得自己很重要的话题。

可见，培养“你很重要”的态度，别人也会因此增加许多热情。

3. 成功的热忱，终得有行动的热忱

大教育家兼心理学家威廉·瓦特确信并证实：感情不受理智的快速支配，但它们总是受行动的快速支配。

行动有实质和心理两个层面。思想能将感情从消极改变为积极，行动则一样具有这个刺激与效力。在这种情况下，无论是实质和心理的行动，它都领先于感情。一个人的感情并不经常受理智的支配，但它们却受行动的支配。所以，我们要学习用一个自我激发的话：要变得热忱，行动须热忱。并且让这个激发语深入到潜意识中去。这样，当你在创造过程中精神不振的时候，这个激发语就会闪入到意识心神中，一旦时机到来，就会激励你采取热忱的行动，将消极变为积极，焕发出最佳精神状态，“立刻去做”。

4. 敢于挑战自我

如果你心中有构思而又自信，那么你就能用PMA去实现它，这是一条帮你改变世界的法则。向自己挑战。每一次你做一件事，尽你所能做得比你自己上一次的表现更好、更快，你就会傲视同仁。将它们变成有力的因素。怯弱变无畏；不幸变幸运；失败变成功。改变自己的命运和世界。

在极端困难的条件下，要有“破釜沉舟”的勇气。曾经有过一个广为流传的故事：

名将项羽，以寡敌众，为求得必胜，冒险犯难，将士兵用船载到对岸后，卸下装备后，就下令烧船。在拂晓攻击之前，他对士兵们说：“你们都已看到渡船已经被烧毁了。这一仗我们必须打赢，否则我们没有人可以活着从这里离开。我们只有两条路可走——胜利或者死亡，再无他路可选！”他们最终真的胜利了。

这就是中国古代著名的“破釜沉舟”置之死地而后生的历史故事。

如果我们想在最恶劣、最不利的情况下仍然必胜，我们必须自动将船只烧掉，把所有可能退却的道路切断，只有这样我们才能保持“必胜”的热忱与心态。这是成功必备的条件。

第十一章

培养专注的能力

无论是在学校读书还是在社会上工作，对待自己的学业和事业，都会要求保持专心致志的状态。的确，人们能够专注于一件事，就可以把自己的无限潜能给激发出来，使事情做得趋于完美，这也是让事情做得精益求精的重要保证。因此，你如果在平时培养出专注的能力，那么你就等于掌握了一把打开成功的钥匙。

专注是成功的一把钥匙

无论做什么事情，如果能做到专注，那么你必定能取得成功。专注，是一把打开成功之门的神奇钥匙。使用这把钥匙，你可以形成一股无法抗拒的力量，并打开通往财富、荣誉、健康以及知识等方面的大门。它还可以打开监狱的大门，把人类中的败类变成有用及值得信任的人，把失败者变成胜利者，让悲哀变成快乐。

在这把“神奇之钥”的协助下，我们已经打开了通往世界所有各种伟大发明的秘密之门。我们人类以往所有的伟大天才，如牛顿、爱迪生、卡耐基、洛克菲勒、哈里曼等人都是通过使用专注这股神奇的力量后，成为了令后人仰慕的伟大人物。

我给“专注”下的定义是：“专注”就是把意识集中在某个特定欲望上的行为，并要一直集中到已经找出实现这项欲望的方法，且成功地将它付诸实际行动为止。要将意识“集中”到一个特定“欲望”的行为，需涉及两项重要的法则，

一项即是前面讲过的“自我暗示”，另一项即是下面要讲的“习惯”法则。

习惯是存在人意识中的一种力量。通常，思维能力一般的人就能够辨认出这种力量，但是普通人所看到的是他不好的一面，而不是它美好的一面。这是因为，习惯常会成为一个残酷的暴君，统治和强迫人们违背自己的意愿和爱好。但是，如果能控制和利用这股强大的力量，使它能够为人们提供服务，并摆脱它的奴役，就如同其他的自然力量一样，岂不更好？心理学家曾肯定地告诉我们，我们是可以绝对支配、利用及指挥习惯替我们工作，不必被迫听任习惯去支配我们的行动与个性。习惯是一条“心灵路径”，我们每经过它一次，就会使这条路变得更深、更宽。就如我们走过一处田野、一处森林一样，你会选择一条干净的小路，而不会去走荒芜的小路，或者横穿田野、森林，自己走出一条路来。心灵行动路线也是一样的，它会选择最没有阻碍的路线来前行，就是走上很多人走过的路。

以上的说明，是帮助你了解习惯的性质，这也将帮助你开辟新的心灵道路。另外，你要时刻记住一点——如果要戒除坏习惯，最好的，也是唯一的方法，就是培养出你的好习惯，用来对抗或者代替你不良的旧习惯。开辟新的心灵之路，并在上面走动和旅行，旧的道路很快就会被遗忘，时间一久，就会荒芜掉。每一次，你走过良好的心灵习惯的道路，都会使这条路变得更深更宽，也将会使它在以后更容易行走。这是一项十分重要的心灵筑路工作。所以，你就从此刻起，开始修建理想的心灵道路，供自己在上面旅行，然后经过不断的、反复的练习，做一个好的筑路者。

在任何情形下，甚至在一种极特别的情形之下，只要我们能找着另一个专心的对象，我们仍能保持泰然的态度，最终必定达到成功。

> 多年以前的一个夜晚，芝加哥城里举行了一次聚会，有一大群人围着一对正在看热闹的老夫妻。这是一对样子很怪异的老夫妇，穿着几十年以前的衣服。那一群好奇的人注视着他们的一举一动，而引以为乐。但夫妇俩好像完全不觉得自己引人注目。他们只管自己，看着街上的喧哗、灯光、窗内陈设的商品、拥挤的人群等。他们被街市的繁华所吸引了，而丝毫没有想到自己。但他们那种乡土模样以及怪异的举止引起了路人的注意，成为众人的焦点。

我们最大的毛病，就是常常以为自己是被注意的焦点，然而事实并不是这样。比如我们穿一件时髦衣裳，戴一顶新帽，就以为众人都在注目了，其实这只是自己的臆想。别人或许正和我们一样以为自己正受他人的关注呢。如果别人真正在注意我们，大概是因为我们的自我感觉使我们表现出一种可笑的态度，而不是衣服的缘故。

同样的原因也可以应用在其他的事情上。比如某人正十分专注于他的工作，你就绝不能够去打搅他，因为这时候他甚至感觉不到有人在他身旁。如果别人看你工作，你就觉得不安，解决的方法就是专心地去做得更好一些，而不是勉强克制自己的不安情绪。如果你知道自己做得很好，别人再看你时便会感觉不安。这种不安，是他们怕你工作做得不好，怕有差错，怕别人看出你秘密的思想。因为这样引起你脸红手颤，声音战栗，这样的行为都是因为你的害怕而显露出来的。

有一次，一群中学生想戏弄一个女孩子，他们知道她的自我感觉最为敏锐。这次她是在一个礼堂里弹琴，于是那群学生故意坐在她可以看得见他们的一边，而且注视着她。她们不扮鬼脸，也不笑，只是专注地看着她而已。这个女孩子因为她极其敏锐的自我感觉，不到一会儿就感觉到了他们正在注视着自己，她就开始脸红、心神不安，最后只得中止弹琴，退出了会场。这些中学生深知她注意自己比注意音乐还要厉害，这就是他们知道用注视的方式就可以扰乱她的原因。假如她能有那对老夫妇一半的专心，她就不知道那些学生是在看着她。

一个人，他只是专注地想到自己，是不能增加做事的效率和减少自我感觉的，但是如果专注地想到工作却是可以做到的。不过，在许多情形之下，最重要的不是你的工作和你所要做的事情，而是别人。如果能在专注的工作之余，对别人真诚地感兴趣，你就会无往而不胜。

学会专注

在《成功在职》创刊 100 周年时，编辑们辑录了早期杂志中一些优秀的文章，其中给人们印象最深刻的是一篇摘录文章。

西奥多·瑞瑟在爱迪生的实验室外面扎营 3 周之后，才访问到这位

著名的发明家。下面就是那次访谈的部分内容：

瑞瑟："什么是成功的第一要素？"

爱迪生："就是能够将你的身体和心智的能量锲而不舍地运用在同一个问题上而不会感到厌倦的能力……你一整天都在做事，不是吗？每个人都是这样的。如果你早晨7点钟起床，晚上11点睡觉。你就做了整整16小时的事情。对于大多数人而言，他们肯定是一直在做事，唯一的问题是，他们在做很多很多的事，而我只做一件。如果他们能将这些时间应用在一个方向、一个目标上，他们就会取得成功。"

大多数人的生活，都是略微超前或者略微落后，从未准确地活在现在。比如他们正与人谈话，可能他们同时在回想自己刚才说的话和别人刚说过的话，或者他们正要说的话，甚至是在想一些完全不相关的事情。

我们可以从表演艺术中，学到最宝贵的经验：最好的演员能融入现在，他们听得非常专心，哪怕是将台词背得滚瓜烂熟，但他们还是会对接下来所说的台词有全新的感觉。两个演员演出一幕戏时，只有第一句台词能够显示他们表演的功力，之后的每一句台词都只是针对其他演员所说或所为而作出的反应。我们就应当要像那些成功的演员一样，学习融入到现在。要融入现在，需要集中注意力，集中注意力有两个要素：一为目标，注意正在发生的事情；二为密集度，因为集中所有的力量在单一事件上，也就有了密集度。

租车专家迪克·比格斯回忆起他一次丢脸的分心经验，现在他已经可以一笑置之了。但在当时一点也不好笑。那是在亚特兰大第二届薛塔胡奇10公里的长跑竞赛中，当年的赞助者是健怡可口可乐公司。为了促销产品，健怡可口可乐的商标显著地标在比赛申请表格、各种媒体、T恤和比赛服上。

在比赛的当天早上，大会荣誉总裁迪克·比克斯站在台上说："我们非常高兴有这么多参赛选手，同时特别感谢我们的赞助商健怡百事可乐。"站在比格斯背后的可口可乐代表说："是健怡可口可乐，白痴！"而实际上他用的是比"白痴"更为难听的话。超过1000位参赛者尽情哗然、起哄。当时比格斯感到真的是十分羞辱、懊悔。他说："我知道是可口可乐，但是当时我分神了，就是要命的那一天，我学到了专心有多么重要。"

芝加哥大学心理学家米哈利专精于研究满溢状态的行为。所谓满溢状态行为是发生在精神高度集中，因心智状态过于专注而忽略了其他无关的事物。

米哈利曾经利用类似竞赛的挑战状况成功地激发出满溢状态行为，他说满溢状态最可能发生在个人处于能力与任务的难度大致相当的情况下。如果任务太难，人会感觉焦虑不安；如果任务太简单，人们也会感觉无聊。

木匠师傅保罗·奥延格说过他的经验：几年前，他参加一个由国际木匠兄弟会所赞助的在费城举行的木工比赛。在好几个小时的赛程中，他完全投入在他的作品中。奥延格回忆："当时就只有我和我的工具而已。"当他完成了后来得到第一名的作品时，才发现身边聚集了一大群人，他原先根本没有注意到他们的存在。

满溢状态行为被列入时间管理技巧的理由是：经历过这种经验的人会丧失对时间的知觉，而且在满溢状态下，人可以完成大量高难度的工作。贝蒂·爱德华所著的《利用右脑》，描述了可以造成与满溢状态或许不相同但类似的技巧，她的方法是根据——左脑的机制：语言、分析、符号、理智、数字、逻辑与线型；右脑的机制则由非语言、组合、非理智、直觉与道德的观念而来。爱德华的书中包括了许多帮助读者"左右转"的练习方法，爱德华描述这种经验："那是一种前所未有的经验。当我工作得很顺利时，我就感觉到我与工作就像画家和他的作品一样融而为一，我觉得兴奋但是镇定；兴高采烈但是能自制。不完全是快乐的感觉，比较像是幸福。"

这种时间管理技巧未必适合每个人，你也许很有成就，但对沉迷其中却不感兴趣。我访问过的一些人为了成功所付出的代价，是大多数人不敢尝试的，但是不可否认，沉迷于工作、事业或目标的人可以作出很多事，而且通常很有效率。《烟草路》与《上帝的小乐园》的作者厄斯金·卡德韦尔，他有过三次失败的婚姻，而且没有亲近的朋友，就是因为他总是工作至上。回顾过去50年辉煌的成就，他最大的遗憾是：除了事业外，他竟没有任何的其他兴趣。

作家艾萨克·爱斯莫夫说他不想度假的原因是，度假会打断他的写作。爱斯莫夫时时刻刻都坐在打字机前，写出一本又一本的书，有好几年的时间，他每个月都写出一本书。问他什么是最难做的事，他回答说："有人打断我写作时，我还得强颜欢笑。"亨利·福特说过："我有的是时间，因为我从来不离开工作岗位；我不认为人可以离开工作，他应该对工作要朝思暮想，连做梦也是工作。"

我们不应该为这些沉迷的人感到难过，沉迷的原因各有不同，但是，他们沉迷只是因为热爱他们所做的事，而且沉迷丰富了他们所接触的每一件事。

冷静自己的头脑

有时候，我们会感到，自己的大脑在不停地运转而无法集中注意力，无法正确地思考问题。并感觉到无法自控，困惑不安。可能你会对某些事情感到害怕或很担心，如果你需要清晰的思路来协助你取得所期望的结果，那么你应选择让自己的头脑冷静下来，集中注意力，每天清晰地思考问题。

那么，如何使头脑冷静下来，并且奏效呢？很多人在做一件事时，大脑中都会想着另外一件事，导致我们的注意力不会完全集中在此时此刻正在进行的事情上。我们的大脑时时刻刻都拥有各种各样的意识流。现在你的头脑正在进行着何种交流呢？你将多少注意力集中于手头的事情上？你的思维是否已经游离他处呢？

如果你的思维不可控制地将你的注意力分散到其他的事情上，这就说明你并没有把你的注意力集中到你目前的工作上来，你的大脑还在想着其他的一些事情，使你产生观念错位、作出错误的决策，从而无法做好工作。

这时，你应该选择一种能帮助你清除大脑中产生的压力和制止你分散注意力的能力，使你可以重新控制你的大脑。这一能力包括三个基本原则：清除头脑中分散注意力、产生压力的想法；使你的思维完全地进入当前的工作状态和把你的注意力集中在平静的、能够赋予能力的事上。无论何时，你只要把注意力集中于手头上的事，就能放松自己，你的思维就会专心起来，清晰起来。

如果你的大脑感到疲劳，也是一个使你工作无法专注的原因，所以你就要在工作之余让大脑得到短暂休息。研究表明，如果人们在一天中经常得到能够缓解压力的休息，那么他们的工作效率将会高得多。在实际上，如果你通过休息来加快速度和改进自己的工作，同时转移自己的注意力，你就能从旧框框中解脱出来，从而解放自己的创造力。所以，要重新控制自己的思维，可以选择停止一切工作的方法，让大脑得到休息。

如果你一旦感觉到大脑有点不清醒、有点僵化，不能有效地思考问题或者集中精力时，那么，先停止你手中的工作，让大脑得到片刻休息。你可以站起来走走，喝口水，和别人交谈几句；或者到一个僻静的地方，参加一项与工作毫不相关的活动，让大脑完全沉浸在轻松有趣的活动之中。这样可以中断精神压力慢慢积聚的过程，缓和大脑的紧张程度，恢复对大脑的控制能力，提高你专心致志的程度。

在工作的时候，如果能听一些使人放松的音乐，这就有助于你保持一种积极的、富有成效的心态。你可以在你的办公室里添一个音乐播放设备，比如给电脑插上音响，把音量放得很小，选择自己喜爱听的歌曲。这样做你就会发现你会感到很放松，工作有效率，并使工作乐趣也增加了不少。

如果你感到有愤怒或者焦虑的情绪，你要承认你的感觉并能够冷静下来控制自己的情绪，对自己说一声："没有关系。"比如，你为第二天要召开的一场会议感到担心，你就对自己说："我担心明天的会议，不过这没有关系。"如果你因为别人打乱你的思绪而感到愤怒，你可以对自己说："我对他十分生气，但没有关系。"

当你使用到这一技巧的时候，这表明你已经意识到了你当前的情绪，并承认这一切都没什么关系，因为你是一个普通的人，并不是神明。接下来就会有非常有趣的事发生，你的情绪似乎消失了，这是因为你表达了你的感情并把压力从身体里释放了出来，用一种自然而更有控制力的方式驱散了它。

如果你不直面你产生的情绪，那么你就会被它控制，并将你吞没。比如，你坚持说："我认为我没有生气。"这会让你的情绪变得更加强烈。无论发生任何情形，压力将会更持久地留在你身上，并可能对你造成伤害。如你采取的是旁观者的态度，只需短短的几秒钟，观察你的感受，承认你的感受并认为这种感觉没有什么关系，这样你就能控制住自己以及自己所处的局面。

让大脑冷静下来，还有一个办法就是一次只专心地做一件事。让自己全身心地投入并积极希望它成功，这样，你在心理上就不会觉得累。不能让你的思维转移到其他事情上，或者转移到别的需要和别的想法上。你要专心于那个已经决定去做的重要项目，放弃其他所有的事情。

你可以把你需要做的事情想象成是一大排抽屉中的一小个抽屉，你工作时一次只能拉出一个抽屉，要把抽屉内的工作出色地完成，然后再将抽屉推回去。这时，你就不能想着所有的抽屉，要将精力集中于你已经打开的那个抽屉。你一旦推回了一个抽屉，就不要再去想它。

在每次的任务中，你要了解你在任务里所要负担的责任，了解你的极限。如果把自己弄得精疲力竭和失去控制，那么你等于是在浪费你的时间、健康和快乐。先选择重要的事情做，把其他的事先放在一边缓一缓，做少一点，做好一点，这会让你在工作中得到更多的快乐。

第十二章

团队合作不可或缺

成功的道路上，如果你只是一个人孤军奋战，那么你是很难获得成功的，即便获得成功，也会让你付出巨大的代价。如果你可以组建一个团队，或者加入一个团队，与这个团队的成员进行通力的合作，相信这就是你走向成功的通途。

合作就是成功的力量

演说家哈特瑞尔·威尔森曾经讲述过他小时候的一个故事：

当他还是东德克萨斯州的一个小男孩时，有一次和两位朋友在一段废弃的铁轨上行走，其中一位朋友身材普通，而另一位则是一个胖子。孩子们互相比赛，看谁能在铁轨上走得更远。哈特瑞尔和较瘦的朋友只走了几步就跌了下来，而胖男孩却走得很远。

最终，在极大好奇心的驱使下，他想知道其中的秘密。胖男孩指出，哈特瑞尔和他朋友在走铁轨时只顾看着自己的脚，因此摔下来了。胖男孩因为他自己太胖以至于看不到他自己的脚，所以只能选择铁轨上一个远处的目标（一个长期目标），并朝着目标走。在接近目标时，他又选择了另外一个目标（你尽可能地走到你所看见的那么远的地方，当你到达那儿时，你能看得更远），然后又走向新目标。

胖男孩带着哲学的味道指出，如果你向下看自己的脚，你所看见的只是生了锈的钢轨和发出异味的植物而已。另外，当你看到铁轨上某一远距离的目标时，就能真正地看到自己的潜力了。

其实，除了看着远处的目标外，哈特瑞尔和他的朋友们要想成功地走下去，还有一个重要的方法，那就是如果哈特瑞尔和他的朋友能够手牵着手分别在两条铁轨上行走，那么他们就可以不停地走下去并且不会跌倒，这就是合作的可贵之处。如乔治马修·阿丹曾说："帮助别人往上爬的人，他也会爬得最高。"假如你帮助其他人获得他们所需要的事物，你也能因此得到想要的事物。并且帮助得越多，得到的也就越多。但是，目前很多年轻人都接受了不良的思想，就是以为利用别人才能获得成功，但事实上正好是相反的。

大雁在本能上就知道合作的价值。我们在看到大雁南迁时，它们常以 V 字形飞行，而且 V 字形的一边比另一边长些（这是因为有较多的大雁的缘故）。这些大雁会定期变换领导者，这是因为为首的雁要在前面领头开路，能帮助它左右两边的雁造成局部真空。科学家也为此做过风洞试验，成群的雁子之所以要以 V 字形飞行，是因为这样比一只落单的雁能多飞 20%的距离。

其实人类也是一样的，如果能和周边同伴放弃争斗并携手合作的话，往往能飞得更高、更快、更远。

所谓合作，是一群人为了达成某一特定的目标而把他们自己连合在一起。我把这种合作称之为"团结努力"。

"团结努力"的过程中，专心、合作、协调是三项最重要的因素。

我们可以拿自己所从事的行业或工作作为例子，在加以分析后，你会发现它所受的唯一限制就是缺乏运用组合与合作的努力，这里我们以法律事业为例来进行说明。

要是一家律师事务所只拥有一种类型的律师，那么这必将会大大限制它的发展。即使它拥有很多名专业水平能力高强的人才，结果仍是一样的。法律制度的错综复杂，注定需要有各种不同的才能，而单独一种是无法提供这么多的。

因此我们可以明显地看出，光是把人组织起来，并不能保证可以获得杰出的成就。在一个优秀的团体中所包含的人才里，每个人都要有能提供这个团体的其他成员所未能拥有的特殊技能。

一个良好的律师事务所应拥有这些人才：具备为各类案件做好准备工作的特殊才能者、具有想象力并能够了解如何把法律条文与证据共同纳入一个很好的计划中的人。具备这些能力的人，或许并不一定拥有出庭辩护的能力。因此，律师事务所就要聘请熟悉法庭程序的专业律师。我们如果再进一步剖析，就会发现，多种不同的案件，需要各种不同的专门人才来做这些事前的准备工作，以及出庭辩护。

一个懂得“组织、合作、努力”原则的律师，在找人合伙开一家律师事务所时，一定会找对自己所欲执行的专门法律及程序极为了解的律师。如果对这个原则毫无概念的人，在寻找合作伙伴时，可能常会采用“听天由命”的办法，只会去找一个跟自己性格合得来的，或者是与自己比较熟的人，而较少考虑他是否拥有专门法律的特殊才能或者对法庭程序极为熟悉等因素。

此外，在发展自己领导才能的过程中，你仍然要发扬合作的精神。如果没有其他人愿做你的合作伙伴，那么你也无法取得持久性的成就。如果有两个或者两个以上的人在任何方面把他们自己组织联合起来，在建立和谐的精神之后，这个组织中的每一个人会因此倍增他们自己的成就能力。在发展自信心及领导才能的过程中，你还必须发扬合作精神。

在经济界中，因缺乏合作精神而失败的工商企业，比因为其他综合原因而失败的企业还要多。在我25年的商业经验及观察当中，我亲眼看到了各色各样的工商企业，因为冲突及缺乏这项合作原则而宣告失败甚至是破产。我同时也看到了在处理法律事务过程中无数家庭破裂的案子，这都是夫妻之间不和、缺乏合作精神所酿成的恶果。通过对各国历史的研究，我发现缺乏合作精神一直是各时代人类的一大灾祸。翻阅这些历史，并加以研究，人们将会对合作获得深刻的印象，而且它也将自动刻印你的脑海中，永远无法磨灭。

所以，我们可以得出一个结论：只有合作，才是获得更大成就的重要条件。合作，就是成功的力量！

如何赢得他人的合作

我们应当尝试着去了解别人并从他的观点来看问题，你就能得到友谊，减少摩擦和困难，从而创造生活的奇迹。我们要明白，也许别人完全是错误的，但他自己有时并不认为是这样。所以，不要去责备他，去责备他的人只是傻子。应当尝试着去了解他，这才是聪明、容忍的做法。

别人之所以这么认为，一定有他的原因。如果能了解到那个隐藏的原因，你

就等于拥有了解答他行为的答案，这也许是他的个性的一把钥匙。

你可以忠实地使自己置身于他的处境中，假如你对自己说：“如果我处在他的情况下，我会有什么感觉，有什么反应?”那你就能节省很多时间和解除不少苦恼，如果因为对原因有了了解，我们就不会有太多的喜欢和不喜欢。此外，这也可以增加你在为人处世上的技巧。

如果你将你自己感兴趣的事业和你漠不关心的其他事情做一个比较，那么也会明白，别人也正是抱着这种态度。也可以讲，和人相处能否成功，全在于你能不能以同情的心理，接受别人的观点。

吉拉德·黎仁柏在他的《打入别人的心》一书中评论说：“在你表现出你认为别人的观念和感觉和你自己的观念和感觉一样重要的时候，谈话才会有融洽的气氛。在开始谈话的时候，要让对方提出谈话的目的或方向。如果你是听者，你要以你所要听到的是什么来管制你所说的话。如果对方是听者，你接受他的观念将会鼓励他打开心胸来接受你的观念。”

卡内基喜欢在他家附近的一座公园中散步和骑马，就和古代高卢人的伊德教徒一样喜欢橡树。所以，当卡内基看到那些小树和灌木在每个季节都被一些不必要的大火烧毁时，觉得很伤心。引起火灾的并不是那些吸烟者，而是那些喜欢在公园内野炊、爱在树下煮鸡蛋和做热狗的孩子们所引起的。有的时候，火势太猛烈了，必须动用消防队来扑灭。

在公园的一个角落里立着一块告示牌，上书：任何人在公园内生火，必将受罚或拘留！但是那块牌子位置偏僻，很少人能看得到。有一个骑马的巡警，他理应照顾公园，但他未尽职责，每一个季节里都有火灾在这里蔓延。

有一天，卡内基神情慌张地跑到一位警察跟前，向他报告有一场火在公园里蔓延，希望他赶紧告知消防队。但这位警察竟漠不关心地回答，这不关他的事，因为这里不是他的辖区！卡内基顿感失望，因此后来到公园骑马的时候，他就如一位自命的管理员一样，试图保护着这个公园。在开始的时候，卡内基并没有试着去了解孩子们的想法。

卡内基总是骑马来到孩子们面前，警告说，他们会因为在公园里生火，而被关进监狱里去。卡内基以强硬的语气命令他们把火熄灭。如果他们拒绝的话，就威胁要叫警察把他们抓起来。卡内基这样只是发泄他心中的愤怒，根本不会想到孩子们的看法。

结果，那些孩子心不甘情不愿地服从了。一等到卡内基骑马跑过山丘之后，他们又极有可能再次把火点燃，而且极有可能烧光整个公园。

随着年岁的增长，在为人处世上卡内基有了更深一层的认识，他懂得了变通，懂得了从别人的观点上来看事情。于是，他不再下命令，而是骑马来到火堆前，说出像下面这样的话来：

“孩子们，玩得痛快吗？你们晚餐想煮些什么呢？我小时候也喜欢生火，直到现在也一样喜欢。但是你们应当知道，在公园里生火是十分危险的。我也知道你们会非常小心，但是其他人可就不会这么小心了。他们一来，看到你们生了火，他们也会跟着生火，然后在回家时却不把火熄灭，结果烧到了枯叶，火势蔓延，就把树木给烧着了。要是我们不多加注意，以后我们这儿就没有一棵树了。你们因为生起这堆火，就会被关进监狱里。但我不想太啰唆，扫了你们的兴。你们玩得非常痛快，我也十分高兴。能否请你们现在将火堆旁的枯叶全部拨开，在你们离开之前，用很多的泥土，把火堆掩盖起来，你们愿不愿意呢？下次如果你们还想玩火，那能不能麻烦你们改去山丘的那一边呢？在沙坑里生火，不会造成任何损害。真的谢谢你们，孩子们，祝你们玩得开心！”

这样说话产生了非常不同的效果，不强求，不怨恨。让孩子们愿意合作。他们并没有受到强迫的命令，这样他们既护住了面子，又觉得很舒服，卡内基也会觉得舒服一些。因为他已经先考虑到他们的看法，再来解决事情。

当个人问题变得非常严重的时候，从他人的观点来看问题，也能缓解紧张的气氛。

产生合作的动机

两个或者更多的人组成一个合作组织，为了达成一个共同的目标而奋斗，会比独自一人去完成一项工作更有力量。

一支优秀的篮球队即使在球场之外可能有彼此不和，但是只要它拥有协调良好的团队精神，它也一定会百战百胜。一个董事会的成员只要拥有良好的团队合作精神，它就能很好地经营一家公司，尽管董事会成员之间在私底下可能存在着

彼此意见不合。一对夫妇可能也存在着不和，但却能共同生活在一起，积攒下不少的资产，养育几个儿女。

但是，如果他们能把合作建立在极为和谐的基础上，也许这些组合会具备更多的力量和更高的效率。毋庸置疑，合作能够产生力量。但建立在完全和谐基础上的合作与努力却能产生超乎寻常的力量。

任何一个团体组织，它的每一成员、每一份子都能把全部的心思放在一个共同的目标上，建立起完全合作的精神，如果再加上这个组织的所有成员都能为了达成这个组织所追求的目标而牺牲个人利益，那么这个团体就能够成为一个强大的“智囊团”。

美国能成为今天世界上的超级大国，其主要原因就是在州与州之间具有高度组织性的合作，美利坚合众国就是一个强大的“智囊团”的产物，这个“智囊团”的成员就是《独立宣言》的起草和签订者。这些人在签署这份文件的时候，就不自觉地应用了“智囊团”的力量，这是一种能足以击败所有军队的力量。签订者们为了能够使《独立宣言》永远地传承下去，他们并不是为了钱财而战，而是为了自由而战。而自由是目前已知的最大的动力。

不管是在商界、政界、金融等各界的伟大领袖，他们都了解如何创造一个鼓舞性的目标来让他们的每一个追随者热心接受自己。

林肯的竞选口号是：“支持林肯，拯救联邦。”这句口号生效了。

而罗斯福在美国大萧条期间，其总统竞选团队提出的口号是“新政”。口号虽然简单，但包含了“复兴（Recover）、救济（Relief）、改革（Reform）”三项经济振兴内容，而这句口号也一样起作用了。

任何团体组织所产生力量的强弱，通常是取决于这个组织努力达成目标的性质。所有为了特定目标而组成团体的组织者能想到这一点是非常有利的。你如果能找到一个可以吸引人们以和谐的精神团结起来的目标，这就意味着你找到了创建一个“智囊团”的起点。一个众所周知的事实是，人们为了理想而工作会比为了金钱而工作要更努力。你如果能记住寻找一个“动机”作为发展合作性团体的基础这一事实，这会对你极为有利。

美国国内曾经产生过一股激烈反对和批评铁路公司的浪潮。很多人都不知道谁是这股反对力量的支持者，但是我们可以确定这种浪潮的存在，而且还应当做是一股刺激力量。铁路官员或许会和几十万名依存在铁路公司为生的员工联合在一起，形成一股强大的力量，可以有效地消除这些不利的批评。

作为美国的支柱产业，要是铁路运输业务全部停止，那么各大城市的居民就会在粮食到达之前活活饿死。人们也许可以从这一事实中找到一项动机，而使得绝大多数民众愿意支持铁路公司所希望实施的任何自我保护的计划。

由全体铁路员工和绝大多数铁路乘客所聚集形成的这股力量，足以保护铁路公司对抗所有不利于他们的立法和所有打击铁路事业的计划。但是这股力量只有在组织起来以及受到某个明确动机的支持之后，它的巨大作用才能得到发挥。

一个能力平庸的人，在普通的情况下，给他一个足够积极的动机，他就能爆发出非同寻常的力量，一个男人会为了获得他所喜爱的女人的欢心而成就一番惊人的事业，只要这个女人有刺激他采取行动的方法。这就是人的神奇之处。

有三种主要的动机，会使人全力作出回应，即：自我保护的动机、性的动机、经济与社会的动机。简单来说，促使人采取行动的主要动机就是自我保护、性与金钱。任何一位领导者，如果能找出一项动机来促使他的追随者有所行动，那么他必定是在这三者之内寻找。

驱动力的大小决定人们在合作时的和谐程度。创建一个“智囊团”所必需的完美和谐，只有在当一个让人的驱动力大到足以使其中每一位成员忘掉他的个人利益，并为了团体的利益，或者为了实现某种理想的、慈善的或仁爱的目标而努力的情况下才能获得。

把冲突化成合作

人与人之间都存在着差异，如果强调差异就会起冲突，降低差异则可化冲突为合作。其实，我们一般都和大部分人不存在难以沟通的问题，只不过是和少数人沟通有困难。这里介绍一些沟通技巧，也许你早已经开始使用，只不过是不自觉地使用它而已。一旦你了解这些技巧后，你可以和你所关心的人建立互相信任的关系，也可以把和令人头痛的人物的关系由冲突转变为合作。

也许你未曾思索过这样一个问题：有些人易于相处，而有些人却难以应付，

这到底是什么原因？其实这个问题的答案就是：团结则和平共存，分裂则水火不容。太过强调人与人之间的差异就会产生冲突，这样也就使人迅速地落入冲突的深渊。

但是，如果你把焦点放在和自己的共同点上，那么相处就要容易一些。我们和自己的朋友或者是难说话的人物都可能起冲突，而其中的差别就在于和朋友的冲突会因彼此共同的立场和观点而缓和。在把互动转向新结果之前先找出共同的立场和观点，这就是成功沟通的所在。而减少差异很显然是应付难缠人物的最佳方法，这也是将冲突化为合作的有效方法。

人们在相处甚欢的时候，彼此的动作、表情和神韵都会很自然地相似。如果你和一个跷着二郎腿的人相谈甚欢，过一会儿你也同样会跷起腿来。当这位朋友放下腿来，身体前倾的时候，过不了几分钟，你也会做同样的动作。人们对你微笑，你也会报以微笑。如果有人将他心中的郁闷、烦心事告诉你，你会表示关心。如果别人用手势来表达意思，你也会做同样的回应。甚至是对方在抓头时，你可能会感觉头上某个地方很痒。这就是身体语言和面部表情的同化。

你可以选择在某天剩下的时间用来观察你是怎样地和别人同化，而别人又是如何地与你同化的，或者在远处观察两个人的非语言动作同化的过程。如果你看到有同事或者是夫妻在吵架，那么他们就很少有同化，但是却有多种不一样的动作。非语言的同化通常是双方在不自觉的情况下自然发生的。

同化的意义，在于它会使人和人之间产生信任和合作的氛围，反之就会有不信任和不合作的感觉。在不利于合作的氛围下应付难说话人物的一种方法，就是故意在肢体动作、面部表情上尽量与他同化。同化向对方传达的是“我不是你的敌人，我对你的言行感兴趣，我们是同一条战线上的”。

使用这种方法，不可多到引起对方注意，否则就会让人觉得你在嘲弄他们。我们没有必要对人家进行从头到脚的模仿，只有你在和人家相处融洽时，才产生行为的同化。正常情形下，模仿动作的改变存在着时间落差。有时候非语言的同化也会同中有异。比如爱抖脚的人，起初和他们在一起你也许不会抖脚，但是过了一会儿，你就会随着他的节奏不由自主地抖起来了。

一个人在用语言表达自我的时候，他很希望听他说话的人能有所反馈，也希望别人能了解他。即使是那些连自己也不了解自己的人，他也希望能获得别人的了解，一个心情烦躁的人想要表达的情感和想法正是如此。但是，如果同时有两个以上的人想要被倾听和了解，但是却没有一个人愿意这样做，那么争吵和避免见面的情况就几乎不可避免了。因此，善于沟通的人在尝试让人倾听和了解之前，会把倾听别人和了解别人作为首要目标。

学会倾听，特别需要你在最不愿意的时候，先把自己被倾听和了解的需求摆在一边。不过，你可以帮助不会说话的人完全地表达他们自己，他们愿意听你说话的可能性就大为增加了。一个人如果有了被倾听和被了解的经验，就不会对自己的想法和情感念念不忘，这样他们就会敞开心扉，要他们倾听你的话也就容易很多。

很多人一生中大部分的时间都是在从事某些形式的沟通，如写作、说话或倾听等。我们曾经上过语文、政治等教人如何写作、阅读、说话的课程。这些课程能在初中、高中、大学中找到，但在学校和企业环境中都找不到正式训练倾听的课程，而“倾听”却是沟通过程中最重要的技巧。懂得倾听技巧的人最有可能做好事情、取悦上级、赢得友谊，并且把握住别人错过的机遇。

多练习高尔夫球，只能在分数上看出一些细微的差异。但是进行一点点的倾听练习却可以创造惊人的结果。如果你注意听上司要求你做的事，这就增加了做对、做好的机会，而且不需要重做。问路时你若注意听别人告诉你的方向，就不太可能会走错路。如果你注意倾听顾客的真正需要，就可以避免浪费时间和金钱。

所有的这些，都是将冲突化为合作的有效方法。要想与别人进行合作，尽量减少差异和冲突，按照这些方法去做，就可以收到意想不到的效果。

第十三章

正确对待得失成败

面对成功，我们自然会感到无比的欢悦和自豪，这也是激励你取得下一个成功的重要因素。可是，成功之路是不可能事事顺心的，你也许会遭遇失败的情况。面对失败，你会有什么样的感受？沮丧？自责？还是气馁？如果是这样的话，原本离你咫尺之遥的成功，瞬间就会变得那么的遥远。看看爱迪生等伟人，看看他们是如何对待得失成败的，你就能找到自己怎样去面对失败的答案。

使人立于不败之地的勇气

要战胜挫折，首要的因素就是勇气。中国古代的一位将军指出："夫战，勇气也!"有了勇气才会有信心，接下来就会有一系列的行动。

遇上挫折，我们无须去畏惧和回避它，而是要勇敢地去正视它并打败它。无论什么事情，只要能勇敢地去尝试，或多或少都会有所收获。成功人士一般都认为：假如害怕失败而放弃任何尝试的机会，那么就不可能会进步。没有勇敢的尝试就无法得知事物的深刻内涵，而尝试过，则由于对实际的痛苦亲身经历，将使这些体验为将来的发展做好铺垫和准备。

素有日本摩托车之父之称的本田宗一郎，他具有不惧艰辛、知难而进的挑战性品质，是一个性格刚毅的男子汉。在第二次世界大战后的五六十年代，日本通商产业省制定了有关日本汽车工业的发展政策，为了提高日本汽车工业在世界的竞争力，政府只允许两三家汽车制造厂商的存在，而且政府也将会在财政上支持这两三家厂商，这就是日本著名的“特殊振兴法”。按照这个规定，本田技研会社就只得被封死在摩托车研制的领域内，或者被丰田汽车会社或者日产汽车会社吞并。

这一局面虽然严峻，但是本田并没有甘于失败，而是正面应对这一政策所带来的阻力，勇敢地接受了这个挑战。他认真分析了本田技研在生产技术上的特点，并努力寻找发展途径。同时，下定决心，制订出本田技研毅然进入汽车领域的战略决策。因为这一决定，本田技研会社发展成为了能生产各类小汽车的“世界的本田”。面对阻力，本田选择的不是退却，而是逆流而上，才最终取得了如今的辉煌成就。如果他害怕失败，害怕自己不敌丰田，那么也就不会有今日的本田。

挫折具有欺软怕硬的特点，在它面前，你表现得越懦弱，它就越欺负你，这样你注定就要失败。

哈利先生任职于美国的一家大公司，当年他是和现在的公司董事长乔治一起进入这家公司的。由于乔治从不怕吃苦，敢于担责、敢冒风险，所以晋升顺利。相反，哈利先生因为自己的怯弱，而一生倍感失望。在他为公司效力的第五个年头，有一次公司委任他去美国南方去掌管南方分公司。但他觉得自己没有承担职责的勇气而拒绝了。有很多次绝好机遇来临时，他都寻找着各种借口拒绝了，他依然在公司拿着7000美元的年薪养家糊口。因为他的怯弱，连他自己的两个儿子都看不起他。

哈利先生在一生中，都惧怕真正地面对生活，害怕挺身而出，害怕承担责任。所以到最后，他只能留下对往事不堪回首的感伤。就和多数人一样，把自己打入终生的心理牢笼之中。

战胜挫折，勇气是如此的重要。那么怎样使自己有勇气呢？

你首先得要有渴望成功的原动力。通过对成功人士的发展道路的考察，你会发现他们大多都属于不满现状，并且不断进取的人。对于自我的小天地，你要粉碎它。在社会上不少人都偏爱自己的小世界，并把自己关在与外部世界独立的象牙塔中孤芳自赏。这样的人必然会产生畏首畏尾的思想，应付外部世界的态度也相当消极。但是，只要从这个象牙塔中走出来，把它打碎，加强和外部世界的联系，你自然就可以发现这个多姿多彩、趣味无穷的世界，你就能找到自己的勇气。

另外，我们做事靠的是勇气，并不是鲁莽。所以，你只有在吸收、借鉴前人

经验并加以利用的基础上，才能激起自己的勇气，才会有突破求新的勇气。借鉴毕竟是一个学习的过程，只有通过学习才能丰富自己，才能做到“艺高人胆大”。

经常地实践，也是培养勇气的重要方式。实践出真知，只有理论而不实践，一样会产生心虚的心理，毕竟你没有躬身做过，就不知道自己的理论是否可行，自己有多少斤两也就不知道了。所以，如果实践越少，心虚就越强；遇有重大事情，就越有顾虑，自然就没了勇气。

前面我们讲到了自信，自信也是培养勇气的一个重要因素。对自己有信心，你就能敢于面对一切突如其来的困难，能勇敢地挑起重担，就有不解决问题誓不罢休的责任心。这样，你的身体里自然会充满无限的勇气，所以你得建立自信心。

最后一点，就是在心里不要承认和制造失败。我认为，不管如何失败，都只不过是不断茁壮发展过程中的一幕。每逢一次失败，别人就会说：“失败了。”失败者自己也这样想。如果是垮台了，后果更严重。如果你有“一切都不断在茁壮发展”的观念，那么你也可以这样想：“垮台也是茁壮发展的过程之一。”这样，你或许还可以创造出另一个机会来，这样就没有真正的失败了。

世间万物都在随时地变化，日日都在不断地茁壮发展，所以也就无所谓有真正的失败，这是一个大原则。不管怎样失败，这都只不过是不断茁壮发展过程中的一幕。在某个期间内也许是失败，可随着时间的推移，又是一片无限的生机。所以，世上的一切，并不存在真正的“失败”或“消亡”。从表面上看或许是失败和消亡，但你从事物的整体上看，这又是一个成功的开始，因为万物是一个不断更新的过程。

成功就是永不放弃

永不放弃，就是成功的重要体现。在逆境中，不恰当地屈服和放弃，是我们唯一可能出现的问题。

有句格言：“你认为自己是一个怎样的人，那你就会真的成为一个怎样的人。”一个认为自己不能和外界做很好沟通的人，也会发现自己周边没有很多朋友，没有多少人会搭理他。因此，会更加确信自己真的不擅长沟通交流。其实这是他自己妄自菲薄的想法，不管是与人交流，还是从事任何行业的工作，如果对自己、对业务没有自信，那么他所面临的结果都是相同的。

发明大王爱迪生从来都不妄自菲薄。他曾经长期埋头于一项发明，有位青年记者问他："爱迪生先生，您现在的发明曾经有一万次的失败，你对此有何感想?"爱迪生回答："年轻人，因为现在你的人生之旅才刚刚起步，所以我告诉你一个对你未来很有助益的启示。其实，我没有失败过一万次，只是发现了一万种行不通的方法而已。"

面对失败，永不放弃，而且也不认为是失败，爱迪生一贯的性格就是这样。他在发明电灯之前，一共做了14000次以上的实验，他发现了许多行不通的方法，一直到成功发现了一种可行的方法为止。

不管摔跤多少次，只要你能爬起来，拍净身上的尘土，继续一往无前地前行，你就会取得成功。除非你自己选择放弃，否则你永远不会被任何事物打垮。

菲亚特是意大利著名的汽车制造公司。其发展史，可谓历尽了艰辛坎坷。如今的菲亚特能从小到大、从国内到国际，所依靠的，就是坚忍不拔的精神。

菲亚特的创始人老阿涅利在都灵办厂时，受到了很多鼎鼎大名的经济学家的嘲笑："汽车只是少数富贵人家的奢侈品，毫无发展前景。"但是老阿涅利却不为所动，坚持办厂。如今，有2000多万辆菲亚特汽车奔驰在意大利半岛上，而且有更多的车辆行驶在了世界的各个角落。事实证明了老阿涅利长远的目光。

乔瓦尼·阿涅利在继承家业的同时，也继承了他祖父那种坚忍不拔的精神。20世纪70年代初，西方爆发了能源危机，汽车行业更是首当其冲。面对严酷的现实，阿涅利选择了探索新的道路，勇于去开拓进取。针对能源短缺的问题，菲亚特公司绞尽脑汁地研制低耗油车。针对日益萎缩的市场，菲亚特公司千方百计地降低生产成本。到最终，菲亚特凭借着有竞争力的价格打败了对手。

当伊力集团准备甩掉"病入膏肓"的阿尔法·罗密欧汽车公司这一包袱时，福特汽车公司准备全部购买它，以此乘机入侵意大利市场。对阿涅利来说，这一举措无异于"引狼入室"。就在福特和伊力即将要达成协议的关键时期，阿涅利抛出了一套拯救阿尔法·罗密欧汽车的全面计划，这一举动轰动了欧美世界。在当年，菲亚特汽车公司的营业额只有73亿美元，而福特高达527.7亿美元。“小兔碰大象”“癞蛤蟆想吃天鹅肉”等一些醒目的标题纷纷出现在欧美的平面媒体上。但是，只要下定了决心，阿涅利是不会理会那些讽刺和挖苦的。后来，在意大利政界和各派势力的支持下，阿涅利终于战胜了强劲的对手，扩大了“帝国”的版图。阿涅利以坚忍不拔的创业精神，使菲亚特发展成经营范围多于15个，“海陆空”各种产品领域都有涉足，营业额也高达293.8亿美元（相当于意大利国内生产总值的4%）的世界闻名的大公司。

所以，当你经过了不懈的努力但还是失败的时候，也不能轻言放弃。不能因为失败使自己变成一位无能的懦夫，要和阿涅利一样，面对失败，面对挫折，仍然一往无前。一个计划不成功，就意味着要开始另外一个计划。我曾在很多年以前受到一位好友的邀请去共同开发某一种产品，但结果没有销量，卖不出去。幸运的是，我还来得及退出，但是那位朋友却因此损失了几千美元。在结束的时候，那个朋友富有哲学意味地说：“希尔，你知道，我不想失去金钱，但是真正使我关心的是，我害怕在以后的生意中，会太谨慎而变成懦夫。如果真是那样，那我的损失就更大了。”

面对失败，人们很难坚持下去；面对成功，人们就容易继续下去。假如自己所从事的工作比想象的还要有难度，那么请记住：你无法在天鹅绒上磨利剃刀，你也无法用汤匙喂一个人，而使他获得锻炼。

美国柯立兹总统曾写道：“世界上没有一样东西可以取代毅力，才干也不能办到，怀才不遇的人到处都是，一事无成的天才也很普遍；教育也不可以，世上充满了学无所用的人。只有毅力和决心才能使你无往而不胜。”所以，我们要明白，成功就是永不放弃！

成功是连续不断地奋斗

能从挫折中汲取教训，就是迈向成功的踏脚石。犯了大错，而未能从中汲取有用的经验，才是真正的失败。

我们在观察成功人士的环境时，会发现他们有各不相同的背景。那些大公司的老总、政府高级官员、著名的传教士以及各行各业的知名人士很多都来自贫寒、破碎家庭、穷乡僻壤甚至是贫民窟。现在这些人都是社会上的领导人物，可他们都经历过艰难困苦的阶段。

将失败者、平凡者和成功者进行比较，你能发现，他们在年龄、能力、国籍以及社会背景等任何方面都很可能相同，但只有在另一个方面例外，就是对挫折的反应大小不同。

当失败者摔倒时，就再也爬不起来了，他只会躺在地上骂个不停；平凡者则是跪在地上，准备伺机逃跑，以免再次受到打击；然而成功者摔倒的时候，他会立刻反弹起来，同时从中汲取这个宝贵的经验，立即向前冲刺。

事实上，成功就是一连串的冲刺。

我最要好的朋友是一名非常有名的管理顾问，一走进他的办公室，就能马上觉得自己“高高在上”。办公室里各种豪华的摆饰、考究的地毯、忙里忙外的人以及知名的客户名单都在告诉你，他的公司确实是成就非凡。但是，就是在这家公司大名鼎鼎的背后，藏着数不尽的辛酸血泪。

他在创业之初的前半年，就把10年的积蓄花得一干二净，一连好几个月他都以办公室为家，因为他连房租都付不起。他也谢绝过数不清的好工作，因为他坚持要实现自己的梦想。他也被顾客拒绝过上百次，拒绝他的客户和欢迎他的客户的数量几乎一样多。

在整整7年艰苦的日子里，我没有听他有过一句怨言。他反而说：“我还在学习啊。这是一种无形而又难以捉摸的生意，竞争很残酷，实在是不好做。但无论如何仍然继续学下去。”

他真的做到了、实现了，而且做得轰轰烈烈。

有一次我问他：“你应该被折磨得疲惫不堪了吧？”他反而说：“没有的事。我觉得那并不辛苦，倒觉得是受益终身的经验。”

看看“美国名人榜”的生平可知道，这些名垂千古的伟人，都曾遭受过非常多的残酷打击。但只是因为他们都坚持到最后，才最终取得辉煌的成就。

天底下没有不劳而获的事情，如果能利用种种挫折和失败，来驱使你更上一层楼，那么你一定可以实现心中的理想。我们任何人都拥有化失败为胜利的力量，只要你从挫折中汲取经验教训，好好地加以利用，就可以泰然处之的对待失

败了。

千万不要把失败的责任推给你的命运，要仔细研究失败的实例。如果你失败了，那么继续学习吧。可能是你的修养或火候还不够的缘故。你要知道，世界上有无数一辈子浑浑噩噩、碌碌无为的人，他们对自己一直平庸的解释是“运气不好”“命运坎坷”“好运未到”。

这些人依然像小孩那样幼稚和不成熟，他们只是想得到别人的同情，自己没有一点儿主见。由于他们一直想不通这一点，所以才一直找不到使他们变得更伟大、更坚强的机会。

立即停止对命运的诅咒吧，诅咒命运的人永远得不到他想要的任何东西。你只有进行连续不断的奋斗，才能到达成功的彼岸。

从容地对待挫折

挫折具有阻碍个体活动的情况和个体遭受阻碍后所引起的情绪状态的两层含义。在成功学里，挫折是指个体从事有目的的活动，在环境中遇到障碍或干扰，使其需要和动机不能获得满足时的情绪状态。它作为一种社会的心理状态，存在着双重性。

挫折是社会上普遍存在的一种客观现象，无论什么人，他的一生都不可能是一帆风顺的。这是纷繁复杂而且在不断地发展变化着的客观事物所决定的，人们对它的认识需要有一个不断深化的过程。与此同时，要达到自己预定的目标，也需要一个积聚实力、创造条件的过程。因此人们在这些过程中碰到困难、遇到一些障碍阻隔或者是干扰，是在所难免的，人生在事业发展的过程中更是这样。我们常常听到商场如战场这一句话，因为在商场中充满了诱人的利润、鲜花与掌声以及美好的名誉。但是，它更充满了荆棘、坎坷、失败和风险。

能否实现一个目标，能否满足一种需要和动机，这既取决于这种目标、需要和动机是否具备先天的客观条件和环境，同时也取决于人们对事物的主观认识与客观事物相吻合的程度。无论是客观条件的影响还是主观认识水平的提高，都有一个逐步实现的过程。因此，挫折的产生是并不以人的主观意识为转移的，而是客观存在的事物。

挫折存在着双重性，既有好的一面又有坏的一面。一方面，挫折会使人感到痛苦、失望，让一些人消极、颓废，从此一蹶不振，或者引起粗暴的对抗行为，最终导致矛盾激化，也可能会使某些意志薄弱的人从此失去对生活的希望，甚至产生轻生等念头，从而造成严重的后果。但是另一方面，挫折能让人从中吸取经验教训，让犯错误的人早点清醒过来，开始认识挫折，并接受教训，从而改变方法策略，继续前进。同时它能砥砺一个人的意志和品格，让人从此变得更加成熟，更加坚强；它还可以激励一个人奋发图强，并不屈不挠地战斗下去，直到从逆境中崛起。

在事业中，当我们遇到挫折时，我们要做的，并不是向挫折和困难低头认输，而是认真分析挫折产生的客观因素，并通过倾诉或者其他正常的宣泄方式将自己的消极情绪疏导出来。然后探索出解决这个挫折和困难的最佳方案，继续向人生事业的道路上大步前行，这才是明智的做法。我们要从理智上感谢这些挫折和困难，因为挫折与困难更加能促使我们迈向成功的终点。

挫折并不可怕，可怕的是你心中面对挫折的消极心理。面对挫折，我们不能哭丧着一个脸去面对它，或者是干脆直接逃避它，因为这样你就已经屈服于挫折，它就成为挡在你面前的一座永远也翻越不了的大山，使你无法达到成功的目的地。相反的，我们应当要以最乐观、最甜美的笑容去直面它，那么它在你面前只是一块小小的绊脚石而已，从容地俯下身去把它拿开，你就可以继续前行，它也并不对你的人生之路产生太大的阻碍。能笑对挫折的人，成功也必然在前方冲着他微笑。

第十四章

永远保持进取之心

获得一个成功，只是漫漫人生路上其中的一个目的地，并不意味着你就到了终点站。成功是没有终点的，它需要你不断地前进、不断地进取。从一个成功走向下一个成功，永远不要停滞不前，人类社会今天的一切，也就是这么得到的，并且仍旧在这样继续着。

进取走向成功

“领导才能”是获得成功的基本条件，而“进取心”则是建立“领导才能”的基础。这两者的关系，就好比轮辐与车轴。

进取心是一种极为难得的美德，它能驱使一个人在不被吩咐应该去做什么事之前，就能主动地去做应该做的事。如果你要成为一个具备进取心的人，你就得克服做事拖沓的习惯，并把它从你的个性中除掉。这种把你应该在上周、去年甚至是几十年前就要做的事情拖到明天去做的习惯，正在侵蚀着你意志中重要的部分。除非你将这个坏习惯摒弃了，否则你就难以取得任何成就。克服拖沓习惯的方法有以下几种：

1. 每天做好一件明确的工作，而且不需要等待他人的指示就能够主动地去完成。

2. 每天至少找出一件对他人有价值、有帮助的事情来做，而且不要期望能获得一定的酬劳。

3. 每天要把养成这种主动工作习惯的价值告诉别人，最起码也要告诉一个人。

此外，培养进取的积极心态，你还应当懂得学习不为报酬而工作。

我曾经聘用过一位年轻的小姐当助手，替我拆阅、分类以及回复大部分私人信件。当时，听我口述，记录信的内容，就是她的工作。她的薪水和其他从事相类似工作的人员大致相同。有一天，我口述下了一句格言，并要求她用打字机把它打下来："记住，你唯一的限制就是你脑海中为自己所设立的那个限制。"

当她把打好格言的纸张交给我时，她说："你的格言让我产生了一个想法，这对你、对我都非常有价值。"

虽然这件事并未在我的脑海中留下特别深刻的印象，但是从那天起，我能够看得出来，这件事在她的脑海里留下了非常深刻的印象。她此后在用完晚餐后还会回到办公室中来，并且从事不属于她分内并且没有报酬的工作。

她开始把写好的回信送到我的办公桌上来。

她已经对我的行事风格进行过研究。因此，这些回信写得和我本人所写的完全一样好，有时甚至会更好。她一直保持着这个习惯，直到我的私人秘书离职为止。当我开始找人来填补这位男秘书的职缺时，我很自然地就想到了这位女士。但在我还没有正式授予她这项职位之前，她就已经主动地接管了这项职位。由于在她下班之后，和在没有支领加班费的情况之下，对自己加以训练，终于使自己有资格担任我下属人员中最好的一个职位。

这位年轻小姐的办事效率极高，因此引起了其他人的注意，有的公司开始提供更好的职位请她担任。我也很多次为她加薪，她的薪水后来是她当初加入我的团队中当一名普通速记员薪水的4倍。这件事让我实在是毫无办法，因为她让自己变得对我极具价值。因此，我不能失去她。

这位年轻的小姐以她的进取心，除了使她的薪水大为增加外，还为她带来一个莫大的好处。就是在她身上，已经发展出来一种愉快的精神，这种精神为她带来其他速记员永远无法领会的幸福感。她的工作已经不是纯粹的工作，而是一个非常有趣的游戏，任由她自己去玩。甚至比一般的速记员提早来到办公室，而且在他们一到时间就下班之后，她还留在办公室内。但是，和其他人比较起来，在

感觉上似乎她的工作时间反而比其他工作人员要短。这对于喜欢份内工作的人来说，辛勤工作的时间并不是很难挨。

一个人为了能让别人相信自己，而一直重复诉说一件事情，到最后他自己也会相信这种说法，哪怕这种说法是假的，都会产生相同的效果。

所以，由此看出，使自己“谈话进取、思想进取、吃饭进取、睡觉进取以及工作进取”，实际上有非常大的好处，你因此会成为一个具有进取心以及具有领导才能的人。因为这是一个众所周知的事实：人们将会迅速、乐意，而且自动地追随一个在行动上表现出进取心的人。那么，这就是他走向成功的重要保证！

保持敬业的精神

有许多的目标、动机以及人物能激发一个人热爱的天性。有的工作是我们所不喜欢的，有些则是我们稍微感兴趣的，但是，可能有一些工作才是我们真正喜爱的。如果一个人从事他所喜爱的工作或者是为他所喜欢的人工作时，那么他将会发挥最大的效率。而且也将更为迅速、更加容易地获得成功。

不论何时，只要热爱的情绪一进入一个人所从事的任何工作，这项工作的质量将会立即得到改善，效率将大为提升，而在工作中所引起的疲劳程度也相对地大量减少。一个人在从事他所喜爱的工作时，他会很容易地将工作做得更好、更多。正因为这样，每个人都有责任去找他自己最喜爱的工种。

如果你所从事的，只是你薪酬中分内的工作，那么无法争取到他人有利于你的评价。但是，当你愿意从事在你的薪酬价值以外的工作，那么你的行为将很容易获得与你工作相关的人对你作出的夸赞，并获得良好的声誉，这也将增加人们对你的需要。

卡洛·道尼斯先生最初在为汽车制造商杜兰特工作时，担任的只是很低的职务。但他后来却成为了杜兰特先生的左膀右臂，而且是杜兰特手下一家汽车经销公司的总裁。之所以能够取得这个很好的职位，是因为他提供了比他所获得报酬更多以及更好的职务。

我去拜访道尼斯先生时，询问他是怎样获得如此迅速的晋升的。他以短短的一段话，叙述出了整个过程。

“当我刚刚为杜兰特先生工作时，我注意到，在每天下班后，所有的人都回家了，但是杜兰特先生仍然留在办公室里，而且一直待到很晚。所以，我也决定在下班后留在办公室里。没有人请我留下来，但我认为我应该留下来，在必要的时候可以为杜兰特先生提供任何他所需的帮助。

“因为他常常需要某个人替他把公文拿过来，或者是为他做一个很重要的服务。那么他随时都能发现，我正在那儿等待着替他提供任何服务。后来他就养成了呼叫我的习惯，这就是整个事情的过程。”

杜兰特先生为何会养成呼叫道尼斯先生的习惯？这是因为道尼斯主动地留在办公室，使杜兰特先生可以随时看到他，让他为杜兰特先生提供服务。

道尼斯这样做，他获得了酬劳吗？表面看来是没有。但实际上他是获得了的。他所获得的酬劳就是获得了一个非常好的机会。因为这个机会，使他自己获得了杜兰特先生的注意。杜兰特先生作为老板，有提升他的绝对权力。

也许有很多个原因可以解释你为什么要养成“任劳任怨，不计酬劳”的习惯，在事实上尽管很少有人这样做，但其中有两个原因是最主要的：

第一，当你建立了“任劳任怨，不计酬劳”的好声誉之后，你将会获得好处。这是因为你和你周围那些不能提供这种服务的人比较起来，你们之间的差别将十分明显。所以，不管你从事的是什么行业，将会有很多人点名要接受你的服务。

第二，到目前为止，这是你为什么应该任劳任怨、不计酬劳的最重要原因。也许，你可以这么解释，假如你要让你的体格锻炼得非常健壮，那么你应知道只有利用身体来做最辛苦的工作。如果你不让身体工作，让它长期休养，那么会使它变得浮肉横生，四肢也变得虚弱而萎缩。

我记得有一家很不诚实的公司，他们把我的构想据为己有。他们虽然采用了我为他们所做的改善设计，却没有付钱给我。但是，这件事的最终结果反而对我有利。这个过程是这样的：

该公司的一位熟悉这件事的职员，后来自己在外面独自创办了一家公司，由于我上次为他老板所做的免费设计极为突出，所以他请了我和他合作，所得的酬劳是他原来公司可能支付的两倍。

这不仅补偿了我之前为那个不诚实的企业所遭受的损失，而且还得到了盈余。

爱默生说过：“因和果，手段与目的，种子与果实，是不能分割的。因为‘果’早就酝酿在‘因’中，目的存在于手段之前，果实则包含在种子中。”

我曾经受美国东部一所学院的邀请，向这所学院的毕业生发表演说。在演说中我花了较长的时间强调“任劳任怨，不计酬劳”的重要性。在演说结束之后，这所学院的院长和秘书邀请我共进午餐。在用餐时，这位秘书转过头来向院长说：“我刚刚发现，这位先生是做什么的。他让自己站在了世界的最前端，而他的做法就是先帮助他人站在世界的最前端。”

在这个简短的声明中，这位秘书道出了我的“成功定律”哲学中最重要的部分。

保持勤学好问的态度

大陆伊里诺斯银行和芝加哥信托公司的总经理尤金·斯提汾兹曾经发问：“你的大脑是一个仓库呢？还是一个工厂？”以及“你的知觉仅是当做一种门户，让事实进入大脑里储藏着呢？抑或能将事实当做一种原料，让你的大脑生产出新的产品呢？”

科学家的大脑中储藏知识的仓库并不比常人大一些，但是他能发明出比常人多得多的东西，这其中到底是什么原因呢？

科学家们成功的秘诀，其实说起来是非常简单的。那就是在他们心智的门前站了一个哨兵，尤其是他们的眼睛和耳朵，查询每一个进来的客人，不断地问一些这类的问句：“你是什么？为什么要进来？你与刚才进来的一些有什么关系没有？你的相貌为什么要长的这样？为什么你的声音与我刚才所听见的不同？你有什么好处？为什么你能被允许进来？为什么？为什么？为什么？”

科学家们发问的习惯，几乎是到了无法控制的地步。如果你不知道有问题的存在便不能解决问题。如果你吸收东西到大脑中，只是储藏它，那么你的大脑充其量也只是一座仓库罢了。你所储备的东西应当要有卡片记录，这样在需要的时候你就可以找出来。

另外，守在心智门前的那个哨兵，他的职责并不是阻止什么东西进来，而是做一番详细的盘查，让一些破坏分子无法乘虚而入。他欢迎异域人士和奇装异服的人物。他盘问他们，是想多了解他们。要训练你的哨兵养成询问的好习惯，就不可目空一切或者盛气凌人。有的时候，最重要的客人光临时，穿着的是极为普通的衣服，毫无声息，不易引人注目。

美国电力公司的大老板斯泰因麦兹曾说："如果一个人不停止发问，世上就没有愚蠢的问题和愚蠢的人。"

假如有人说我们的问题问的愚蠢，那么，这多半是他们不能回答的缘故。父母回答儿女问题，当问到不能再回答的时候，就会让儿女停止发问，也不许再问了。一个师傅如果知道的很少，他也是不喜欢别人提问题的，因为这样会让他觉得很丢人。另一方面，提问也是一种艺术。一个人是不能在不适当的时间问问题的。

爱迪生一生从未停止过发问，虽然他没有将自己所问的问题全都找出答案来，但是他所得出来的其他答案已经多得惊人。例如有一天，他在路上碰见了一个朋友，他看见朋友的手指关节肿了。

"为什么会肿了呢？"爱迪生问道。

"我还不知道确切的原因是什么？"

"为什么你不知道？医生知道吗？"

"每个医生的说法都不同，不过大多数医生都认为是患了痛风症。"

"什么是痛风症呢？"

"他们告诉我说这是尿酸淤积在关节里。"

"既然这样，他们为什么不从你的关节中把尿酸取出来呢？"

"他们还没有找到取出尿酸的方法。"朋友回答。

这时的情形，就好似一块红布在一只公牛面前摇晃一样，"为什么他们还没有找到取出尿酸的方法呢？"爱迪生生气地问道。

"这时因为尿酸是不能溶解的。"

"我不相信！"这位著名的科学家回答道。

爱迪生回到实验室，立即着手试验看尿酸到底能不能溶解。他排好了一列试管，每支试管中都灌入四分之一的不同的化学液体。每种液体

中都放入数颗尿酸结晶。两天之后，他看见有两种液体的尿酸结晶已经溶化了。于是，这位发明家便有了新的发明问世，而且他的发明很快就传播了出去，现在这两种液体中的一种在医治痛风症中普遍被采用。

问问题的重要之处，并不在于你是否能得到答案，而是要保持一种疑问的态度。组建美国羊毛公司的威廉·伍德曾经说过："得到真正教育的唯一方法便是发问。我们只学我们要学的，你之所以问一个问题便是因为你想知晓它的答案，因为你想要知道，于是在心里便记得。所以一个时时产生问号的头脑是一笔很大的财富。"

一个人，能时时产生疑问，他可以从很多方面以一种不动声色的方法得到知识。我们无须去纠缠那些不知道回答的人，但是在另一方面，如果你努力寻找知识或者答案，你可以从很不起眼或者想不到的地方获得。

我们生活中也有很多人讨厌向别人提问，不喜欢别人比他们懂很多，其实这是一种嫉妒、极为愚昧的自傲的心理在作祟。假如你在请教别人的时候是以一种已经知道的态度，那么就最好不要问。你所请教的人，无论他的身份或者地位如何卑微，你提问的态度必须要是诚恳的，要有一种真正想知道的态度。如果想从别人身上获得知识，唯一的秘诀就是你能让别人感觉到你确实承认和敬佩他们高深的知识。这种诚意的敬重能让别人打开如泉涌般的心门，而你也可以得到不少收益。

勇于面对批评

康能议员曾经遭受过讥讽，他首次在美国众议院演讲的时候，被善于言辞的新泽西州的代表菲尔卜斯中途嘲讽了一句："从伊利诺伊州来的这位先生，你的口袋里恐怕装的是燕麦吧?"

全场的人听了哄堂大笑。如果所嘲讽的是一位薄脸皮的人，恐怕就非常地难堪了，但是康能却不是这样，他的外表虽然粗野，但内心却明白这句话属于事实。他回答道："我不仅在口袋里有燕麦，而且在头发里藏着种子。我们西部人大多都有这样的乡土味。不过我们的种植是优良的，可以长出好苗来。"

因为这次反驳，康能闻名全国，并且大众都称呼他为"伊利诺伊州的种子议员”。他能够把别人的嘲讽变为称赞和同情，这是因为他深谙一种自嘲的方法，而这一方法我们每个人都可以学到的。

康能知道从批评的声浪中逃出来是不好的。批评就好比一条狗一般，狗见到你害怕它，它就更加追赶你、吓唬你。如果有一种批评将你给吓倒了，你就会日夜痛苦不安。但是，如果你转过身来对着狗，狗就不会对着你狂吠了，反而摇着尾巴，任你抚摸。只要你能正面回应对你的批评，最终，它就会被你所溶解、克服。

在现实生活中，人们往往是通过别人的批评来了解自己的过错，并加以改正。如果别人诚心诚意地提出批评指正时，自己要是不虚心接受，并且盲目地反驳，最终受到伤害的还是自己。在事业上，你也就不可能有前进的机会了。

虽然有些时候，别人的批评不一定正确，但是他确实出于善良的目的，这时，我们应该对他的这种善良表示诚挚的谢意，而这样做，往往会被人认为是知恩图报，从而赢得批评者对自己的信任。

面对他人的批评，首要的就是保持冷静。另外，我们评价自己要有客观的标准，要有自己的主见。否则就很难判断别人的批评是善意的还是恶意的，正确的还是错误的。没有主见的人，面对批评，常常会方寸大乱，不知所措。

一般人之所以害怕批评，是因为批评是真实的事实，越真实，我们往往越害羞而逃避。然而，这也是批评可贵的地方，就是因为其中包含着真实的缘故。如果我们每时每刻都努力改进我们人格上的种种不足，那么我们就没有空闲的时间，去对一些无益的东西过于斤斤计较。

头脑聪明的人总是会时时审视自己是不是一个完美的人，他知道自己的确存在很多缺点，但是，批评确实是揭发自己缺点的一种有效的方法，是我们所应当欢迎和提倡的。

我们应当学会不要脸皮太薄。我们不能面对一些小小的批评就忧心忡忡，或者是几乎就要面临崩溃。与此同时，有一点，也是我们不可忽视的，就是我们对于批评不可脸皮太厚，以至于不知道我们的言行有哪些地方是别人不喜欢的。脸皮既不能太薄，也不可太厚，我们要利用他人的批评来寻求自己的进步。首先是要能够找到这种平衡。即使批评者是我们的仇敌，或者是别人想侮辱我们以掩饰他们自己的弱点，那又有什么关系呢？批评者无论心怀什么样的动机，我们总是可以利用批评作为让自己前进的一种指南。的确，敌人的批评比朋友的批评还更可贵一些。

批评者无论他的动机是怎样恶劣，都不应该对其产生猜忌的心理，以为每个人都是自己的仇敌，这是一件相当危险的事。即使是大人物，有时候也难免会受到不公平、无理由的侮辱以及恶意的诽谤。

第三任美国总统杰斐逊曾经毫无防备地被别人用泥团打过，如果他当时受不了人们的侮辱和嫉恨，那么他也就不能成为政坛上的大人物。

每个人都会有仇敌，但是大人物所树立的仇敌会比一般人多得多。不过敌人数目的多少是无关紧要的，因为伟人善于利用敌人的攻击来更好地宣传自己。

来自敌人的批评，常常是正确的。而宵小之人就认为无论自己对不对，总要想办法来为自己辩护，于是他们就会逐渐形成一种自以为是的观念，“硬头皮的人总是那些思想简单，智力有限的人”。

来自别人的批评是极为可贵的，这可以显示出目前你正处于什么地位，但你得切记不可在那个位置上停滞不前。

别人批评的时候，不要养成一种感觉自己是受逼迫的习惯。无论怎样，如果你的仇敌能打破你的自负心，使你能够改进，那么，他实在是帮了你的大忙。

第十五章

合理安排你的时间与金钱

时间，就是生命的体现形式，它是不可再生的资源，一寸光阴一寸金；金钱，虽然只是等价的交换工具，但却是我们的物质生活必不可少的东西。如何合理地去安排你的时间与金钱，让自己的生命、物质财富体现出最大的价值，也是属于成功学中需要学会的东西。合理安排和利用你的时间与金钱，就等于是在实现自己的人生价值。

珍惜时间

“你热爱生命吗？那么就请别消磨时间，因为生命就是由时间组成的。”

“你要记住，时间就是金钱，如果一个人每天能挣10个先令，可是他却出去玩了半天，或躺在沙发上消磨半天，尽管他在娱乐或是享受上仅仅花了6个便士，但那并不是他唯一的花费。因为他除了花掉的，他还失掉了他原本可赚到的5个先令。别忘了，就金钱的本性来讲，绝不是随便增值的，钱能生钱，你可以用钱赚更多的钱。”

“假设谁杀死了一头能产仔的母猪，那就是消灭了它的一切后代，甚至于它的子孙万代。如果谁损失了5先令的钱，那就是毁掉了它所能产生的一切。也可以说，毁掉了一座金山银山。”

以上是美国著名思想家本杰明·富兰克林的一段名言，它通俗易懂又直接地告诉了人们这样一个道理：要想成功，就必须重视时间的价值。

好好利用时间具有非常重要的意义，如果一天的时间不进行很好的规划，就

会白白浪费掉，并消失得不见踪影，在这一天我们也会一事无成。

从往常的经验可以看出，怎样分配时间，就是成功与失败的界线。人们也许会这样认为，在这儿浪费几分钟，在那儿消磨几小时，没什么大不了的。但是，它们却有非常大的作用。这种差别也非常微妙，需要经过很长的一段时间才能看得出来。电话的发明者贝尔先生就是一个非常典型的例子。

贝尔在进行电话机的研发时，另外一个叫做格雷的人也在进行着这项试验。并且两个人几乎在同一时间取得了突破。但不同的是，贝尔前往专利局申请专利的时间比格雷早了两个小时，这样，电话之父的美誉落在了贝尔身上。当然贝尔和格雷两个人是相互不认识的，但贝尔就是因为这早到的120分钟而取得了成功。

时间，就是你手中所掌握的宝贵的财产，合理地安排时间，不把一分一秒浪费掉。你要明白：浪费时间就等于是浪费生命！也可以说，浪费自己的时间，也就等于慢性自杀。

时间最显著的一个特点是，它既不能逆转，也不能储存，更不能挽回。时间是一种特殊的、不可再生的资源。一切节约归根到底都是时间的节约。

时间对于每一个人、每一件事情都是不留情面的，它像封建君主般的专制。你可以将时间毫无顾忌地浪费，也可以将它有效地利用。有效利用时间，就是一个效率的问题。换句话说，效率就是单位时间的利用价值。人的生命就是从有限的时间一点一点地积累起来的。如果计划一个人的一生的话，以80岁来算，大约有70万个小时，其中能有充沛的精力进行工作的时间有40年，大约15000个工作日，35万个小时，减去睡眠休息时间，最终大概只剩两万个小时。生命的价值就靠这有效的时间发挥作用。提高在这两万个小时里的工作效率就等于延年益寿。显然，“效率就是生命”是不容置疑的。

美国麻省理工学院对3000名经理做了调查研究，研究发现，凡是优秀的经理都能做到善于安排时间，使时间的浪费率减小到最低程度。《有效的管理者》一书的作者杜拉克说：“认识你的时间，是每个人只要肯做就能做到的，这是一个人走向成功的有效的自由之路。”根据有关专家的研究和许多领导者的实践经验，我们可以从以下几个方面来驾驭时间、提高工作效率：

1. 我们要善于集中时间

不要将时间平均分配。应将自己有限的时间集中在处理最重要的事情上，不要每样工作都抓。要有拒绝不必要的事、次要的事的勇气和智慧。一件事来了，也不能消极应付，你首先要问："这件事是否值得去做?"绝不能遇事就做，更不能有反正做了事，没偷懒，就心安理得的心理。

2. 能善于把握时间

事物转折的关键时刻在于时机。抓住时机就能牵一发而动全身，能以微小的代价换取更大的成果，从而促进事物的转化，推动事物的发展。而错过时间，往往就会出现"煮熟的鸭子飞了"的情况，使你努力的成果付诸东流。也能造成"一招不慎满盘皆输"的严重后果。所以，想要取得成功的人必须学会审时度势，捕捉时机，把握关键，恰到"火候"，赢得机遇。

3. 能善于处理两类时间

对一名成功人士来讲，他的时间存在两类，一类是属于自己控制的时间，即"自由时间"；另一类是属于对他人他事作出反应的时间，不由自己支配，称作"应对时间"。

这两类时间都是有必要的客观存在。没有"自由时间"，一个人也就完全处于被动、应付的状态，自己支配不了时间，也就不是一名成功的领导者。但是，要绝对控制自己的时间实际上也是不存在的。没有"应对时间"，而且都想变为"自由时间"。而且这实际上也就侵犯了别人的时间。因为一个人的完全自由必定会造成他人的不自由。

我们还要做到善于利用零散时间。因为时间不可能集中，所以经常会出现很多零散的时间。要珍惜并充分利用好所有零散的时间，将零散的时间，用来从事零碎的工作，最大限度地提高工作效率。

对于会议时间，我们也要善于运用。召开会议是为了进行信息沟通、讨论问题、安排工作、协调意见以及作出决定。将会议时间运用得好，就可以提高工作效率，节约大家的时间。运用得不好，工作效率就会降低，浪费大家的时间。

时间的合理安排

现在是一个令人苦恼的时代，很多人都在等待着机会，希望未来能出现对他们有利的光明前景。有的人却希望时光能够倒流，回到昔日那种“美好的古老时光”中，那时理发只需2分钱，空气清新，生活简单而舒服。

今天如果你拿起报纸，翻到社论部分，你也许会看到下面这样的内容：

> 如今这个世界对我们来说，真的是太大了。太大的变化，太多的犯罪、太多的暴力和刺激。你虽全力以赴，但总落在后头。不断地遭受压力，向后赶上别人。然而到头来，你将迷失方向。科学上的发现和发明不断地推陈出新，令你惊讶不已，不知所措。政界的变化如此之大，虽然你努力要记住谁上台了和谁下台了，但是毫无用处。一切的事情都使人承受着沉重的压力，人类真的不能再承受更多的压力了。

这篇社论，看起来好像是最近时间才写的，但事实上它写于100多年前，刊登在1833年6月16日的《大西洋日报》上。那正是许多人所谓的“美好的古老时光”。

这对我们来说，具有什么样的意义呢？我们能从中学到什么呢？这篇简单、不完整的社论，虽然有100多岁却依然可以教导我们明白一项成功的秘诀。这个秘诀就是：把握现在，不要沉湎于过去。

每一代人都会哀叹他们那一代生活在历史最困顿的环境之下，他们一抱怨这个残酷的世界，就会和鸵鸟一样，将头埋进沙里，就永远不用解决属于他们自己的问题了。他们能够将问题归咎于长辈或者国家，然后去玩“捉迷藏”的游戏。在这个游戏里，每个人都要拼命奔跑并且躲藏起来，被捉到的人只好当“倒霉鬼”然后再去找另一个人替代他。

> 我向年轻人发表演讲，或者在研讨会上，总要对这些未来的领导者说：“所谓‘美好的古老时光’就是今天，因为这才是我们生活的日子，也是我们在历史上唯一生存的一段时间。这是属于我们的时代。我不曾向你们描绘美好的一面，也不曾向你们诉说悲惨的一面。我不会向你们

灌输过度的乐观思想。只是要告诉你们，生活中的变化是无法避免的。”

今天应该如何抓住呢？我们要心存这样的信念：

就在今天，我要开始工作。

就在今天，我要拟定目标和计划。

就在今天，我要考虑活在当下。

就在今天，我要锻炼好身体。

就在今天，我要健全心理。

就在今天，我要让心休息。

就在今天，我要克服恐惧忧虑。

就在今天，我要让人喜欢。

就在今天，我要让她幸福。

就在今天，我要走向成功卓越。

除了抓住今天，我们还应对今天的时间进行合理安排。一般有所成就的人都会为自己的待办事项制定优先顺序，以达到合理安排时间的目的。

你要知道，你的日程表上所有的事项并非同等重要，不应该对它们一视同仁。这一点很重要，也是很多人会走偏路的地方。他们会尽快列出日程表，但他们在进行表上的工作时，却没有按照事情的轻重缓急来处理，因而导致成效不明显。

你可以用这些方法表明急需处理的事项：限制数量、制成两张表格。表格可分为短期计划表和长期优先顺序表。你也可以在最重要的事项旁加上记号，如*、A、B、C等符号、英文字母，或者1、2、3等数字。

确定了应该做哪些事后，你得按它们轻重缓急的性质开始行动。很多人是依据事情的紧迫感，而不是事情的优先程度来安排先后顺序的。这一类人，他的做法是被动的而不是主动的。成功者不会这样工作。以优先程序展开工作，你可以使用这两个方法展开，一是每天开始都有一张先后表；并写下事情的先后顺序，确定一个进度表。这样，你的时间可以得到合理的安排和充分的利用。

想知道事情的优先顺序，有一个重要的问题，就是能否帮助自己达到人生的某些重要目标？著名的旅馆业者康拉德·希尔顿将他的成功全归功于目标的魔力。在未达成功目标之前，希尔顿所做的不仅是写出他做事的优先顺序而已，我们可以从他的故事中进行了解：

经济的大萧条打击了希尔顿。自1929年股市的大崩溃后，已经没有想要旅行的人。就算有，他们也不会住进希尔顿在20年代收购的那些旅馆。在1931年，他的债主威胁希尔顿要撤销抵押权。这样一来，不但希尔顿的洗衣店会被典当，甚至他本人还会被迫向他人借钱以养家糊口。在这穷困潦倒之际，希尔顿偶然看到了沃尔多夫饭店的照片：6个厨房、200名厨师、500名服务生、2000间房间，还有附属私人医院以及位于地下室旁的私人铁路。他把这张照片剪下来，并在上面写上“世界之最”的字样。

后来，希尔顿这样形容1931年：“那段迷失而又混乱的日子连想都不敢去想。”

但是，那张沃尔多夫饭店的照片从此就保存在了他的皮夹中，一直激励着他奋斗。当希尔顿再一次拥有自己的书桌后，他就将这张照片压在书桌的玻璃板下，随时都能看着它。在事业渐有起色而且买了张新的大桌子后，希尔顿仍旧把那张珍贵的照片放在玻璃板下面。18年以后，也就是在1949年的10月，希尔顿买下了沃尔多夫饭店。

那张照片使得希尔顿的梦想有了具体的雏形，让他有了一个可以全力以赴的目标。那张照片就如一张提示卡，不断地激励着他向目标迈进！

钱财并非万恶之源

有钱好不好？对于很多持有NMA心态（消极心态）的人来说，他们认为：“金钱是万恶之源。”但圣经里却说：“爱财是万恶之源。”两句话虽然只有一点差异，但却存在很大的区别。

我发现，很多持有NMA心态的人对《思考创富》这本书没有很好的反应。为什么会这样呢？这是因为他们认为金钱是万恶之源，他们连躲都来不及，更不会去追求什么财富。

实际上，从人类社会发展的历史可以证明：金钱对任何社会、任何人都是很重要的。钱财是有益的，它能支持人们从事许多有意义的活动。一个人在创造财富的同时，也在为他人和社会作出贡献。

随着社会的不断发展，人们对生活水平的要求逐渐提高。然而在现实生活中，我们每个人都得承认金钱不是万能的，但没有金钱是万万不能的。我们每个人都需要拥有一定的财产，如：宽敞的住房、时髦的家具、先进的家电、流行的服装以及靓丽的小跑车等，但是那些都得花钱去置办。人的消费永远不会停止，当你有了自己朝思暮想的东西之后，你就会渴望得到新的、更好的东西。在当代社会里，金钱是物物交换的手段，金钱就是力量。但是，金钱既可以用来干好事，也可以用来做坏事。《思考创富》一书激励了无数的读者通过 PMA 去取得财富。在这本书中，提到过以下这些人：亨利·福特、威廉·里格莱、约翰·洛克菲勒、托马斯·阿尔瓦·爱迪生、爱德华·菲伦、朱利法斯·罗森瓦尔德、爱德华·包克、安德鲁·卡内基。这些人曾经建立了一些基金会，就是在今天，这些基金会总共还有几十亿以上的美金，基金会拨出的款项用于慈善、教育和宗教。这些基金会为这些事业每年捐出的金额超过了 12 亿美元。

金钱到底好不好？我们应该认为它是好的。

通过安德鲁·卡内基的故事，可以使读者相信，卡内基能和别人分享他所拥有的一部分东西：金钱、哲学以及其他东西。事实上，如果不是卡内基，我的成功学也不会问世。我们可以去了解关于他的事，学习他的哲学，看看如何将他的哲学用到生活中去。

> 卡内基由一个贫苦的苏格兰移民之子变成了美国最富有的人。他感人的经历和励志哲学，能够在《安德鲁·卡内基自传》中读到。
>
> 卡内基一直勤奋地工作，直到他 83 岁逝世为止。在此期间，他一直明智地和他人共享着他那笔巨大的财富。
>
> 1908 年 18 岁的我访问了这位伟大的钢铁大王、哲学家和慈善家。在第一次访问的时候，持续了 3 个小时之久。卡内基告诉我：金钱并不是他所获得的最大的财富，而是他的哲学。他在世的时候，给了我极大地帮助。他曾说：“人生中任何具有价值的东西，都值得为它而劳动。”
>
> 我懂得：如果能应用这句自我激励的警句就能得到幸福、健康以及财富。任何人都可以掌握和运用卡内基的人生准则。

金钱可以满足基本的生活开支外，还可用于慈善事业，给人带来幸福。而且金钱也能使人更自信。这是因为没有什么比腰包鼓鼓更能使人放心的了。或者是在银行的存款，存放在保险柜里的热门股票，无论那些对富人抱有批评态度的人

如何辩解，金钱确实能增强凭合法来源来赚钱的人的自信心。你也可以设想一下，要是你的钱包里有一张支票，或者几沓美钞，你就能环游世界，购买任何能买到的东西，那么心里是否更自信呢？

现实生活也告诉我们，随着一个人财富的增加，他的自信心也随之提高，即所谓的“财大气粗”。钱，就好比人的第六感官，缺少了它，就不能充分调动其他的五个感官。这句话非常形象地指出了金钱对于消除自卑、贫穷感的作用。

口袋里有钱，银行里有存款，你会觉得更轻松自在。你不用为别人怎么看你而过多忧虑，如果有人厌恶你，没什么大不了，你可以找个新朋友。你也不用为几百块钱的开销而操心，你可以轻松、潇洒地逛商场，自由出入大酒店。

然而，经常感到收入拮据的人常常怕有人掌握他的收入，有家的男人害怕被炒鱿鱼。当他为自己的某种嗜好多花了几块钱时，就会有一种负罪感。因为这笔钱对他的家人来讲可以买到其他的必需品。因为缺钱而产生的压力会阻碍他做自己计划好的事，他的欲望被禁锢，自己也束缚了手脚。

如果你渴望自由，渴望表现自我，那就将它们作为赚钱的动力，这种动力也是强有力的激励来源。你要记住，拥有钱财并不是件不好的事情，只要你用之有道，财产并非万恶之源！

金钱不能用来衡量成功

美国曾经的首富保罗·盖蒂说过：“我并不以自己所拥有的金钱的多少来衡量我的成功，我是以自己的工作和财富所产生的就业岗位和生产物品为衡量依据。”

一个人不管是否拥有财产，只要能按照自己的价值活着，那么他才是真正的富有。反之，不管他赚了多少钱，但没有按照自己的价值而活着，那么就满足不了他生活中的价值感。

有非常多的人，这一生活着就是要听命于他人，要做别人希望他们去做的事情，并强迫自己落入俗套，将自己的个性压抑起来，而且模仿他人。

“我原立志于成为一个作家，但父亲不同意我的要求，执意要我选择法律专业，成为一名律师。现在的生活虽然富足，但是我太无聊了，而且心总是静不下来。”

“我要将我的企业变卖掉，去买一片牧场。但我太太不允许，她担心我们会失去一笔收入和名誉。”

“我最讨厌住在郊区了，我渴望在城区中有套公寓，但我公司里的其他同事都住在郊区……”

像这种话，我听到的太多了，这是一种不满现状的表白，但也反映出了这年代一种不断扩大的社会顽疾。

想要功成名就和受人尊敬是一种基本的欲望。在某个大原则并且在某些明显的范围内，这是一种有建设性的、有效的兴奋剂。正因这种欲望，使许许多多的人对社会文化的发展，作出了重要的贡献。但是，越来越多的人注意到，现在这种追求地位的想法和它所朝的方向，非但毫无建设性，而且也不健康。

地位指的是同代人给予某人对于社会有重大贡献的奖励形式，这种东西是必须经过努力才能得到的。一种成就的酬劳，给予一个对社会有贡献者的奖励，和他成就的价值及重要性成正比。然而，现在多数人几乎都把在金钱上的成功，看成是社会地位上的成功，并被看做是终极的目标。这对许多人来说，它成为了唯一的激励，唯一体现价值的目标。

很多人都认为，拥有很多金钱以及金钱能够购买的那些商品，仅仅这些就代表了成就，包含了成功，获得了地位。他们积累了金钱和一些物质上的东西，就认为是才华、成就和成功的实证。他们以这个错误理论去看，认为他们只要能比周围的人赚得多、买得多，就可以赢得社会和人们的尊敬，并且他们认为这个理论就是真理。他们除了银行存款外，对建立什么都毫无兴趣，不关心价值，只关心他们购买一件商品要花多少钱。盖蒂就碰到过有这种思想的人。

一位商人前往伦敦看望盖蒂，并带来了一封介绍信，那是盖蒂一个在纽约的朋友写的。商人用了两个多小时的时间吹嘘他这几年赚了多少钱，而且告诉盖蒂，他正要到法国去，要在那儿买一些画儿。

“我听说你是一个出了名的名画收藏家！”他说，“我想请你帮我一个忙，给我一些可靠的画廊和掮客的姓名和地址，我可以向他们买画。”

“你对哪些特别时代或者特别学派的画感兴趣呢？还是要找其他特别艺术家的作品？”盖蒂问道。

“这些对于我来说都没有区别。”商人不耐烦地耸耸肩，“这个我是一点也分不出来，我只是一定要买一些画，我至少要花上10万美元。”

“你为什么不能少花一些？”盖蒂问，奇怪！竟然有人会定下他花钱的最低数额，而不是最高数额。

“呵，你知道这样的事的！”他认真地解释：“我的合作伙伴几个月前来了这里一趟，花了75000美元买了一些画。我要让国内的人对我刮目相看，所以我至少得比他多花上25000美元……”

我们可以轻易地看出这个人是怎样衡量价值的。显而易见，不管这个商人一生中从事过什么，他的动机绝对和他“买画仅仅是为了追求地位”一样的浅薄和俗气，悲哀的是，这个世界上和他一样的人还有很多！

人类社会的进步，不再是为了追求温饱的阶段，我们有了更高的追求，像样的生活水准和必需品，再加上许许多多的奢侈品。想获得这些东西，就必须赚钱。但是，有一个事实不会改变，金钱除了在天平上，还有许多方法可以衡量它的价值。写得糟糕、毫无新意的一本小说也许可以卖十几块钱，但是一本伟大的世界名著，也许几块钱就可以买得到一本普及版。当然，这后者的价值比前者要大得多，虽然是在价格上有很大差异。同理，成功除了金钱上的，还有很多其他类型的。一个人的社会地位的标准不应该只用金钱或者他所有东西的数量来衡量。

现在和以前，都有无数的人对人类文明作出了无法用金钱衡量的贡献，但是他们仅仅是得到一丁点甚至是没有任何金钱的酬劳。多少伟大的科学家、艺术家、哲学家和音乐家，一生都是穷困潦倒的。贝多芬、莫扎特等，去世的时候不名一文。世上没有人能算得出古圣先贤对人类所做贡献的价值。但是，人们怀疑在他们当中是否有人和百货商场的采购人员享有同样多的个人收入。

能设计一栋摩天大楼的建筑师，与那些要住进去的人相比，显然是穷人。修建一座堤防的工程师，他们工作所得到的薪水，也许比那些土地受到灌溉的地主的收入要少很多倍。建筑师和工程师造就了他们的业绩，但它们的成就，并不会因为他们没有从工作中赚到一大笔钱而减低。

在这个为了金钱和地位而奋斗、倾轧的年代里，富有的形式不仅仅是金钱，富有还有更多的表现形式。

第十六章

身心健康也是一种成功

成功不仅仅是要求你具备一系列的外在因素和内在心态，更要求你有健康的身心。身心健康，是成功之本。如果你取得成功，但自己却只换来很快躺在医院、坟墓中，那么你也就无福享受成功，你也仍旧是个失败者。所以，身心健康，也是一种成功。

拥有一个健康的身体

罗马时代流传的一句格言“健全的心灵寓于健康的身体”，一直到今天都仍然适用，而且历久弥新。如果你想要成功，成为一名领导者，就一定要注意身体的健康。作为团队领头羊的你，不能因为自己身体状况不好而影响到所做的决策。这会因为身体欠佳会减弱你的决策能力。要达到一个目标需要消耗很多的体力和耐力，你可能会因此放弃。即便这种影响只是在下意识中，但最终会让你的决策不够谨慎，从而波及很多人。

在实际生活中，如果因为健康原因而影响到决策能力时，领导人就得退位。但不论如何，即使是在比较次要的职务上，这些人仍旧可以凭借贡献多年的经验和才华来帮助团队。所以，为了心灵能健全，为了能攀登成功的巅峰，你应尽力保持身体的健康！

大家都知道，要保持身体健康，就得以体育运动和心理素质的方式来锻炼身体，提高人体的能量水平。

沃尔夫是美国著名的田径教练之一，经他的指导，有几位中学生已经打破了全美预备学校的田径记录。他是如何训练这些新秀的呢？其实沃尔夫只是规定他们要同时增强心理和身体素质的锻炼。沃尔夫讲过："如果你相信能做到什么，在大多数情况下，你就真能做到。"

我们身体上有两种类型的能量，一种是身体上的能量，另一种就是心理上和精神上的能量。后者比前者更为重要得多。这是因为在必要的时候，你可以从下意识的心理中吸取巨大的能量。

> 班尼斯特在给《运动画报》所撰写的一系列文章中谈到，他用心理训练和身体训练相结合的方法进行锻炼，因而在1954年5月第一次打破了4分钟跑1英里的记录，为体育界实现了长期以来所追求的梦想。他用了数月的时间进行心理控制训练，使他能适应这个信念："这个成绩是能够达到的。"有的人认为4分钟跑1英里是这个项目的极限成绩，是不可能突破它的。
>
> 班尼斯特认为它只是个虚掩的大门罢了，一旦能通过它，就会为自己以及其他1英里长跑的运动员打通取得新成就的道路。
>
> 事实证明，班尼斯特的观点是正确的，他成为了引路人。在此后4年多的时间了，继他首先打破了4分钟1英里的记录之后，他与其他的长跑运动员先后有40多次打破了这项纪录。仅1958年8月在爱尔兰都伯灵的一次比赛中，就有5位长跑运动员以4分钟不到的时间跑完了1英里。

教会班尼斯特创造奇迹的人是伊利诺斯大学身体适应实验室主任库里顿博士，他发展和进一步完善了关于身体能量水平革命的观念。这种观念即可适用于运动员，也可适用于寻常人。它能让运动员跑得更快，也能使普通人更加长寿。

"没有'为什么'的理由，"库里顿博士说，"任何人在50岁时都不能像在20岁时那样适应环境——除非他懂得如何训练他的身体。"

训练全身、和将自己推到耐力的极限，并随着每一次练习而扩大极限，是库里顿博士的理论体系的两个基础性原则。

也许你想做最优秀的科学家、医生、总经理或者领导人，但绝不想过早地躺在装饰精美的墓室之下，因为在坟墓里做一个富有的人并不是一件很光荣的事情。

你可爱的父母、妻儿能给你带来幸福，但为何有时候他们反而会给你带来悲哀呢？为何有人总要被禁锢在精神病院里，或者身躯要用防腐药物保存起来，并让它躺在一层如茵的芳草之下呢？原因在于他们因不必要的损耗用完了自己身体的“电池”，而“电池”也没有再被充电。

你的能量水平在很低的情况下，你的健康和你的优良性格就可能被消极的情绪所压制，就如同蓄电池用完，设备无法正常运转一样。如果你的能量水平为零时，你便是死了。那么，应当如何给你的蓄电池充电，解决能量问题呢？答案就是：松弛、运动、休息和睡眠。

下面所列内容能够帮你判断你的能量水平。当你感觉到你的能量水平正在悄然下降时，你就可以用下面的条件核实一下。而且，你的“电池”是否需要充电，也决定于你是否有下列的行动和感觉：

过分嗜睡，过分疲倦；

不机智，不友好，好猜疑；

易发脾气、好侮辱人、对人怀有敌意；

易受刺激、爱挖苦人、吝啬；

神经过敏、易于激动、歇斯底里；

易于烦恼、恐惧、嫉妒；

性情急躁、残酷无情、过分自私；

易受挫折、沮丧、易动感情。

此外，当你正处疲惫之时，你通常那些积极的、令人满意的情感、情绪、思想和行动就会有转变为消极东西的倾向。当你休息好了，身体非常健壮时，你的发展方向又会转回到积极的一面。疲惫经常会在你心中形成一些非常糟糕的东西。当你的“电池”完成充电后，你的能量水平达到标准水平时，你就达到了理想状态了。此时就是你用积极心态思考和行动的时候了。

要是你的情感和动作表明了你的优点正被那些消极、糟糕的东西所代替时，那就是你该“充电”的时候了。

确实，为了维持身体和心理两方面的水平，你需加强锻炼。除了这个，你应适当地为你的身体和心理供给营养。你可以摄取适量的营养食品，帮助你维持强壮的身体。同时你还应从励志书中吸取心理和精神上的营养，保持你在心理和精神上的活力！

想要拥有一个健康的身体，就一定要健全自己的心灵，加强在身体上和精神上的锻炼，并补充这两个方面的营养，才是促使事业成功的重要保证！

坚信自己能健康长寿

在各行各业，其中的成功者健康长寿的，非常多！比如石油大亨洛克菲勒，享年98岁；发明大王爱迪生享年84岁；钢铁大王卡内基享年84岁；日本松下电器公司创始人松下幸之助享年90岁。这些人是怎么做到事业成功并且健康长寿的呢？这值得我们去深思。事业的成功和健康长寿常常是相辅相成的。

“由于上帝的仁慈，我过得越来越好。”有的人在每天就寝前和起床后都会将这句话朗诵好几次，这对他们来讲，并不是空洞的语言。因为他们知道，保持积极的心态，对自己的健康、生活和工作都会起着重要的作用。而且，说这句话的人，他也正运用着积极的心态，把生活中较好的东西吸引到他的身边，这也是我倡导你要运用的力量。

PMA（积极心态）能促使你的心理健康和身体健康，延年益寿。而NMA（消极心态）必定会逐渐侵蚀你的心理健康和身体健康，使你折寿短命。有的人因为适当地运用了积极的心态，从而挽救了很多人的生命。这些人之所以能够得救，就因为接近他们的人具有强烈的PMA。反之，NMA则很容易夺去一个健康人的生命。我们来看一下下面的小故事：

故事一：这个小孩会活下去

医生说：“这个小孩不能存活了。”这个小孩是个刚生下来两天的婴儿。“不，这个孩子会活下去！”小孩的父亲回答道。这位父亲拥有积极心态，他相信祷告，更相信行动。他就开始行动了！他将孩子委托给了一位儿科医生照料。这位医生也有积极心态。作为一名儿科医生，根据以往经验，他知道，造物主给每种生理缺点都提供了一个补偿的因素。最后，这个小孩真的活下来了！

故事二：我活不了了

“我活不了了！”死神立马夺去了她的生命。故事的标题出现在《芝加哥每日新闻报》上，该文章讲述：一位年届62岁的建筑工程师回到家中，在上床就寝时，顿感胸痛，呼吸急促。他的妻子比他大 10 岁，大为惊慌，她怀着希望为丈夫按摩，希望能增强他的血液循环。但是，他死了。由于受不住丧夫之痛的心理打击，这位寡妇对他的母亲说："我再也活不下去了！"结果，她和她丈夫死在同一天！

故事中存活下来的孩子和死了的寡妇证明了积极与消极的心态一样具有强大的力量。如果懂得用积极的心态就能把好事吸引到身边。而消极的心态必然会带来不幸。所以，发展积极的心态不是极其合乎情理的吗

在洛克菲勒退休后，保持健康的身体和心理，争取长寿，赢得人们的尊敬，成为了他的主要目标。这些目标要如何达到呢，是金钱帮助他达到的吗？当然不是，洛克菲勒是这样达到这些目标的：

每周日去做礼拜，记录下所学到的东西，以供每天使用。

每晚睡 8 个小时，每天午睡一会儿，适当地休息，避免疲劳产生的损害。

每天一次盆浴或者淋浴，保持干净和整洁。

迁往佛罗里达州居住，那儿气候有益于健康和长寿。

生活要有规律。每天去户外从事喜爱的运动——打高尔夫球；呼吸新鲜的空气，接受灿烂的阳光；定期做室内运动、读书以及其他有益的活动。

饮食要有节制，细嚼慢咽。不吃过热或过冷的食物，以免伤胃。

吸收心理和精神的维生素。在每次进餐时，都说文雅的语言，并和家人、秘书、客人一起研读励志的书。

雇用毕格医生作为私人医生（他让洛克菲勒身体健康、精神愉快、性格活跃并愉快地活到 98 岁的高寿）。

把自己的部分财富拿出来分给需要的人共享。

开始洛克菲勒的动机主要是自私的，他将财产分给别人，只为了换取良好的声誉。但却出现了一种他未曾预料的情况：他通过向慈善机构的捐献，将幸福和健康送给了许多人。他不仅获得了声誉，同时自己也得到了幸福和健康。洛克菲勒所建立的基金会利在后世。他的生命和金钱都是做善事的工具，他达到了自己的目标。

要保持健康，不可过度饮酒。我们知道，酒精能损害我们的脑神经，对神经细胞的新陈代谢破坏最大，它会引起脑血管硬化，使人的思维能力，和自我控制能力下降。

由于酒精对脑细胞的影响，降低了有意识心理的控制作用。人在这种状态

里，就会无约束地放纵下意识心理的种种活动，并作出愚蠢的事情来。

一个人如果酗酒，就会在生理、心理上和道德上患病，并被送到活地狱里去。酒精一旦控制了一个人的生命，它就不会轻易放弃它的领地。因此，酒精中毒确实是一种可怕的疾病。

即使这样，对于过度饮酒，总有治疗方法的。

治疗酒精中毒最简便的方法，就是停止饮酒！这对酒鬼来说，说起来容易做起来难。但重要的是，你要相信这是能做到的。

你不能因为你一直是失败的，就放弃努力。你可从成功的经历中受到激励和得到希望。一个学步的婴儿不会因为在迈出最初三步后摔倒而受到批评。婴儿受到了表扬，因为他自觉地作出了努力取得了进步。

治疗酒精中毒的好方法有很多，因此酗酒者可以在很多地方接受治疗。但是，每个人都必须战胜自我。一般而言，他需要受到别人的劝阻，人们可以通过建议来帮助他，直到他能自我控制。积极的心态能帮助酗酒者创造奇迹，只要他能以积极的心态去思考和工作。

只要远离那些损害你身心健康的种种不利因素，你就可以坚信：自己一定能健康长寿！

克服不正常的心理

在我们的日常生活里，像孤僻、易怒、固执、轻率、自卑、焦虑、嫉妒等异常心理，以及其他类型的变态心理，随处都可见到。这些心理对人际关系产生了严重的影响，并且对工作、家庭和事业也起了妨碍作用。

我认为，凡是对心理健康有益的一切活动或事件作出积极反应的人，就是心理健康的人。然而，有少数的人，他们不能适应社会环境，在待人接物、为人处世、情感反应以及意志行为上都和常人格格不入或不相协调，给人一种“脾气古怪”的感觉，心理学上称这类人患有人格障碍。

人格障碍又称“心理病态人格”，指的是有精神症状的人格适应性缺陷，患者以固定反应方式对环境刺激作出反应，在知觉与思维方面产生适应功能的缺损，或增进自觉的痛苦，并倾向作出对自己和社会都不公正的、不得体的行为模式。另外还伴有精神症状的适应缺陷，指的是在没有认知过程障碍或没有智力保障的情况下出现的情绪反应、动机和活动的异常。

比如一个人的抽象思维过分或者畸形发展，就会变得过分理智，缺乏人情味，显得僵化、死板。所以患有人格障碍的人经常难以正确估价社会对自己的要求，以及自己应当采取的行为方式。对周围的环境难以作出恰当的反应；对于复杂的人际关系也难以处理，常与周围的亲戚、朋友、同事发生矛盾冲突；缺乏对工作的责任感，也经常会擅离职守，甚至是超越社会的伦理道德规范，作出违法乱纪或者扰乱他人及危害社会的行为。

但是，把人格障碍看成是精神疾病，这也是不正确的。真正意义上的人格障碍，属于变态心理范围中一种介乎精神疾病与正常人之间的行为特征，因此患者既不算是“精神病”，又不能算是“正常人”。

人格障碍虽有十分复杂的表现，但可将其分为三大类群。第一类群以行为怪癖、奇异为特点，包括偏执型、分裂型人格障碍；第二类群以情感强烈、不稳定为特点，包括戏剧型、自恋型、反社会型、攻击型人格障碍；第三类群以紧张、退缩为特点，包括回避型，依赖型人格障碍。

人格障碍虽然种类较多，表现各异，但各类型都有一些共同特征：

人格障碍一般从青春期开始发展。这是因为人格乃是从小逐渐养成的，人格障碍也是一样。自儿童期起就会表现出人格障碍的特征，到了青春期就更为明显。一个人的年龄越小，他的人格就有更大的可塑性，因此在青春期以前是不能轻易诊断人格障碍的。

患有人格障碍的人，其表现的特点为心理紊乱不定以及在人际关系上难以相处，这是各类人格障碍的主要特征。不管是被动还是主动的行为变异，像自恋、偏执、仇视社会等，都会给他人造成干扰乃至祸害。

这一类人常常把自己遇到的一切困难都归咎为命运或者别人的错误。这是因为他们不会认识到自己有缺点需要改正，并且经常把社会或者外界的一切看做是荒谬的。

人格障碍患者认为自己无须对别人负任何责任。比如，他们对不道德的行为没有罪恶感，伤害了别人不会感到后悔，并且都会自以为是地对自己的行为作出辩护。他们永远将自己的想法置于首位，从不理会他人的心情和状态。

他们的行为后果常常殃及他人，使得左邻右舍寝食难安、鸡犬不宁，而自己却泰然自若。

这种人总是要通过他人的告知或者埋怨才知道他们的怪癖行为，却不会自己感到有什么心情不安。

人格障碍的行为问题程度各异，轻者完全过着正常生活，只是像亲属、同事等与他关系密切的人才会领教到他的怪癖，觉得他无事生非，难以相处。而严重的患者则任何事情都违抗社会习俗并且积极表现于外，让他很难适应正常的社会生活。

造成人格障碍有多方面的原因，综合来说，就是压力，压力促使人格障碍的形成。人格一旦形成，常常具有一定的稳定性，要想改变是比较难的。但是，只要能加强自我调适和接受各种治疗，进而将压力舒缓，就可以将人格障碍纠正过来。

人格障碍主要为自我评价的障碍、选择行为方式的障碍以及情绪控制的障碍，社会环境适应的不良是其集中的表现，也就是无法根据外部环境反馈的信息，及时调整自己的行为。

根据这些特征，人格障碍的治疗方式应以心理治疗为主，包括对环境能力的训练、选择适当职业的建议、改善行为方式的指导、人际关系的调整以及优点与特长的发挥，等等。

坚持正确的饮食保障健康

全面的、有节制的饮食有利于身体的健康。这是因为，正确的饮食之道和保持旺盛的生命活力是紧密关联在一起的。

现代科学指出，要能够抗衡都市压力，其中重要的一个因素就是营养。然而，营养是从饮食中直接得来的。我们在应付压力的时候，就非常需要从饮食中摄取营养。由此来看，要增强身体的抗压能力，就必须有正确的饮食观。与此同时，人们只有在生活中注意饮食的方法以及饮食宜忌规律，并且按照自身的需要，选择适当的食物补充身体所需的营养，才能有效地增加并发挥生命的活力，提高新陈代谢的能力，从而保持身体的健康。具体一点来说，饮食具有补充营养、预防和治疗疾病、延缓衰老的作用。

要想有一个健康的身体，就得从饮食中获得。但是，饮食必须节制，不能随

心所欲，讲究科学的方法才是重要的。如果暴饮暴食，饮食过量，在短时间内突然摄入大量的食物，势必会增加肠胃的负担。从而使食物滞留在肠胃内，不能得到及时的消化，这就对营养的吸收和疏通造成了严重的影响，并且会因为消化任务过重而伤及脾胃。所以说，食量很大的人是不会健康的。

你如果要想身体健康，只能吃得七分饱。现代很多的医学实验都证明，想要延年益寿，最好的方法就是减少食物的摄取量。德克萨斯州大学玛沙罗博洛博士做了一个非常有趣的实验，他把一群实验鼠分为三组：第一组不限制他们的饮食，第二组将食物减少了四成，第三组也不限制它们的饮食，但蛋白质的摄取量减半。结果在两年后，第一组老鼠的成活率为33%，第二组成活率为97%，而第三组只有50%。

这项试验说明了什么？加州大学洛杉矶分校的尔佛博士说："减少营养是我迄今所知的温血动物延缓衰老、延长寿命的唯一途径，这个论点一样适用于人类。"所以，我们知道：尽可能地限制食量，可以大大延缓生理上的衰老和免疫系统的失效。吃得少，活得久！

下面我向大家提出一些养成节制饮食和瘦身饮食习惯的建议：

每天可摄取1000~1500卡路里的食物，并且固定补充矿物质和维生素，以维持身体的健康。

改变用餐时的顺序，可以先喝汤，再食用蔬菜类的食物，像肉类食品和米饭可以留到最后再吃。因为先食用低热量的食物，可以减少对高热量食物的食欲。

每顿只吃七分饱，不能吃到撑了还不停口，最好采用少食多餐的饮食习惯。

吃完饭后，不要先急着躺下来休息，应先稍微活动活动，这可让脂肪在尚未储存前，就先给消耗掉。

减少对油脂的食用量。油类中含有大量的脂肪，而脂肪所含的热量，是蛋白质和糖类的两倍以上。

在口渴的时候，只饮用白开水。汽水和可乐中含有高热量，应当避免饮用。而且多喝开水，还能促进新陈代谢，帮助热量的消耗。

拒绝一些富含高热量食品的诱惑，像巧克力、蛋糕、油炸食品等。

只要针对食物的不同特性，远离油脂等高热量的事物，多吃含有丰富纤维质或者低热量的食物，就可以维持苗条的身材，而且无须忍受饥饿的痛苦。要享受轻松一下的感觉，从即刻起就要开始！

众所周知，地球表面有70%的面积覆盖着水，而人体的80%是由水组成的，

那么我们所摄入的食物中，应该要有多少百分比的水呢？其实也是70%。水是人体新陈代谢、维持细胞生命活力所离不开的物质。所以，我们除了每天要补充一定的水分（像茶、牛奶）外，还必须吃一些新鲜的蔬菜水果，以及它们榨出来的新鲜汁液等。

欧美风行“天然卫生法”，其中强调：“饮食正确为健康之本”“肠胃乃是身体强壮之本。”同时也认为：人类的一切疾病都是由体内的毒素引起的。实际上，这些毒素的来源，就是不正确的饮食、空气的污染、压力造成的内分泌失调及消极的心态引起的激素紊乱。

而药丸是无法排除体内毒素的，但多喝水就可以将毒素排出。所以，我们清洗体内循环系统的最佳方法，就是每天多食用一些天然的富含水分的食物。植物中含有多种水分的事物，像蔬菜、水果、芽苗等，这些都能为我们提供丰富的水分、维生素以及排毒的物质。

第十七章

良好习惯的养成

良好的习惯能使人立于不败之地，不良的习惯就是毁掉你事业的一颗定时炸弹。好习惯和坏习惯的威力都是同样巨大的。养成良好的习惯，你就能爬上成功之巅；养成坏习惯，就会把你推向失败之渊，使你难以爬出来。所以，追求成功的人，养成一个良好的习惯，就等于为将来选择了一个成功的结果。

好坏习惯都有同样强大的力量

好习惯是一个人立于不败之地的重要因素，而坏习惯却是毁坏一个人事业的潜在隐患。打个比方说，一位企业家拥有乐观和热忱的心态，那是对自己有益的。它可以让工作变得更轻松、更有效率，而且也能激励和鼓舞他企业里的员工。但是，如果是习惯性的乐观和热忱，很容易造成具有危险性的、甚至是后果严重的过度乐观和热忱。我有一位名叫史密斯的朋友就是这样的一个人。

史密斯为人乐观，而且这种心态对他建立起的几个工厂很有帮助，也让他赚取了不少的利润，获得了大量的财富，前景一片光明。可是遗憾的是，史密斯一切的从商经验都是从经济发展的旺季中获得的，他的乐观和希望，也是在旺季的市场上实现的。有旺季也必然会有淡季，后来市场进入了比较萧条的时期。在这种环境下，有头脑的商人，或多或少都会有所收敛，节省开支，小心翼翼地等着经济的复苏。可是史密斯

完全不懂得怎样去适应这种新情况，盲目、过头的乐观已经成为了他难以改掉的习惯。在该放缓脚步的时候，他依然加大奔跑的速度，并且非常自信地认为前途一片大好。过了一段时间，在这种情况下，史密斯已经无法撑下去了。过度自信带给他的后果，只有破产。

人们都说，养成好习惯很难，但学坏却非常容易。但也并不全都这样，这主要还得取决于一个人的毅力。实际上习惯就是习惯，目前并没有准确、合理的证据和推论来说明养成好习惯比养成坏习惯难。一个人在人生中要养成的好习惯有很多，比如，一个人不是养成守时的好习惯就是养成迟到的坏习惯。具有守时习惯的人，会从中获得很大的好处，无论是在约会、金钱还是实现诺言方面。

对于商人来讲，守时是一笔特别富有价值的资产。常言道："时间就是金钱"，这句话一点儿也不假，现在这个时代显得比以往更为重要。现代企业的发展一日千里，分秒必争，主管和职员的工作日程都排得满满的，这是因为他们承担不起浪费时间的责任，就如负担不起生产线上的一丁点耽搁一样。

守时、守信对成功的商人和公司是非常重要的，他们得准时接受订单、交货、提供服务、付款、还债以及其提供其他服务。假如一旦失信，时间过了，而货物没有送过去，他就可能会失去所有的客户，造成极大损失。

此外勤俭节约也是一种能够养成的习惯，而且是事业成功的重要因素。俗话说"勿以善小而不为"，节俭也是如此，不分大小。

对于天性节俭的人而言，事业一旦开始，他成功的机会会比能力相同的人要大很多。习惯于节俭的人，他明白只有减少开销、降低成本才会有盈利的机会，而在今天这高度竞争的市场中，哪怕是在小东西、小方面去节俭，积少成多，也是非常可观的，甚至成为盈利和亏本的区别。

此外，一个有节俭习惯的人，对他而言他似乎有一笔永远花不掉的积蓄，以备不时之需，紧急的情况下可以帮他渡过难关，或者让他有扩展业务和改进经营的机会，而不用去借钱。

聪明的人都懂得也能做到守时和节俭，这对自己的益处很大。在生活中你如果能经常准时、节俭，直到成为你的一种天性，那么你就能在事业上得到由这些习惯带来的效益。

总而言之，一个人要想获得成功，那么节俭是他必须养成的习惯。能明白这个道理之后，接下来就应该努力培养这种习惯，对你来说是至关重要的。

如果你想迅速获得商业上的成功，接下来你就得培养另一种习惯，就是遇到任何事，都要保持轻松的心情，使自己冷静下来，哪怕是在逆境中。在做一个决策前，也要冷静地思考，将事情的来龙去脉进行梳理一遍，仔细琢磨，认真思考。

一个非常成功的推销员曾告诉我，他之所以能成功，是因为在事业的初期就养成了这种习惯，而且获益颇深。

> 这位推销员在拜访顾客之前，他会先把心静下来，喝杯咖啡，擦亮皮鞋。这样一来，在他真正进入顾客的办公室之前，就有了一个思考如何最好地表现自己的机会，并且效果极好。它不仅能从容应付客户所提到的问题，还能推销出他的很多东西。

所以，不论任何人，在他做决定之前，最好能留下一点时间来冷静地整理自己的思绪，才能提高你这个决定的正确性。

一个想有所成就的人，他必须懂得习惯这一力量的强大。也要了解养成好习惯一定要脚踏实地地去做。同时他必须时刻警惕和摒弃那些能破坏自己事业的坏习惯，也得迅速养成对自己所追求的事业有所助益的好习惯。

养成良好的工作习惯

良好的工作习惯可以引导你通向成功之门，而坏的工作习惯则会引导你走向失败之门。那么我们在日常工作中，应该怎样去培养良好的习惯呢？曾对我有过重要影响的卡内基先生告诉人们要养成这些工作习惯：

第一种习惯就是清除你办公桌上所有的纸张，只留下你正在处理的有关的纸张。芝加哥和西北铁路公司的董事长罗南·威廉士说："一个桌子摆满很多文件的人，如果能把桌子清理开来，留下等待处理的一些文件，他就能发现他的工作更加容易，也更为实在。我把它称为整理家务，这是提高效率的第一步。"

宾州州立大学医学院的教授约翰·史托克博士曾在他的论文《生理疾病所引起的心理并发症》的《病人心理状况研究》题目中，列出过11种情况，这里举出第一种情况："一种必要或是不得不做的感觉，好像是必须做完的事情，却永远也做不完。"就如清理桌子、作出各类决定这些情况。那些简单的事情能帮助你缓解很重的压力。

著名的心理医生威廉·山德尔博士就曾让病人用这种简单的办法避免了精神的崩溃。这名病人是芝加哥一家大公司的高管，当他初次来到杉德尔的诊所时，显得非常紧张、不安并且忧虑。山德尔知道他可能精神崩溃，但他无法辞去工作，他需要有人帮助他。

“正当这个人将他的问题告诉我的时候，”山德尔博士说，“我的电话铃响了，是医院打过来的。我没有过多讨论这些问题，就当场作了决定，我总是尽可能地当场解决问题。我刚挂上电话，电话铃又响了。这次是一件非常紧急的事情，我花了一点时间进行了讨论。第三次来打扰我的是我的一位同事，为一个病情严重的病人来征求我的意见。当我和他讨论完后，我转过身来向我的病人道歉，因为我一直让他在那儿等候着。可是他脸上的表情完全不一样，非常的开心。”“不必道歉了，大夫。”病人对山德尔说，“在刚才的10分钟里，我已经知道了自己的问题出在哪里了。我现在要回到办公室，改一改我的工作习惯。可是在我离开之前，能否让我看下你的书桌呢?”

山德尔博士打开他书桌的几个抽屉，里面全是空的，只是放了一些文具。“请告诉我”，那位病人说，“你没有做完的事情全放在哪里?”

“都完成了。”山德尔说。

“那么你还没有回复的信件放在哪儿?”

“都回了。”山德尔告诉他，“信不回绝不放下来，我都是立即口述回信，让我的秘书打字。这就是我的规则。”

6周之后，那位高管邀请山德尔到他的办公室去。他所有的一切都改变了，他的办公室显得不一样了。他拉开抽屉，里面再也没有尚未完成的事。这位高管说：“我曾经在两个办公室里放置了两张写字台，我把我整个人都埋在工作中，永远有做不完的事。当我和你交谈过后，我回到办公室，把一大堆的报表和旧的文件全部清理出来。现在我只需一张写字台就够了，事情一到马上解决。这样就不再会有办不完的公事来烦扰我，让我紧张忧虑。但最让我意想不到的是，我完全恢复了健康，现在一点病也没有了。”

第二种要养成的工作习惯就是要按事情的重要程度来办事。

富兰克林·白吉尔是美国最成功的保险业务员之一，他不会等到早上来计划他的工作，而是在头一天晚上就将工作计划好了。他给自己定下一个在下一天要卖掉多少保险的目标。要是没有完成，他就会将差额累加到第二天。

当然，一个人不可能总按事情的重要程度来决定做事情的先后顺序。但是按照规划做事，总比要在无计划的状态下做事要好得多。萧伯纳如果当初没有坚持“先做的事情就得先做”的原则的话，他或许就不可能成为一个作家，而永远是一个银行出纳了。他拟定计划，每天得写一页。这个计划让他每天5页地持续写了9年，哪怕是这9年中总共只靠写作赚了30多美元。即使是漂流在荒岛的鲁滨逊，也会定出每天每时应该做什么事的计划。

第三种要养成的良好工作习惯，就是学会如何组织、分层负责和监督。

不少人喜欢自掘坟墓，这是因为他不知道怎样把责任分摊给别人，总是坚持事必躬亲。这样的结果，就是会有很多林林总总的小事来烦扰他，让他变得非常混乱。他常觉得很匆忙、忧虑、焦急和紧张。但要学会分工负责，并不是一件很容易的事。假如找来的负责人不行的话，同样会产生不小的灾难。可是这样虽然比较困难，但是作为一个主管，如果想要自己不再忧虑、紧张和疲劳，就必须要这样做。

一个人通常会因心理因素影响而烦闷，这样会比体力劳动更容易让人觉得疲劳。约瑟夫·巴马克博士曾经在《心理学报》上发表了一篇报告，谈到他的一些实验，证明了烦闷会产生疲劳。巴马克博士让一大群学生做了一连串的实验，他知道这些实验都是他们没有什么兴趣的。其结果呢？所有的学生都觉得疲倦、打瞌睡、头痛、眼睛疲劳、很容易发脾气，甚至还有几个觉得胃很不舒服。由此可知，一个人在烦闷的情况下，他的身体实际上真的会降低功能。而一旦让这个人觉得他的工作有趣时，就会立刻加速身体整个的新陈代谢。

每天早晨要给自己加加油，这是非常重要的。因为“我们的生活就是自己的思想造就的”。每个小时对自己说一遍，你就能指引自己去联想很多勇敢而快乐的事情，让自己得到力量和平静。和自己谈很多值得感谢的事情，这样你就可以在你的脑海中充满积极向上的思想，从而形成良好的工作习惯。

培养良好的心理和运动习惯

一个人在人生的舞台上，选择做一位受人瞩目的人物，担当重要的角色。如果能将自己的性格塑造得更得人心，也就更易接近成功。

可以说，“性格”是人生中的一大重要问题。人与人之间经常会因性格不合，而产生很多问题和困扰，导致人与人之间不能和谐相处。多数婚姻的破裂、劳务纠纷、朋友反目，乃至国家之间兵戎相见都是因为个性、观点未能达成一致而导致的。

针对这个问题，我们怎样选择自己的个性、性格，再选择一个什么样的角色，就成为了问题的关键。你可以让自己成为一个和善的人，也可以选择做一个难以相处的人。你可以乐于助人，也可以拒人千里之外。你可以虚心待人，也可以固执己见。你能使自己激动，也能使自己冷静。你可以让自己发怒，也可以淡然处之地对待那些本来会使你发怒的事情。你可以为人和蔼，也可以为人刻薄。你可以信任他人，也可以不信任何人。你可以与所有人友好相处，也可以与任何人为敌。你可以干得干净利索，也可以做得邋里邋遢。你可以颓废、倦怠，也可以雄心勃勃。这一切，你都可以作出选择，至于如何选择，关键在于你自己。下面富兰克林的例子就是非常成功的例子。

有一天，富兰克林突然意识到他经常失去朋友，他就开始注意到，这是因为他太爱争强好胜的缘故，致使他与别人始终相处不融洽。大概在圣诞节的前几天，在大致制定好第二年的年度计划后，他列出了一张清单，将自己的个性上所表露的缺点全部列了出来。而且他从最致命的大弱点开始，到微不足道的小毛病为止，重新一次排列了一次。富兰克林当时下了极大的决心要改掉。每次他彻底改正了一个毛病，就把列在单子上的那个毛病划掉，直到全部划完为止。最终，他成为了美国最伟大的人物之一，受到了美国人民的尊敬和爱戴。在北美殖民地13个州需要向法国求援的时候，他们就派富兰克林出使，法国人对他的印象特好，最终他也不辱使命。

如果说富兰克林仍旧选择故我，对自己的个性不加以检讨，和大多数人一样，放纵自己的天性和毛病；如果他依旧改不了争强好胜的毛病，那么他也绝不可能完成出使法国的使命，更不可能争取到法国的援助，那么整个美国的历史就要改写了。有时候，一个人的性格甚至能影响到一个国家的命运！但是，现在依然有很多人四处在讲："我怎么能办到？"然而，你怎么知道自己办不到？你如何知道即便是经过数年的努力你依然不会有收获？

人的一生，迟早都会遇到所爱的人去世的伤心事。但是，有些人在经历丧父丧母之痛、丧失兄弟姐妹或者亲友之痛之后，常常感到茫然不知所措，甚至觉得生命从此没有意义了。他们会问道："现在还有哪些东西值得让我活下去的？"所以，世界上有不少人像行尸走肉般地度过余生，自己也成为别人的负担。当然，我们不能对这些人过于苛责，这是因为他们所受的打击、所受的创伤巨痛太深，他们一时也无法理解怎么会发生这样的事情。这类事情有时候的确不容易找到其中的答案。但是，我们无论是否能找到答案，最重要的是如果自己在面对这样的情况时要懂得如何安排好以后的生活。

任何的场合，要是你有从容不迫地顺应自然的态度，那么无论遇到什么事情就都能应付自如。

伟大的人物，他们很多人在面临突如其来的变故的时候，仍然镇定自若，他们是"镇静"高手。他们懂得，面对突发情况，不能慌，心慌就无法思考应付的妙招。而且一旦他们慌张，那么周围的人就会更没有主见，就会出现乱作一团的情况。

慌张的心态，会让你的大脑失去正常的思考能力，这时，你就会丢三落四，语无伦次。不少人丢失了很多重要的东西，或者说漏了嘴，就是因为心里有"鬼"，慌慌张张。在这种情况下，你要特意放慢自己动作的节奏，越慢越好，并在心中告诉自己："不要慌张，千万不能慌！"动作和语言能让你慢慢镇静。你的大脑就能冷静下来，恢复正常的思考，就能应付周围发生的事情。这一点，对于备考的学生来说是非常重要的。

眼界不太开阔的人，一般他一到人多的场所，就会感到浑身不自在。要克服这种心理，就要把所有的人当成朋友，向所有人稍微点头颔首，打声招呼，别人也会自然地致意回礼，虽然他也许永远也无法想起在哪儿认识你，但是你因此消除了紧张的情绪。

一有机会，你应主动地当众讲演，自我考验，你就能养成从容不迫的习惯。

肉体疲倦了，精神就随之得到休息。当你烦恼的时候，多用肌肉，少用脑筋，你会发现有很多惊奇的效果。如果自己有了烦恼，或者是精神上很紧张，那么，你应利用激烈的体能练习，来驱逐这些烦恼。这些运动，可以是跑步、远足、打沙袋，或者是打网球等等。不管是什么运动，都会振奋起人的精神来。每当周末时，我就会进行多种体育运动，比如在球场跑一圈，打一场精彩的网球，或是到阿第伦达克山滑雪，其精神也会得到休息，所以，当我再度回到工作中时，就会感到神清气爽，充满活力。

培养运动的习惯，就是烦恼的最佳“解毒剂”。在你烦恼的时候，多用肌肉，少用脑筋，你会发现结果会令你惊讶不已。运动开始时，烦恼就消失，这是一种极为有效的方法。

好习惯的结果就是成功

我的好友、成功学家曼狄诺曾提出了一项培养好习惯的心理暗示，你可对自己说：

“今天是我新生命的开始。我要脱去我的老皮，因为它早就受尽了失败的创伤。”

“今天我又一次再生，葡萄乐园是我的出生地，这里的水果大家都可以品尝。”

“今天我要在这葡萄乐园里，从那株最高而且结果最多的葡萄藤上，摘下智慧的葡萄。因为，这些葡萄是我这个行业里最贤德的人，一代一代种植下来的。”

“今天我要尝一尝这些葡萄的滋味，还要吞下每一粒成功的种子，使新生命在我心里萌芽成长。”

“我所选择的这个行业，充满机遇，没有悲伤和失望。而那些已经失败的人，如果将他们一个个地叠起来，会比地面上的金字塔还高。但是，我像另外一批人一样，不会失败。因为我的手里握有航海图，指示着我游过波涛汹涌的海洋，到达彼岸。过去的，只是一场梦罢了。”

“失败不再是我奋斗的代价。失败像痛苦一样，不适合我的生活。过去我曾接受它，那是因为我需要痛苦。现在我拒绝它，这是因为我有了智慧和原则，指引我走出阴暗，进入富庶、幸福和远超过我梦想的康庄大道。在那里，金苹果园里的金苹果也不过是给我的一点点报酬而已。”

“人要能长生不老，就可以学到一切，但我不能永生。所以，在我有生之年，我必须练习忍耐的功夫。因为，造物主做起事来，从来不是匆匆忙忙的。橄榄树长成——一切树木之王——需要100年。一个洋葱10个星期就长成了。我曾像一个洋葱一样地活着，我很不高兴。现在，我要成为最了不起的橄榄树。实际上，我要成为一名成功人士（应具体一点，例如演讲家、科学家等）——良好的习惯是成功的钥匙！”

你要是没有做大事业的才能，也没有经验。而且曾在无知中游荡，或坠入过自怜的深渊。这样如何养成良好的习惯呢？其实答案很简单。要在无才能无经验的情况下，开始你的旅程。毕竟上帝已经给了你远比自然中任何兽类都多得多的知识和本能，只不过是人类把自己的经验评估得太高了。

实际上，所谓经验只是对教训的总结。但是要获得经验必须花费很多时间。在人们获得它的知识的时候，其价值已经因时间的流淌，而减低了。再者，经验只是一时的，今天或许很有用，可到明天就不一定有实用性。

经久不变的东西只有原则，并且这些原则都掌握在你手中。因为这些引导你走向胜利的原则，它的教诲，能使你防止失败从而获得成功。

失败的人和成功的人之间唯一的不同，就在于他们的习惯。良好的习惯是成功的一把钥匙，而坏习惯则是通向失败的门。所以，我们要遵守的首要法则就是：养成良好的习惯，全心全力去实行。在童年时候，会为感情而冲动，就得全力遵守习惯。我们在过去的行为中，行动常受俗念、情感、偏见、贪婪、恐惧、环境以及习惯所支配。其中最专制的，就是习惯。所以如果决定全心全力服从习惯的话，一定要服从好的习惯。将坏的习惯全部改掉，在心田中播下新的种子。

要大声告诉自己，我要养成好习惯，全心全力去实行。

这种艰难而又伟大的事业怎样去完成呢？就是根除生活中的坏习惯，替换一个引领你走向成功的好习惯。这是因为只有一种习惯才能抑制另一种习惯。

好的习惯隐藏着人类本能的秘诀，当你每日重复念这些带有心理暗示的话的时候，它们很快就会成为你精神中的一部分。最为关键的是，它们会溜进你的心灵中，变成奇妙的源泉，永不停息，创造幻境，并让你作出你自己也想象不到的事情来。

而这些话语被心灵完全吸收时，每天清晨你就能带着一种以往从未有过的活

力醒过来。增加你的士气，提高你的热忱。你迎接世界的欲望将会克服所有恐惧，你会获得比你想象中还要多的快乐。

最终，你会发现你已经拥有了应对一切的方法，用不了多久，你就能将这些方法运用自如。这是因为任何的方法只要坚持练习，就可熟能生巧，再难的事物也化为简单的了。

因此，就产生了一种好的习惯。一种习惯在经常被反复练习而变得简单的时候，你就会乐意去做。你一旦乐意去做，就愿意常常去做，这就是人的天性。但你常去做的时候，他就成了一种习惯，你就成为了它的仆人，这是因为这是一种好习惯，也是你的意愿。你要明白，坚持好习惯收获的结果，就是成功！

下　篇

思考创富

思考也能创富？没错！善于思考的人，在他的思想中，就犹如蕴藏着一座巨大的宝藏。通过他的思考，就能够从那座潜在的宝藏中源源不断地挖出巨大的财富。卡内基、哈默、洛克菲勒等人的财富，都是从他们的思考中取得的。如果你是一个善于思考的人，那么你就不要怀疑自己，你已经拥有了一笔巨大的财富！

第十八章

心想才能事成

心想才能事成，这不是一句祝愿性的话语，它可以在你的身上变成现实。心中所想，代表着你的意志力、你的思维方式以及你的思想。坚持心中所想，必然会让你获得最终的成就。

思想决定成败

意志的力量，是决定成败的力量。要想获得成功，首先要有正确的思想方法和思维方式。这样，所想要获得的就都可以实现。换句话说，就是思想决定一切！当然，要让思想变得具有强大的力量，还必须将它与目标、毅力以及获取财富的强烈欲望结合在一起。

艾德温·巴尼斯曾经发现，只要人们能去思想，就可以致富。他发现，思想并非是一念之间产生的，而是慢慢地来到的。开始的时候，他只有一种急切的欲望：他要做伟大发明家爱迪生的商业伙伴。巴尼斯的愿望是“明确”的——他希望与爱迪生“共同”工作，并不是“为他”工作。在仔细观察和了解他怎样将欲望转化为现实的叙述后，我们对致富的原则就会有更好的理解。

巴尼斯在心中首次闪现这个欲望或者是思想冲动的时候，他也是没有办法采取任何行动的，因为有两大困难挡在他的面前：首先他与爱迪生毫不相识；其次他连购买一张去新泽西州奥伦芝的火车票的钱都没有。

如果换做是其他人，这两大困难就足以让他打消这个念头，从而放弃实现这个欲望的尝试。但是，巴尼斯的这个欲望却是非比寻常的。

巴尼斯用尽各种办法终于来到爱迪生的实验室，并宣称他是来和爱迪生合作的。几年后，爱迪生在谈起他和巴尼斯初次见面的情形时说道："当他站在我眼前时，外表看起来就像是一个十足的无业青年。但从他的神情里，可以看出他有一股决心要达到所追求的欲望的气质。根据我多年与人交往的经验，我深切知道，一个人当他在真正渴求获得某种东西的时候，他不会在乎付出多少代价，这样的人必定会成功。我给了他所渴望得到的机会，因为我看出他已经下定了决心，不获得成功绝不会罢休，后来的事实证明我当初的判断是正确的。"

巴尼斯之所以能够在爱迪生的实验室开始他的事业，并不是因为他的外表，并且他的外表对他来说绝对是个不利的因素，但最重要的是因为他的"思想"，思想决定了一切。

在初次见面中，巴尼斯并没有和爱迪生建立起合作伙伴的关系，他只是在爱迪生的实验室里获得了一个工作机会，而且薪酬也是微薄的。

数月过去了，巴尼斯一门心思地想要接近他那个已经暗自确定的"明确的主要目标"，但却没有任何进展。可是，巴尼斯的思想意识正在发生着重大的变化，他不断地强化着和爱迪生建立合作伙伴关系的这一欲望。

一个心理学家说得非常对："一个人，当他确实渴望去做一件事情时，这件事情自然会出现。"为了实现与爱迪生在商业上的合作，巴尼斯决心一直积极地准备下去，直到目标实现为止。

巴尼斯从不对自己讲："算了吧，那有什么用呢？我看我还是改变原先的想法，试着做一个推销员吧。"他一直是这样对自己说的："我到这里来，是为了和爱迪生合作，我必须要达到这个目标，哪怕是耗尽我的一生我也在所不惜。"他也是这么做的。当一个人有了一个明确的目标，并且为了这个目标心甘情愿付出一切时（包括一些必须花费的时间），那么，他一定会获得预料之外的结果。也许，年轻的巴尼斯当时还不懂得这个道理，但是他百折不挠的决心，坚持着一个单纯的愿望的持久毅力，就注定了他必然会扫除一切阻碍，并且带给他所寻求的机会。

令巴尼斯意想不到的是，机会来到时，竟会以一个恶作剧的方式出现，它有从后门溜进来的习性，并且到来时往往伪装成不幸或者失败的样子。这也许正是有太多的人不认识机会的原因所在。

爱迪生当时刚刚完成一种称为"爱迪生口授机"的办公用具的新发明。但是他的推销员对这项发明态度比较冷淡，他们根本不相信这种机器会有什么很好的销路。可巴尼斯认识到，机会来了！这种机会悄然的来到，它藏匿在除了巴尼斯和爱迪生之外、没有任何人感兴趣的一台模样奇怪的机器之中。

巴尼斯很清楚自己能为爱迪生推销这台口授机，他向爱迪生提出了销售请求，并且当即得到了允许。他不仅将这台机器推销了出去，而且销量十分好！于是爱迪生和他签约，让他负责在全美的销售。在这笔生意的合作过程中，巴尼斯不仅仅让自己成为了富翁，而且还做了一件更为重要的事情，那就是证明了一个人确实可以“思考创富”。

巴尼斯的欲望对他来说价值多少？我们无法知道，可能给他带来了两三百万美元的财富。但是，无论价值多少，如果与他所得到的更大的智慧财富相比较，这些是微不足道的。巴尼斯的智慧财富就是：“积极的思想，配上绝对的原则，并实施行动，就可以转变为物质财富。”

简洁一点来说，“思考”让伟大的爱迪生和伟大的巴尼斯成为了合作伙伴关系，思考使他致富，开始一无所有的他，最终证明了自己可以拥有一切。

成功就在咫尺之遥

失败有一个最常见的原因，就是被暂时的挫折吓倒而轻易放弃。畏惧成功——这是人们有时候总免不了会犯的一个错误。

在淘金热的年代，达比也对淘金发生了浓厚兴趣，决定到西部去淘金。他从来没有听说过这种思想：从人的思想里挖掘出的黄金，远远比从地下挖出的黄金要多得多。到了那里，他选了一块地，开始用镐头铁锹进行淘金工作。

在经历一段时间艰辛的劳动后，他终于发现了一块金光闪闪的矿藏，这是他劳动的报酬。他需要用机器将矿石挖掘出来。于是他将矿坑掩埋好，先回到了他的家乡马里兰州威廉斯堡，并将他“发财”的消息告诉他的亲戚和部分邻居。他们凑钱购买了所需的机器，并运到了矿藏的所在地。

在将第一车矿石运到了提炼厂后，传出来的消息证明他们拥有了科罗拉多州最丰富的矿场之一。只需再挖掘几车矿石，他就可以清还所有

的债务，之后就可以盈利了。

挖掘机挖得越深，达比和亲友们的期望也就越高。可是，怪事发生了，金矿脉突然消失了，聚宝盆不存在了，于是，他们的希望也破灭了。但他们并不死心，继续挖掘下去，试图找到消失的矿脉，但仍然一无所获。最后，他们决定放弃。

达比将机器以数百美元的价格卖给了一位收购废铁的人，之后就乘火车回家了。然而，这位收购废铁的人却找来一位金矿专家，对矿场进行了一番勘验和计算。这位专家提出了他的观点，他认为这个开矿计划之所以失败是因为以前的矿场主人遇到了“假脉”。按照他的分析，在距离达比停止挖掘之处三尺远的地方将可以找到真正的矿脉。

收购废铁的人按照专家的建议进行挖掘，果然在那儿找到了真正的矿脉。这位收购废铁的人也因此从达比放弃的矿场中获利数百万美元。

这位废铁收购者之所以能从别人放弃的矿场中获得巨额利润，是因为他知道在放弃之前，去请教一下专家的意见。而达比则在没有经过思考的情况下，选择了放弃——在距离黄金三尺的地方停止挖掘，这才导致他与巨额财富失之交臂。

很多时候成功就在咫尺之遥，只要我们多动一下脑筋，思考一下，就能想到办法，搬开挡在成功之门前的巨石。

美国著名的500多位成功人士也曾指出，他们在被失败打倒的地方，只要再往前跨一步，就是他们成功的地方。

人在一生中，当成功到来之前，他必然会遭遇很多短暂的挫折，或许还有失败。在一个人被失败打倒时，最容易做到的也最合乎情理的事，就是放弃。我们大多数人也都是这样的想法。所以，我们要记住：失败是一个相当具有讽刺意味又非常狡猾的歹徒，当成功只有咫尺之遥的时候，它常常跳出来挡在前面，它以剥夺一个人的成功为它最大的快乐。

不被别人的思想左右

在生活中，我们总是容易被别人的想法所左右。当别人对我们说“不”的时候，我们往往就会接受别人的思维，认为那真的是不可能实现的事。但事实上，要想成功地达到我们的目标，我们不仅要学会坚持，还要注意不被别人的思想所左右。

在获得大学学位之后不久，达比决定要从开金矿的失败中吸取教训。还好，幸运之神垂青了他，在一次偶然事件中，他验证了当别人说“不”时，对自己来说不一定就是不可能的事。

那是一个下午，达比在一间老磨坊中帮助他的叔叔磨小麦，他叔叔经营着一片大农场，并雇用了一些黑人佃农，他们以这个农场为生。这时候，门悄悄地打开了，走进了一个黑人小孩，她是这里的某位佃农的女儿，她站在了门旁。

达比叔叔抬头看到了这个小女孩，对她蛮声地吼道：“你来干什么？

小女孩弱弱地回答：“我妈妈说需要五毛钱。”

“不给！”叔叔答道，“立刻给我回去！”

“是，大叔。”小女孩回答，可是她站在那没有动。

叔叔继续忙于他的工作，因为很忙，就没有注意到小女孩没有离开。当他再次抬头，看到她仍旧站在那儿时，便大骂道：“叫你回去，还不走！不然让你尝尝棍棒之苦！”

“是，大叔！”小女孩回答，但她仍旧站在那儿没有动。

叔叔将一袋准备要倒进磨盘里的一袋麦子放下，顺手操起一块木板，怒气冲冲地朝小女孩走去。

达比非常紧张，因为以他叔叔那暴躁的脾气，小女孩免不了要挨一顿毒打。

当叔叔走到小女孩跟前时，小女孩并没有被叔叔吓退，竟然向前跨出一步，直视着他，并用尖锐的声音喊道：“我妈妈一定需要那五毛钱。”

叔叔这时候停了下来，凝视了小女孩一会儿，然后轻轻将木板放下，将手伸入口袋，掏出五毛钱给了她。小女孩接过钱，慢慢地退到门口，眼睛一直注视着被她刚刚征服的男子。

女孩离开后，叔叔坐在一只木箱上，望着窗外的天空达十多分钟，他此刻正以敬畏的心情回想他刚才遭受的失败。达比也同样陷入了思索之中，在以往的所有经验中，他还是首次看到一个黑人孩子毫无惧色地应对着凶神般的雇主。她究竟是怎样做到的呢？小女孩究竟是用什么样

的力量，让达比叔叔收起了他暴躁的脾气，变得像羔羊一样柔顺？这些问题一直在达比的脑海中闪现，直到多年以后他才找到答案——那就是欲望。

想要成功的欲望让那个黑人女孩获得了神奇的力量，她不管对方如何拒绝，就是不达目的绝不罢休。自己的欲望绝不会被别人的思想所左右。黑人小女孩也给了达比一定的启示，在达比做人寿保险业务员的13年中，他所获得的成功在相当程度上要归功于那位小女孩所带给他的启示。

达比说："在每次遇到一个潜在的客户想打发我走而不购买保险时，那个站在老磨坊里的小女孩就会浮现在我的眼前，她的眼神中放射出了不屈不挠的光芒。这时我就会对自己说：'我一定要完成这笔生意。'在我所有的保险业务中，获利最多的都是那些客户说'不'后做成的。"

当达比回忆起仅距黄金三尺处而放弃挖掘的教训。他说："那次经验让我因祸得福。它告诉我，在生意上无论碰到什么样的困难，都要坚持下去。我只有学会吸取这个教训，才能获得事业上的成功。"

毫无疑问，达比年年都能做成上百万以上人寿保险的业绩，就是得益于这两项经验。

达比如此简单而平凡的经验，却包含了对他一生命运的解答。因此，对他来说，这些经验和他的生命一样重要。他之所以从这两个极富戏剧性的经验中受益，是因为他对经验进行了分析和思考。但是，对于那些既没有时间又毫无兴趣去研究失败经验并寻找也许能获得成功的知识的人，那该怎么做呢？他应该从什么地方去学到将失败化为成功的技巧呢？

这些问题在后面的章节中将可以找到答案。

成功要有正确的观念

一个人要想只获得成功，需要有一个正确的观念。

其实，当你开始思考而财富也在逐渐增加时，你会发现财富的积累在于一种心态、一种明确的目的，以及不懈的奋斗。无论是谁，都会对怎样获得这种创造

财富的心态表示兴趣。我用了 25 年的时间对此进行了研究，因为我也想弄明白“人要如何才能拥有这种心态”。

你可以稍微留意，你一旦掌握这个哲学的各项原则，并能开始按照这些原则去行动的时候，你的经济现状就会开始改善，你所涉及的每件事物都将变为有利于你的财产。也许有的人会认为这是不可能的。事实上，这是绝对可能的！

很多人对“不可能”这个词太熟悉了，这也是人类的主要弱点之一，这是相当悲哀的。本书就是为那些寻求成功法则，并愿意为这些法则而放手一搏的人写的。

拥有成功意念的人必然会成功，轻易使自己持有失败意识的人，他就会失败！

我们的目标，是在于帮助那些不满于现状，有心改变自我的人，让他们学习到将失败的意识转化为成功意识的技巧。

大多数人还有另外一个共同的特点，就是按照“他们自己的”印象和信念去衡量每件事和每个人。不少人确信他们不可能思考和获得财富，这是因为他们已经被贫穷、匮乏、悲惨、失败和挫折的情况所围困。

显然这是愚蠢的，是自毁前程的做法。

第十九章

欲 望

欲望是所有成就的出发点，是走向财富的第一步！强烈的欲望是财富的源泉，富人之所以能够成为强者，创造出常人难以创造的财富，靠的就是欲望产生的无穷力量。坚持你的欲望，那么你心中所能想象和坚信的任何事物，就都有可能实现。

坚持你的欲望

你是否是那种持之以恒的人？是否会坚持不懈地寻找办法逐步解决问题？当你承揽一个项目时，能否坚持到最后？

无论遭遇怎样的艰辛，目标未实现就决不放弃的人，是很值得你去学习的。坚持自己的欲望的人往往最易成功。当然，你得明确你的期望和目标，锁定这些目标之后，并为之努力。

一切成功的背后，都有一个迫切渴望实现目标的人。向你确定的目标努力奋斗。确定自己究竟想要什么，这是你最先要做的。

福特公司创始人亨利·福特在决定要生产著名的V-8汽车时，准备将8个气缸制成一个整体引擎，并组织他的工程师们着手设计。设计图出来了，但工程师们一致认为，要生产一台由8个气缸组成的引擎是不可能的。可是福特下令道："不管怎样也要想办法生产出这种引擎！"

"这绝对是不可能的。"工程师们一致答道。

福特命令："继续做下去！一直到取得成功为止，不管需要花费多少时间。”

工程师们只好硬着头皮去做，他们如果想要在福特公司工作，除此之外别无选择。半年过去了，没有任何进展。又半年过去了，依然毫无进展。工程师们尝试了各种可能的方案，来执行这一项命令，但是这个项目似乎“根本不可能”。

在年末，福特来探寻并核查工程师们的进度，工程师们依旧告诉他，他们仍然没有找到执行他命令的方案。

“继续干下去。”福特说，“我需要这种引擎，我必须得到它。”

工程师们继续努力去做，终于，奇迹出现了，他们发现了制造的诀窍。

福特以他的决心，再次获得了胜利！

这个故事不可能在细节上叙述得太详细，但其中的主要内容是意味深长的。只要是希望能依靠思考创富的人，如果你能够细心地琢磨，你就可以从这个故事中琢磨出福特获得亿万钱财的诀窍，无需努力地去寻找，你很容易就能发现它。

正因为福特了解并运用了成功的原则，所以他就获得了成功。成功原则其中的一个就是欲望，即明白自己想要什么。在你阅读此书的时候，请记住福特的故事。你如果能做到这些，并记住了福特致富的这些原则，那么你就能在你所从事的任何行业中，获得与福特相当的成就。

诗人亨利曾经写过：“我就是自己命运的主宰，我就是我灵魂的舵手”的诗句。他是在告诉我们：我们就是自己命运的主人，自己灵魂的统帅。因为我们有控制自己思想的能力。他同时也是在告诉我们：能掌控我们行动的思想能将我们的大脑“磁化”，而这些“磁铁”能为我们吸来很多和我们思想性质一致的力量、人物和生活环境。

大诗人还在告诉我们，在获得大量的财富之前，我们必须得用致富的欲望来磁化我们的大脑，形成“致富意识”。一直到这种欲望驱使我们创造了财富为止。

欲望是所有成就的出发点；是走向财富的第一步！坚持你的欲望，那么你心中所能想象和坚信的任何事物，就都有可能实现。

当巴尼斯在新泽西州的奥伦芝，从货运列车上爬下来时，他的外表看起来也许就像一名无业游民，但是他却具有国王一样的思想！在走向爱迪生办公室的途中，他想象自己站在爱迪生的面前：他听见自己要求爱迪生给他一个机会，以实现他一生着了迷似的炽烈欲望——要做这位伟大发明家的商业伙伴。

巴尼斯的欲望并不只是一个希望！它不是一种祈求，它是一种强烈的、跳跃的欲望；它凌驾于一切之上，它是明确的。数年之后，巴尼斯再度站在爱迪生的面前，站在与爱迪生初次会面时的同一间办公室里，这一次他的欲望已经转变为事实：他和爱迪生成为合作伙伴了。支配他一生的理想终于实现了。

巴尼斯的成功，是因为他选定了一个明确的目标，并以他的全部精力，全部的意志力以及他的一切，去奔向这个目标。

把欲望变成财富

欲望是成功的根本要素，中国的“破釜沉舟”就是一个很好的例子。在战争中，当后路都被断绝之后，那么将士们要么胜利，要么毁灭。而求生的欲望就会让他们保持炽烈求胜的欲望，最后所爆发出来的能量也是超乎想象的。

欲望是驱使我们获得财富的力量。每个人到了知道用钱的年龄时，都希望有钱。“祈求”不会带来财富，但是把“祈求”财富的心态变成坚定的意念，然后用计划明确的办法与手段去获得财富，并以永不言败的坚毅精神坚持这些计划，这样就会带来事业上的成功。

在芝加哥大火的第二天早晨，一大群商人站在斯台特街上，看着他们的店铺几乎全化为了灰烬，然后集合在一起商量对策，是重建家园呢？还是迁离芝加哥到更有希望的地方重新做起？他们达成的决议是离开芝加哥，其中只有一人例外。

这位决定留下来的商人叫马歇尔·裴德，他指着他的商店的灰烬说：“各位，就在这个地点，我要建立世界上最大的商店，无论它烧掉多少次。”

这是一个多世纪以前的事。这家商店早已重建起来，而且直到今天还矗立在那里。它那巍然的外形，正是其炽烈欲望所产生的意志力量凝固而成的。对马歇尔·裴德而言，步同业们的后尘，原是非常容易的事。在生意难做，或前途看起来暗淡的时候，他们便打点行装，迁到比较容易发展的地方去。

但马歇尔·裴德和其他商人不同，正是这一点不同之处让他取得了其他商人难以取得的成功。事实上，几乎所有成功者与失败者的区别，也就是在这一点点上的不同。

欲望是获得财富的力量，有了这股力量之后，要如何做才能把欲望转变成财富呢？可以按照下面6个明确而切实的步骤去做：

1. 你心里要确定你真正所企求的财富的数量目标，仅说“我要很多钱”是不够的，数目一定要明确。

2. 为了达到你所企求的目标，你确定自己有决心付出些什么代价（“不劳而获”的事情是没有的）。

3. 确定一个具体的日期，你决心何时“拥有”你所企求的目标。

4. 拟定一个实现你欲望的明确计划，并且不论你是否已有准备，要立即开始将计划付诸行动。

5. 将你要得到的财富的数量目标、达到目标的期限以及为达到目标所愿付出的代价，以及如何取得这些财富的行动计划等，都简明扼要地写下来。并写一份督促自己的誓词类的声明。

6. 每天把这份声明大声地读两遍，一遍在晚上入睡前，一遍在早晨起床后。在你读这份声明时，你要想象到、感觉到自己已经拥有了这笔财富。

这一点很重要，你必须遵照这六个步骤中所说明的指示去做。特别重要的是，你要遵守和奉行第六个步骤中的指示。你也许会抱怨说，在你未实际达到这一目标之前，你不可能看见你自己的成就和财富，但这正是“炽烈的欲望”能帮助你的地方。如果你真的十分强烈地希望拥有财富，进而使你的欲望变成充满你大脑的意念，你将会毫无困难地使你自己相信你会得到它。这样做的目的是要使你渴望财富，并且确实下定决心要得到它，最后你将可以使自己相信必会拥有它。

用信心支撑你的欲望

梦想不会在冷漠、懒惰或缺乏进取心的人中产生出来。怀有炽烈的欲望要去成为某种人或做某一件事，这就是梦想起飞的出发点。当然，在实现梦想的过程中，挫折、困难、甚至失败都是难免的。

你要记住：有所成就的人，往往都有一个不幸的开始，在经过了许多令人伤

心的奋斗与挫折之后，才能抵达成功。这些成功的人，他们生命的转折点都是在某种危机时刻来临的。经由这种危机，他们才认识了另一个自己。

英国最佳文学作品之一《天路历程》的作者班扬，是因对宗教问题的不同看法而被囚禁起来，在受尽苦难之后，才写出了这本书的。

著名作家欧·亨利是在遭遇了巨大的不幸，被关进俄亥俄州哥伦布市的牢房之后，才发现自己在文学上具有很高的天赋。经过不幸的遭遇，他认识了他的“另一个自我”，并动用他的想象力重新解释生活。他发现自己竟是位优秀的作家，而不是可悲的罪犯和歹徒。

狄更斯年轻时的工作是在黑鞋油瓶上贴商标。他的初恋悲剧，渗透到他灵魂的深处，改变了他的人生，使他成为世界上真正伟大的作家之一。那次悲剧结束之后，首先产生了《孤星血泪》，然后是一连串其他的作品，使读者们看到了一个丰富、美好的世界。

海伦·凯勒生下后便成为聋、哑、盲者。她虽然遭到了巨大的不幸，但是她却在伟人之间，写下了她不可磨灭的名字。她的一生便可作为一个明证：除非你把失败当做理所当然的事实来接受，否则，人们永远不会被命运打败。

还有罗伯特·彭斯、贝多芬、弥尔顿等一些成功人士，他们的名字之所以能够天长地久，是因为他们都有自己的梦想，并将他们的梦想转变为美丽的思想。

因此，你必须牢记：将人生的目标定得很高，以及追求财富与幸福所需要的努力，决不会比接受悲惨与贫穷所需要的努力来得更多。下面这首诗的字里行间正确地阐明了这个普通的真理：

我向人生索价，
人生多一分也不肯给。
当我已没有富余时，
到黄昏就不得不乞讨。
人生是一个真正的雇主，
你所求的他都会给。
一旦你决定了多高报酬，
你就必须肩负多少工作。
我的工作是贱役，
但我又惊奇地发现了一个事实：
倘若我向人生索取高价，

人生也会乐于付给。

诚然，把炽烈的欲望变为现实，所经历的路程是曲折的。但是当你用信心支撑起这种欲望时，它就变得容易多了。

有一个人生病了。随着时间的延长，病势越来越严重，最后他被送到医院去动手术。医生告诉他的朋友，他活的机会极为渺茫了。但这个病人并不这么认为。就在被推走时，他以微弱的声音对他的朋友说："放心吧，我在这儿住几天就会出去的。"在旁边照顾他的护士以同情的眼光看着他，但是这个病人最后真的平安地度过了死亡线。这一切过后，他的医生说："那是他自己求生的欲望救了他。如果不是拒绝了死亡之神的召唤，那么他是过不了这一关的。"

以信心支持欲望的这种力量是巨大的，这种力量可使出身微贱的人，爬到财富的顶峰；这种力量也可使人起死回生；这种力量可使经历过无数次失败的人东山再起。

在关于舒曼·汉克夫人的一则新闻报道中，有一小段的叙述，对这位女士如何成为成就非凡的歌唱家，提供了一条线索。下面把这一段引述下来，因为这一线索所包含的仅仅是一个欲望。

> 在她事业的初期，舒曼·汉克夫人去拜会维也纳宫廷歌剧团的乐队指挥，请他试听她的歌喉，但是却被拒绝了。乐队指挥对这位局促不安、衣着朴素的女孩瞅了一眼之后，不太客气地说："凭你这张脸和全无性格的样子，你怎么能期望在歌剧中成功？我的好女孩，还是死了这个念头吧！回去买一架缝纫机，开始你的工作。你永远不可能成为一位歌唱家。"

"永远"是一段极长的时间！这位维也纳宫廷歌剧团的指挥知道许多唱歌的技巧，但他不知道当欲望执迷不悟时的那股力量。如果他对这种力量稍有了解，便不会犯下不给天才一个机会而轻率加以斥责的错误。

凭借内心深处所产生的、奇异而不可测的强大力量，你会产生对"某些事物"的强烈欲望。在这种欲望的冲击下，你绝不要承认"不可能"这类字眼，也决不要把失败当做事实来接受。

除非我们承认它有限度，否则，意志的力量是无限的！贫穷与富有，都是思想的产物。向生命要求得越多，生命带给你的也越丰富！

第二十章
信 心

走向财富的第二步就是，要有强大的信心！要想象和相信自己的欲望会实现！信心能让思想充满力量，在强有力的自信心鞭策下，人的思想就能无限提升。信心对智慧有着巨大作用。当两者相结合时，在心灵的潜意识中便会激起“无限的智慧”。

如何培养信心

信心是一种潜在的心理状态。激发信心的唯一途径，就是对你的潜在意识重复下达肯定的命令。

一位知名的犯罪心理学家曾经这样说过：“人们在首次与罪恶接触时，他们对罪恶是惧怕的。但倘若和罪恶接触一段时间后，就会习惯罪恶，甚至开始宽容罪恶。如果与罪恶接触一段更长的时间，最后他们就会与罪恶同行，甚至被罪恶所驱策。”

也就是说，不管是什么样的想法，假使将它反复地传递给潜在意识，最后你就会接受它，并受其影响。

在过去的那个年代，宗教家们一直劝告在痛苦中挣扎的人们，对这要有信心，对那要有信心，但是上帝没有告诉人们如何产生信心，也没有说明：“信心是可以由自我暗示获得的一种心态。”

我们可以用任何正常人都了解的语言，来说明我们所共知的这种自我暗示原则。力行这些原则，你就可以在没有信心的情形下培养出信心来。

对自己有信心，对未来有信心。

信心是“永恒的特效药”，它赋予思想以生命、力量和行动。

信心是我们获得财富的出发点。

信心是所有奇迹的基础，是所有不能用科学法则加以分析的神秘事物的基础。

信心是唯一已知的医治失败的良药。

信心能把人们有限的心智所产生的普通思想转变为精神力量。

信心是唯一的媒介，依据这个媒介人们能够控制和利用无穷的智慧所产生的巨大力量。

当一个人不停地告诉自己一件事，最终他就会相信这件事，不论是真是假。但假使一个人不停地撒谎，最后他也会把自己的谎言当成事实。所以人与人之间之所以有所不同，都是由于人们的心中有着不同的思想，而思想则影响了人的行为。

人会潜意识地将某种思想搁在心上，并投以同情和鼓励。当这种思想和任意一种或多种情感相结合时，就变成了一种强大的动力，甚至可能直接掌握他的一切行为！

下面，说明一个相当重要的法则：

思想与任何一种情感结合，将会形成一种“磁性”力量，这种力量能吸引其他类似的或相关的思想。这种被情感“磁化”的思想，就如同一颗种子，把它种到肥沃的土壤中，它就会发芽、成长并且不断地繁衍，直到原先那颗小小的种子变成数不尽的同样的种子。

人类心理的潜在意识像是一种震波，它能控制思想，也能与思想相融合。人固有的思想、观点、计划或目标，都能够吸引很多与之相关的东西，并把这些东西纳入自身的一部分，不断壮大，最终成长为帮助它成功的能源。

人最大的弱点就是缺乏自信。不过这是可以克服的，你只要依靠自我暗示的原则，将怯懦转化为勇敢。这个原则的应用，可用这样一个简单的方法来完成：记下你最渴望达成的欲望，并反复诵读，最后让它变成你脑子里潜意识中固有的一部分。

获得自信可以按照以下 5 个步骤来进行：

1. 我知道我有能力达到一生中我所确定的主要目标，所以我要求自己坚持下去，继续努力，向达到目标之路前进。我现在就保证一定采取这样的行动。

2. 我相信自己内心的决定性思想，一定会自然而然地呈现在我的面前，变为实际的行动，并慢慢地转化为实质性的东西。因此我决定每天集中思想30分钟，思考我究竟要做哪种人，从而在我的心目中形成一个清晰的精神形象。

3. 我相信，凭借自我暗示的原则，我心中坚持的任何欲望，终将有办法实现。所以，我决定每天用10分钟的时间来培养自信。

4. 我已写下了一篇详细声明，记录了我一生中所确定的重要目标。我将坚持不懈地努力，直到获得成功为止。

5. 我清楚财富和地位若不是建立在真理与正义上，它们就不可能长久，所以我绝对不做损人利己的事。我要施展自己的魅力，赢得他人的合作；用自己乐意为他人效力的思想，吸引他人来为我服务。我要用对人类的爱来消除仇恨、妒忌、自私和猜疑，因为我懂得若拒他人于千里之外就无法为我带来成功。我要促使他人信任我，因为我信任他们，也信任我自己。我将在这份声明上签字，把它印在脑海里，每天朗读一遍。我非常有信心，逐渐以这份声明来影响我的思想和行为，于是我就会成为一个自信而出色的人。

除了按照这五个步骤来做外，还有一个非常重要的事情要记住，那就是：如果对这五个步骤加以积极的利用，它便有助于人类的光荣和成功。相反，如果加以反面或消极的利用，它亦会立即产生破坏性的后果。

摒弃消极思想

潜意识是不会区分积极的与消极的思想的，它好像一个加工的机器，我们给它什么材料，它就生产什么产品。潜意识会把被恐惧支配的思想变成现实，也能把由勇气与信心鞭策的思想变成事实。

这就好比电流一样，倘若用于建设，它能驱动工业的轮子转动；倘若用法不当，它能让生命消亡。自我暗示的法则同样如此，它能让你获得幸福和财富，也能让你走入困苦、失败与死亡的深渊。而这一切，取决于你对它的认识与使用的正确与否。

假如你的内心满是恐惧与猜疑，而且不相信自己有能力让世界改变，那么自我接收到的就是你这种毫不自信的精神，它会让你一败涂地，长期困顿。

就像风可以控制船的方向，它能把船吹向这方，也能把船吹向另一方。自我暗示的法则能助你成功，同样也会让你失败，一切都将取决于你将扬起怎样的“思想风帆”。对此，有一首诗是这么写的：

假若你认为会被打败，那么你终将被打败。

假若你认为不能，那么就必定不能。

假如你想获胜，却又不相信自己能获胜，那么你就必定会输。

假如你认为自己会失败，那么你已经失败。

因为在这世上，成功从意志开始，而意志来自精神。

假如你认为自己比他人优秀，那么你就必定比任何人都优秀。

在你赢得掌声前，你必须充满自信。

人生的争斗，并非永远偏向强者，但最后的胜利始终属于自信者。

每个人应用积极的自我暗示，都有可能达到自己想要的最高成功。

唤醒脑海中沉睡的天才

成功的因子就像一个天才，在你天性中的某个地方沉睡着。只要你将它唤醒并让它行动，它就会引领你到达你从未到达的巅峰。如同一位音乐家让最动人的乐章从提琴的弦上倾泻出来一样，你也能唤醒沉睡在你头脑中的天才，鞭策它前进，去达到你想要的任何目标。

林肯在四十几岁前，所尝试的每种事业均遭到失败。那时，他是个不知何去何从的人，直到在他生命中接受了一次伟大的洗礼，才唤醒了他心中熟睡的天才。那次经验揉合了悲伤与爱欲的情绪，这是他真正爱过的唯一女人给他带来的。

爱的情绪与信心的心态极为相近，因此爱非常容易将一具体的思想冲动转变为同等的精神力量。我们常说：“每一个成功男人的背后都有一个女人。”就是这个意思。在很多有着卓越成就的人士中，他们的背后都有一个女性的爱情在影响着他们。

那么，信心的力量又有多大呢？大家所熟悉的印度圣雄甘地，就是一个相当不错的例子。因为他的缘故，文明世界的人们认识到信心能完成多么让人惊奇的

事。那时甘地拥有的力量，并不比同时代的其他人强。他毫无任何真正的力量做后盾，例如金钱、军队和战争装备。实际上，他甚至没有一套体面的衣服。他唯一拥有的，只有让国家更美好的坚定信念，他将这种信心根植于印度人民的心中。

甘地的惊人成就是：印度人的心受到他的影响，紧紧地联系在一起，并采取一致的行动。若非信心，世界上又有何种力量能创造出如此巨大的成功呢？

第二十一章

自我暗示

自我暗示是自己对自己进行自我指导和指示的刺激，当它在你的内心发生了作用之后，就成为了真正的“自我暗示”。通过思考创富的人，会非常有效率地运用自我暗示的原则，强化自己致富的潜意识。这样的人，在还没得到所想的财富之前，就已经看到了那笔财富。这样，他迟早都会成为富翁。

看到你拥有的财富

所有的带有自我指导和指示性的刺激，在经过感官进入了人的内心后，就可以称之为“自我暗示”。直观地说，自我暗示就是自己对自己的暗示。它是一种沟通思想意识和外部行动的媒介。

按照自然规律，人们是可以绝对控制通过感觉器官而进入潜意识中的思想的。但这并不意味着人始终能运用这种控制。并且在大多数情况下，这种控制不为人所用，这就是导致很多人贫穷的缘故。

有人曾言，潜意识心智好比花园中的一方沃土，倘若不在上面播下希望的种子，这方沃土就只能杂草丛生。自我暗示其实就是一道控制的阀门，通过这道阀门，一个人就可以按照自己的思想去培养潜意识的生长。

培养潜意识，你可以利用专注的原则。如果你想实现一个目标，你可以将注意力专注于这个目标上，并闭上眼睛，一直到你能实际上看得到那些财富为止，每天最少做一次。在做练习的时候，你应坚定自己的信心，相信自己的确能看到

那些你所拥有的财富。

这里有一个最重要的事实，就是接受坚强的信心给潜意识下达的任何命令，并依照这些命令去行动，即使需要反反复复地下达这些命令，但你可以对你的潜意识施以计策，“因为你确信”。因此你必须要让你的潜意识相信你一定能得到你想象中的财富，财富就摆放在那里等待你去取得。只有这样，你的潜意识才会向你提出获得这笔财富的实际方案。

你无须等待凭借商品或者服务交换来的财富，应当立马看到你已经拥有了这些财富。同时，你必须让你的潜意识为你提供一项或多项可行性的计划。记住，这些计划一旦形成，就应立刻付诸行动。这些计划出现的时候，就像灵感一样在你的心中掠过。你要尊重这种灵感，在接收到这种灵感后，应该马上行动。

还应注意：你在创造将欲望转化为财富的计划时，可不能相信你所谓的“理性”。这是因为你的“理性”也许是懒散的，如果完全依赖于它，最终你可能会失望。

当你闭眼想象你决定要取得的财富的时候，必须要知道你自己所能给予的回报，或者是你决定换取这财富的代价，这是非常重要的。

激发潜意识的三个步骤

阅读此书的人，都是在孜孜不倦地寻求知识，并且渴望致富的人。但致富需要激发自己的潜意识，将“把欲望变成财富”的6个步骤进行精简后，与本章所列的各项原则融合一下，就可以得到激发潜意识的三项步骤：

第一项，寻找一个安静的、不受干扰的地方，也可以在晚上躺在床上，闭上双眼，大声说出你自己听得见的愿望，比如你想获得的财富数目、获得的时间以及为获取这笔财富而决定付出的代价。当你在实行这些指示的时候，你就已经看见了你拥有的这笔钱财。

比方说，如果你决定在5年后的某一天积累5万美金，为了获得这笔钱，假设你以业务员的方式来提供你的服务，那么你的自我目标的书面声明，应当包含这些内容：

在某年某月某日之前，我将会拥有5万美金，在此期间，这笔钱会以不同的数目积累而成。

为了得到这笔钱，我决心提供我力所能及的最好服务。

我坚信我一定会拥有这笔钱财。我有那么坚定、强烈的信心。我此刻就能见到这笔财富。这笔财富正在等待着我，在我提供我决定换取这笔钱财的服务时，会按照比例交给我。我在期待着一项可以积累这笔财富的计划。一旦这项计划来到，我就立即付诸行动。

第二项，在醒来后和入睡前，反复背诵这个声明，一直到你在想象中能看得到那笔金钱为止。

第三项，把你的书面声明放一份在你早晚都能看得见的地方。

你要谨记，你在执行这些指示时，你其实就是在运用自我暗示的原则，其目的在于给潜意识下达指令。同时记住，你的潜意识只是在接受情感化的指示以及充满“激情”时，它才能按照指示行动。信心是所有情感中最强烈的一种，并且所获得的成果也是最大的。

一开始，这些指示好像是抽象的，但不要因此而受困扰。无论它们开始时是多么的不切实际，但还是要按照这些指示去做。如果你能坚持做下去的话，一个全新的充满活力的世界，很快就会在你的精神上和行动上表现出来。你要明白，每一次的逆境、失败以及各种的烦恼，都能带给你同等的或者有更大利益的种子。

心灵力量的秘诀

全人类都有一个共性，就是对所有的新观念抱有怀疑的态度。但是，如果你能按照以上的步骤的指示，你的怀疑终将会被信念所取代。而且很快会被转化为绝对的信心。这样的话，你的境界就已经更上一层楼了。此时，你就可以自信地说：“我就是自己命运的主宰，自己灵魂的舵手。”

曾经有很多的哲学家讲过，要认识到自己就是自己“世俗”命运的主宰者，但是他们大部分并未说明为什么认识自己是自己命运的主宰。人的世俗地位之所以能够被人们自己主宰，就是他拥有影响自己潜意识的力量。并且通过它获得与无限智慧的合作。

在把自己的欲望转化为目标的过程中，就需要应用到“自我暗示”。作为一

种媒介，自我暗示可以触及和影响潜意识，而其他的原则只是作为应用自我暗示的工具。时时刻刻牢记这个观念，你就可了解到，你在以书中所提的方式努力地获取财富的时候，自我暗示原则所占据的重要地位。

像孩童一般地执行这些指示，在你不懈的努力中灌注信心的元素。这里不存在不切实际的指示，当你读完这本书后，返回到这一章来，用实际行动去遵守以下这些指示，并用心去领会它：

每晚将这一整章朗诵一遍，一直到你确信“自我暗示”原则是真实可靠的。同时要深信它将引导你实现所追求的一切。在诵读的时候，应用笔划线来强调每一个都对你有所帮助、让你有深刻印象的句子。

第二十二章

专业知识

知识就是力量，它可以为你带来无穷的智慧和巨大的财富。然而，这句话只是较为笼统地说明了知识的作用。知识有一般性知识和专业性知识两种，运用一般性知识，并不能让你获得太多的财富。只有你掌握并且会运用专业的知识，才能迅速地积累起你所想要的财富。

运用知识才能致富

知识有一般性知识和专业性知识两种。在这两种知识中，一般性的知识虽然广泛而且种类繁多，但对于积累财富起不了多少作用。在高校中各个科系、专业中都有了人类文明发展中的各种普通知识。在大学里，教授们虽掌握了各类知识，但他们之中很多都没有什么钱，这是因为他们精于传授知识，并不擅长于运用知识。

就知识本身而言，它并不能吸引财富，如果你能将知识加以组织和运用，并通过切实可行的行动计划，就可达到积累财富的目的。现在，有很多人因为对"知识就是力量"的误解而感到困惑，这就是因为对这句话缺乏了解的缘故。知识就是力量，这只是说明知识就是"潜在的"力量。只有将知识组织成明确的行动计划，并加上一个明确的导向目标时，知识才会显示出它真正的力量。

在教育制度中，存在着一个缺陷，那就是学生们在获得知识以后，就不知道怎样去组织和利用知识。这是所有教育比较失败的一个地方。关于亨利·福特的成功，有许多人错误地认为他没有受过多少正规的"学校教育"，所以他不能算

是个受过“教育”的人。持有这种观点的人，他们都不太了解教育一词的真正含义。“Education”一词源于拉丁文“Educo”，意思是引出自内向外的发展，也是内心培养的意思。

一个受过教育的人，他不一定是具有丰富的一般知识或者专门知识的人。但是，他一定是思想和意识得到相当发展的人，他能得到他所希望的任何东西或者等价的东西，并且不侵犯别人的权利。

美国汽车大王亨利·福特，只受过很少的正规教育，也没有读过多少书。在一战期间，芝加哥一家报社在一篇社论中对福特妄加评论，称他是“无知的和平主义者”。福特反对这种指责，并将该报社以毁谤他的名誉为由告上法庭。报社为自己捅了娄子而苦思对策。他们请来了辩护律师，商定了法庭辩论的周密方略。在这个案子开庭审理之时，报社的律师首先提出一连串常识性的问题，向福特发起咄咄逼人的进攻。其着眼点，就是企图通过向福特提出大量怪僻的问题，使只有制造汽车专业知识的福特无法回答，让陪审团不得不承认福特是个无知的人，从而证明报社的评议是正确的。

辩护律师询问了福特以下这些问题：

“班尼迪克·亚诺德是谁？”“为了镇压1776年的叛乱，英国派出了多少军队到美国？英军士兵死伤人数是多少？”“美国宪法第五条的内容是什么？”等等。诸如此类问题，使福特疲惫不堪、穷于应付，简直不知从何处答起。在这节骨眼上，福特灵机一动，计上心来，他不慌不忙地指着报社的辩护律师，反问道：“前面，你问了我那么多无聊冗长的问题，还要我认真回答。请让我来提醒你，在我的办公桌前面有一排按钮，只要按下某个按钮，就能把我所需要的助手招来，他能回答我企业的任何问题。至于我企业外的任何问题，只要我想知道也可以用同样的方法获得。我所雇用的许多助手，都拥有充分的知识，可回答任何问题。可是，你却用很浅陋的问题来问我，不知你的用意何在？”福特的反问切实有力，逼得对方辩护律师哑口无言。

在法庭上，每个人也都认为这话是出自于一个有修养、有教养的人之口，而并不是一个无知的人的答复。受过良好教育的人，他知道他所需要的知识是从何处取得，并指导将这些知识如何组织和运用，使之成为明确的行动计划。福特就是在他的“智囊团”的协助下，成为了美国的富豪之一。

懂得利用知识致富

我们常说：知识就是财富！但事实上，知识不能直接变成财富。只有知道如何利用知识，才有可能赚到钱，才能将知识转化为财富。而首先，你得确定你必须具备的专业知识以及取得这些知识的目的。通常来说，你人生中的主要目标和你所努力从事的目标，都会帮助你决定你所需要的知识。这个问题解决之后，接下来的要求，是你对所依赖的知识来说要有准确的认识。其中较为重要的是：

1. 自己的经历和教育；
2. 与他人（智囊团）合作可能得到的经验和教育；
3. 大专院校（可以多种方式进入里面学习）；
4. 图书馆（从书本上学到各类完备的知识）；
5. 专业的培训课程（尤其是函授或夜校）。

一旦获得知识，就必须把它加以组织运用，并通过切实可行的计划，实现既定的目标。知识必须要用于有价值的目的，不然，知识是毫无实际价值的。

假如你考虑多接受一些学校教育，那么你首先得决定，你是为了什么目的而寻求知识的，并要进一步知道得到这种知识有哪些可靠的来源。

各个行业中的成功人士，他们从不停止获得和他们主要目标、事业或者职业有关的专业知识。一切以为学校教育一经完成，知识的寻求时期就已结束了的人，一般是绝对不会成功的。实际上，学校教育只不过是让一个人懂得怎样去获得有用的知识而已。

“今日流行的是专业化！”前任哥伦比亚大学就业辅导组主任罗伯特·摩尔在一则新闻报道中，曾强调过这一事实。企业在选拔人才的时候，最需要的就是在某方面有专长的人才——商科毕业的会计师、统计师、各类工程师，以及记者、建筑师、化学工程师，还有未来的企业领导人。

在校园中比较活跃的学生，他们的性格往往能与各种各样的人相处，他们的学习也不错，比起那些读死书的学生会更优秀。像这一类学生，因为具备各方面的条件，有的时候就会同时受到多个用人单位的聘请。

一家大型企业的领导人在提及关于招聘的人选时说："我们对于在管理工作方面的人才有很大需求，所以我们强调，一个人的性格、智慧与人格要比特定的教育背景更为重要得多。"

获得专业知识的途径

没有野心，对于大多数人来说是一个致命的缺点。尤其是那些领固定工资的人，如果他们能有计划地利用好他的闲暇时间，努力自学一些东西，那么他们就不会永远只做一个小人物。努力学习的行动将清除往后发展中的众多障碍，并获得足以引导他们通往成功的人们的好感。

许多人在走出学校后，发觉自己必须获取其他的专业知识，但却没时间再回学校学习，但"没时间"只是一种无法成功的借口。事实上，在职进修或夜间选读推广教育课程的学习方式，都十分符合受雇人员的需要。

> 史德华·威尔原本打算做一名建筑工程师，并已朝着这个目标去努力。但是，因为经济危机制约了市场机会，使他的收入逐渐减少。于是他重新评估了自己的实力和现有的目标，决定改行学法律专业，并重回到学校去学习课程，准备使自己成为一名商业律师。他完成了学习任务，并通过了律师考试。不久后，他就成立了一个盈利丰厚的律师事务所。

有的人可能会找借口说："我不能去学校学习，因为我要养家糊口。"或者"我的年纪已经太大了。"事实上，当威尔返回学校时，他已年满40岁，并且也有了家室。除此之外，威尔在选修专业化程度高的课程时，曾经慎重地选择过那些对课程有最好的教学水平的大学。一般法律专业的学生要四年才能修完课程，但威尔在两年之内就学完了。

可见，懂得怎样"购买"知识的人，他一定会有很大收获的。

简单想法获得的回报

现在我们来看一则特殊的事例：

大萧条期间，某杂货店的一名销售员突然失业了。但是他还有一点儿记账的经验，因此他就开始选修会计课程，并经营了一份生意。他以雇用过他的杂货店为起点，和上百家小商店相继签订了协议，为他们记账，并按月向他们收取非常低廉的服务费用。这是一个非常实用的主意。他在一位文笔较好的年轻妇女的协助下，准备了一份非常有吸引力的册子，并对新的记账制度的各种优点作出了解释。他在纸上整整齐齐地将文字打印出来，并将他这种新行业的故事进行传播。不久以后，这位记账员所接到的记账工作就开始让他忙得不可开交了。很快他就发觉可以在一辆轻便的送货卡车上设置一个流动的办公室，并且安装上最新的记账设备。他的主意成功实现了，后来他拥有了很多在汽车上的会计办公室，并雇用了很多助手。他让许多小商店花费少量的钱，从而获得最好的记账服务。

这门独特而又特别的生意，它主要是由专业的知识加上想象力组成的。这名成功的记账员因这个生意支付的所得税，差不多是他在失业时那位杂货商户支付给他工资的10倍。

靠专门知识可使创意有收获

一个好的创意价值是无价的。所有的好创意的背后，是由专业的知识来支撑的。遗憾的是，那些未曾发掘大笔财富的人，都是由于只具备大量专业知识，却缺乏出色的创业构思。新颖的构思由想象得出，想象力能把专业知识和现实需求揉合成一项有组织的计划，这是创造财富必须具备的一个条件。

在美国，有成千上万的人需要一位推销专家的服务，这位专家得有策划一本很具吸引力的宣传小册子的能力，以备推销服务之用。一位女士提出了这一构想。这个构想，并不仅仅是为一个人服务的。这位具有创造性构想的女士确实具有敏感而又丰富的想象力。她看到了这一创新的构想能够成为一种新的行业，向人们提供服务。因此，第一个“出售个性化服务计划”很快取得了成功。这也鼓舞了这位精神饱满的女士，她立即采取了下一个行动——为她刚大学毕业而正处于待业中的儿子解决类似的问题。

当这份计划完成后，足足有近50页，包含了精美的文字和经过适当组织的资料。在计划书中，她描述了她儿子的天赋能力、教育经历、个人经验以及其他无法详细叙述的资料。计划书中也详细描述了她儿子所希望获得的职位。令人惊叹的是，这位女士以她优美的文笔，描绘出了儿子在出任这个职位后的工作计划。

准备一份计划书，需要耗时数周。在这段时间里，这位女士几乎天天都让他儿子到图书馆去收集资料，以方便能更为有利的推销他的服务。她还让儿子到可能雇用他的雇主那儿去，并从他们那儿收集一些有关经营方法的重要材料，这是一些对他所希望职位的工作几乎极具价值的资料。在这份计划完成之后，她的儿子又附加了一些很好的建议，以备雇用他的人采用。

可能有的人会问：“干吗为了找一份工作花费这么多心思?”这个问题的答案直扣主题，并且能引起人们的关注。这是因为它解决了一个涉及数百万人的问题，提供个性化服务是他们唯一能成功的途径。

这个问题的答案是：“想要干好一件事情，就永远别嫌麻烦。”我们要知道，正因为这位女士为她儿子所做好的计划，帮助他找到了合适的工作，并且是在首次面试时就取得了成功，薪水待遇完全依照他的要求。另外，这个岗位并不要求这位年轻人从一线做起，而是一开始就担当了资历最浅的经理，享受的工资待遇是经理级的。

怎么会是这样? 其中的理由很简单。因为这位年轻人在申请工作时所用过的这份经过仔细策划的推荐书，让他节省了10年的奋斗时间。如果他是从一线开始逐渐地往上发展和升迁，想取得一开始就想获得的岗位，这必须经过10年的时间，并且还要有不错的运气。

一般从一线开始逐步升迁的观念，一般听起来确实很有道理，但是这里有一个重大的理由否定了这一个传统观念：就是有太多的人从一线做起，但他却很难有机会发现他的不同寻常之处，所以他们只能埋没在一线。我们接受了自己的命运，就会养成每天“照例”的习惯。直到最终我们难以改变这种习惯时，我们就再也没有能力将其改正了。这就是为何我们值得从高出一线一两级开始起步的缘由。这样做，会使一个人养成注意周围的习惯，会观察别人的发展历程。当机会来到的时候，就会毫不迟疑地将它抓住。

为他儿子制定“出售个性化服务计划”的那位女士，她后来接到了来自全国各地的请求，要她为希望出售个性服务计划以换取财富的人们，合作制定类似的自我推销计划。

我们不要仅仅认为她的计划只是包含了聪明的推销手段，让她能帮助很多人出售他们原本以较低待遇出售的服务，转而取得较高的酬劳。这位女士能做到兼顾买方和卖方的双方利益。因此她所制定出的计划，虽然让雇主们付出了较高的薪酬，但可以收回丰厚的利润。

如果你富有想象力，并愿为自己的个性化服务寻求一条更为有利的出路，那么这条意见可能是你一直都在寻找的成功元素。该想法所能产生的收益，要比在大学里接受多年教育的普通医生、律师和工程师的收入要多得多。

假如你具有想象力，那么本章陈述的方法，足够你开始实现所期望的财富。记住：创意才是最重要的东西，专业知识唾手可得！按照计划行动，你就可节省很多奋斗的时间。

第二十三章

想象力

想象力是创新之源、梦想之源，也是人类一切伟大计划的加工厂。具有了想象力，就好比为自己插上了理想的翅膀，让你翱翔得更高远，让你能追求更多的财富。因此，如果你是一个具有丰富想象力的人，并且可以通过恰当的方式发挥出来，那么再远大、再难以实现的梦想，都会被你实现。

想象力的作用

想象力就好比是一个工厂，人类可以在这个工厂中生产出所有的伟大计划。凭借着想象力，人类从此将自己的灵感、冲动和欲望赋予了形象和行动。所以，可以说人类任何所能想象的东西，都是可以创造出来的。

在过去的50年中，被人类发现并加以利用的自然规律和自然力量，远远超过了此前人类所有历史中所发现与利用的自然力量。人类能征服太空，与人类发明出的飞行器相比，鸟类早已落后了。人类可以在数百万英里之外，分析、测量太阳，借助着想象力的协助而确定了太阳的物理、化学成分。

但是，在对想象力的利用方面，人类远远没有达到它的顶点，人们只是刚刚才发现了自己的想象力，并开始在做基本的利用而已。

想象力主要表现为两种形式：一为综合想象力，二为创造想象力。

综合想象力是一种能使一个人将原有的各种观念、构想和计划整合成一种新的混合物的能力。这一能力并不能创造出新的东西，它只是将原来所吸收的经验、教育和观察作为材料来利用。一般多数的发明家都会利用这种想象力来作为创新的基础。

创造性想象力是自发产生的，当你的思维正处于紧张的工作状态下并受到了强烈的欲望刺激时，它就会自然而然地发生作用。对创造性的想象力使用得越多，人就越会有创造性。人类可以凭借着创造想象力，将自己有限的知识和无限的智慧进行直接的沟通。依靠创造想象力，人类可以得到预感和灵感，它可以使一种新的意念传达到人的身上，并将人的潜在智慧和能力沟通起来。那些伟大的政治家、商业领袖、诗人以及作家，他们之所以伟大，是因为他们在综合思维的基础上发挥了创造性的想象力。

欲望虽然是致富的第一步，但它只是一种冲动，一种意念，模糊而又短暂。除了你能将其转化为实在的物质，要不然它永远是抽象的、无价值的东西。因此，对于你的欲望，必须经过再加工，将它进一步完善起来，使其更富有创造性的想象力，也具有更强的创造力！

怎样实际利用想象力

所有财富的出发点就是构思，同时它也是想象力的产物。这里我们来看一下曾经产生出巨大财富的一些著名构思，以此证明想象力在财富积累中的作用。

> 很多年以前，一位乡村医生驾着马车进城。把马拴好后，就从一家药店的后门偷偷溜进去，与药店里的一位年轻职员做起“交易”来。
>
> 这个医生和年轻职员在柜台后面足足谈了一个多小时。谈完后医生出去了，他从马车上拿出一个老式大黑锅和一根大木片（用于调和锅内的东西）。
>
> 职员接过大黑锅，然后从口袋处掏出一卷共有500美元的钞票给医生，那是他所有的积蓄。医生给他递回一张写有一个秘方的纸片。这张纸片上所写的秘方，未来会贵重到足可以赎回被扣为人质的国王。如果要让这个老黑锅沸腾起来，就需要这个秘方。当时，医生与这位年轻的职员，都还不知道这个老黑锅中会流出童话般的财富。
>
> 医生很乐意以500美元价格出售这套设备，年轻职员则是为了一个秘方和一个老黑锅，他用所有的积蓄来做一次赌注。他就是做梦也没有

想到，它所投资的那口老黑锅里所流出来的黄金，竟超过了阿拉丁神灯所产生的奇迹。

这位年轻职员他所真正购买的，仅仅是一个构思。

大黑锅、木片、纸片上的秘方，这些都是偶然所得。但真正让这个锅发挥它的奇特效用的，是它的新主人把一种连医生也不知道的成分加入秘方后才真正开始的。

试试你的想象力，能否猜到这位小职员在秘方中添加了什么东西，让这个锅流出黄金？这是一个真实的故事，但其情节的离奇不亚于虚构小说的情节。

我们来看看这一构思到底创造了多少惊人的财富。这个创意不但让无数的人们来共享这锅内的东西，而且至今还在继续为全世界的男女老少创造巨大的财富。

这个老式黑锅是现在世界上最大的糖消费者之一，它为甘蔗种植、炼糖以及食糖推销业者提供了上万个固定的就业岗位。

这个老式黑锅每年需消费百万个以上的玻璃瓶，因此为一大批的玻璃厂工人提供了就业的机会。

这个老式黑锅为无数的店员、速记员、打字员和广告设计家提供了就业的机会，它也曾经让数十位创造这种产品广告的艺术家名利双收。

这个老式黑锅让美国南方的一个小镇变成了商业大都会，并且直接或者间接地让城中每个行业和市民都得到了实在的利益。

现在，这个构思的巨大影响力，已经让世界上所有的文明国家都获得利益，并且，它仍源源不断地流出黄金给那些能接触到它的人们。

这个锅里流出来的黄金，还创建并维持了美国南部一所著名的大学。无数的莘莘学子为了出人头地，都在这里接受教育。

要是从这个古老的锅中所制造的产品能说话，那么它一定会以不同的语言讲述不少令人兴奋的故事，如爱情故事、创业故事以及每天正接受着它激励的职业男女的故事。

当然我也有这样的故事，我也是这个故事的一部分。故事发生的地方，就离药店职员购买这个锅的地方不远。在故事的发生地我邂逅了我的妻子，而且她就是首次将这个神奇老锅的故事告诉我的人。当我向她求婚时，两个人都在饮用着那个锅里生产出的产品。

无论你是什么人，无论你生活在何处，无论你是做什么的，你每次只要看到

“可口可乐”这个商标时，你就应当记起从这一个简单的构思中产生出的巨大财富的王国，以及药店的那位小职员——阿萨·肯德勒。他在那个秘方中掺进了神秘的成分，这一切完全得归功于想象力。

可口可乐把它的影响力向全世界的每个城镇、村庄和十字路口扩张。你也能形成和创造任何的构思，要是它能像可口可乐这样正确并且价值巨大，你就有再创一种世界纪录的可能。

如何将创意转变为财富

有人也许会认为，能带来财富的，只有勤劳与诚实。如果你也是这么想的，那就请你趁早打消这个念头！因为它并不是真理！当大量财富到来的时候，绝不会只是勤劳的结果。它是对明确目标和计划的反应。

一般而言，创意是一种激发想象并付诸行动的思想冲动。所有杰出的推销人员都知道，越是在商品难以销售的地方，创意越能出售。寻常的推销人员不懂得这一点，所以他们只能作为普通的推销员。

> 一个廉价书的出版商有了一个重大的发现，而且这个发现对所有的出版商都具有很高的价值。他发现，很多人买书，所买的只是书的名称而不是书的内容。一本滞销的书只要修改一下书名，就能大大增加它的销售量。所以他常常将滞销书的封面撕下来，然后贴上新的封面。

这看上去是非常简单的一件事，然而它却是结合了创意与想象力的产物。

创意没有特定的价格，它由创意者自定价格。要是他足够聪明的话，他就能得到他想要的价格。

差不多所有关于巨大财富的事例，都是从一位创意者和一位推销者之间的紧密合作开始的。卡内基周围的人就是如此，他们相互合作，有的出谋划策，有的付诸行动，从而让自己与合作伙伴取得传奇般的财富。

很多人都希望自己能在一生中有一次发达的机会。或许幸运能给人带来一个好的机会。但是最可靠的机会并不会依赖于幸运。我曾经就有过一次幸运的机会，但是这个幸运在转化为财富之前，我为它付出了25年的代价。

那一次幸运就是我有幸见到了安德鲁·卡内基，并获得了与他的合作。在这一机遇里，卡内基启发了我成功的原则，并加以组织，使它成为一种成功哲学的信念。后来，由于我 25 年所从事的研究，使成千上万的人获得了巨大的财富。但是，这一切的开始，也只不过是任何人都能创造的一个构思。卡内基给我带来了好运，但这明确的目标和 25 年来坚持不懈的努力又从何处而来呢？一个寻常的愿望是无法战胜失望、沮丧、失败、批评和各种困难的，只有当它成为一种强烈的欲望、一种执著时，一切才皆有可能。

当初卡内基在我心中植下这一构思时，它仅仅是一个需要百般劝导、努力培养才能延续下去的创意。当这个创意在它自己的力量下不断成熟、成长时，它就反过来劝导、培养和驱使我了。构思都是这样的：它首先是赋予你“意念”以生命，并让它行动起来，然后它们才会拥有自己的力量，去将一切障碍扫平。

构思的力量是无形的，这一力量大于产生它的头脑。当头脑回归大自然之后，构思仍然在生存着。

想象是意识的加工厂，它能将人的意识转化成财富与成就。将你的创造性的想象力训练出来，才是你创造巨大财富的秘诀。

第二十四章

计　划

任何能让你成功的计划，它所需要的不仅仅是要你去制定它，更需要你去认真地执行。成功的计划只有通过切切实实地去执行，才能够把它从纸上变成可看得见的现实。执行你的计划，或许会遇到不同程度的困难。但这没有关系，如果你能掌握、能懂得执行计划的方法，那么一切困难都可以得到很好的解决。

制定切实可行的计划

我们已经知道，人所创造出的每一样东西，都是以欲望为起点的。在这段旅途中，欲望是第一站，然后由抽象到具体，再进入想象力这一加工厂，在这个加工厂中，创造并组织实施实现欲望的计划。

以下是教你如何制定切实可行计划的策略：

1. 将你所需要的人才集中到一起，以创造和实现你的财富积累计划——这其中，你可以应用本书后面“智囊”那一章中陈述的法则。

2. 在组建你的“智囊团”之前，你要决定对这个集体中的每个人付出一些什么代价，才能换来他们的合作。没有任何人会永远为你工作而不需要酬劳的。也不会有一个聪明的人会要求或者期待别人为他工作而不用付给足额的报酬，即使这报酬未必全都要用金钱来支付。

3. 你每周至少安排两次与你的“智囊团”会晤。如果允许的话，可以增加会晤的次数，一直到将你的财富积累计划完成。

4. 你要和“智囊团”中的每一位成员保持良好、和谐、健康的关系。要是你不这样的话，那么你就会面临着失败。而且，没有良好、和谐、健康的关系，就不可能实现“智囊”的作用。

另外，你要牢记以下事实：

第一，你正在从事的项目对你而言必须是非常重大的。为了它的绝对成功，你必须要制定完美的计划。

第二，你必须运用他人的经验、学识、技能与想象力。每一个创造了巨大财富的人都差不多运用了这个方法。

没有一个人能够确保完全凭借自己的经验、才识和想象力去积累巨大的财富。不善于和他人合作，那么也就不可能有成功的结局。所以，当你全身心致力于财富的积累时，你所采用的每一项计划，都应该是你和你的“智囊团”成员一起完成的。也许你会想采用这个计划的全部或者一部分，但一定得让“智囊团”中的人审核，并批准将你的计划付诸实施。

一个计划失败就尝试另一个

假如你首次采用的那个计划失败了，那就用一个新的计划来将其取代。要是新计划仍旧不成功，就继续用一个新的计划来取而代之，一直到你发现了一个成功的计划为止。许多人总是被失败困扰的关键，在于他们缺乏创造新的计划取代已经失败的旧计划的持久毅力和勇气。

要是没有一项可行性的计划，哪怕是再聪明的人也不可能创造财富或者实现其他任何事业。当失败降临到你身边时，你要清醒的认识到，一时的失败并不等于永远的失败。这或许只是表明你先行的计划并不正确，你可以构思其他的计划，从头再来。

千千万万的人一生都过着清贫的生活，其中的原因就在于他们缺乏创造财富的正确计划。而且，你的成就，是不可能大于你计划的正确性的。

爱迪生发明白炽灯就是一个最经典的例子。他在完成白炽灯的发明之前，曾经就“失败”过10000多次。换句话说，爱迪生在成功之前就遭遇了10000多次的挫折。

詹姆斯·希尔在筹集资金建造一条跨美国东西两岸的铁路时，也遭遇过挫折。但是他采用了新的计划，将失败转化为胜利。

亨利·福特不仅是在建立汽车事业的初期遭遇过一时的失败，即使他处于事业发展的顶峰时，也一样遭遇过挫折。但是他制定和采用了新的计划，并且不断取得了胜利。当我们在认识这些伟人的时候，往往只是看见了他们的成功，而忽略了他们在获得成功之前所必须战胜的无数失败和挫折。

在失败来临的时候，你应该将它看成是对事业亮起的红灯。之后对你的计划重新审视并重新制定，再次开足马力，驰向成功的目的地。要是你一遇失败就轻易放弃，毫无疑问，你是一个半途而废的人。这样的人，永远不能成功。

成功者绝对不会放弃目标。

你可以将这句话写出来挂在你早晚都能看得到的地方。

在你开始选用“智囊团”成员的时候，一定要选择永不言败的人。

怎样获得你理想的职业

每个人都乐于干自己适合的工作，并会觉得是非常愉快的。美术工作者喜欢用色彩工作，手工艺家喜欢用双手，作家爱好写作。即便是那些没有突出才能的人，他也往往对某种工作有着特殊的偏好。现代社会的好处，就在于它能为人们提供各式各样的就业机会。

要想找到自己所理想的职业必须做到以下几点：

1. 明确你要从事哪一种工作。如果现在还未产生这项工作的话，那么，也许你能够创造出这项工作。

2. 确定你希望为其效力的企业和个人。

3. 研究有可能雇用你的雇主、有关他的政策、人士、晋升以及加薪的机会等。

4. 对你的天赋和能力进行分析，以及你可以为别人提供一些什么样的服务。

5. 不要总是觉得哪儿有一项职缺可以提供给你，你应当将注意力集中在自己可以做什么工作之中。

6. 你的心中一旦形成了求职计划，就要找一位富有求职经验的人来执笔，整

洁而详细地将计划书写成文。

7. 把这份计划书适时适地的向有关人士提出，让他去考虑。你要知道，每个企业都在寻找能提供有价值意见的人，每个企业也都会将职位留给对企业有利的人。

以上方法的实施，可能要耗费你几天甚至几周的时间，但是它会让你在收入、晋升和获得领导的赞赏等方面得到迅速的进展。它可以让你提前 5 年达到预期目标。

任何人都能够精心设计自己的周密的求职计划，使自己从底层不断向上发展。

31 种失败的主要原因

人一生中最悲惨的事，或许就是拼命奋斗结果却惨遭失败。除了少数成功者以外，大多数人都有过失败或者面临失败的经验。

经过研究分析，关于财富的积累只有 13 个主要原则，但导致失败的主要原因有 31 项。这里将叙述 31 个失败的主要原因，你可以在阅读这些原因的同时，逐点对照自己，看看有多少原因成为了你成功的绊脚石。

1. 先天不足的遗传基因。智力天生不足的人，唯一能弥补不足的办法就是“笨鸟先飞，勤能补拙”。

2. 没有明确的人生目标。一般没有明确的人生目标的人，是不存在成功的希望的。在研究分析过的 100 个人当中，有 98 个人没有人生的目标，这也许就是他们失败的主要原因。

3. 缺乏雄心和远大抱负，对什么都持无所谓的态度。没有上进心和不愿意为成功付出代价的人，是绝对没有希望成功的。

4. 没有充足的教育经验。要克服这个缺点，是十分容易的。经验表明，能自学的人，往往是学习成绩最好的人。仅凭一纸大学文凭是不够的，光掌握知识也是不够的，关键是在于对知识的应用。一个人之所以能取得报酬，不只是因为他们拥有知识，而是因为他们能把知识运用于工作上。

5. 缺乏自律。纪律来自于自我控制，一个人对自己的情绪和行为必须有控制的能力。你在控制别人之前，就得先把自己控制住。你也会发现，其实控制自我是最难的。你在镜子中看到的自己，既是你最好的朋友，也是你最大的对手和敌人。

6. 糟糕的健康情况。一个人如果没有了健康的身体，也是不可能成功的。造成健康不良的原因有：

（1）摄入了过多的食物。

（2）错误的思考习惯和消极的思想、情绪和行为。

（3）不正常地和没有节制地发泄性欲。

（4）缺乏足够的运动锻炼。

（5）因为呼吸系统的问题导致身体供应不到新鲜的空气。

7. 童年时代受到的不良环境影响。“树苗不扶正，长成大树后也是弯的”。很多人出现了犯罪的倾向，大多是在童年时代因为受到不良环境的影响造成的。

8. 做事拖沓。这是一种最为常见的失败的原因。拖沓总是在每个人的身影中挥之不去，它就等待着破坏人们成功的机会。为何总是遭遇失败，就是因为我们总是处于等待之中。你要明白，机会是永远不会“刚刚好”的。就在你目前的位置，利用你手中已有的工具，开始行动起来吧，不能再等了！

9. 缺乏不屈不挠的精神。很多人做事不能善始善终，当看到有失败的迹象的时候就会立即表现出退却的倾向。没有任何的东西是能够取代不屈不挠的精神的。将不屈不挠的精神奉为座右铭的人，失败会自行离开，因为失败是抗衡不过不屈不挠的精神的。

10. 消极的个性。因为消极的个性是不会获得与别人合作的机会的。

11. 对性冲动缺乏控制。性是驱动人们行动因素中最强的一种，因此要加以控制。要用升华和转移的方法将其导入到其他轨道中。

12. 难以控制不正当的欲望。这是一种投机式的本能，它驱使着无数的人们走向失败。1929 年纽约华尔街股市的全面崩盘，让许许多多的人因此破产，就是一个很好的证明。

13. 缺乏果断的决策力。成功的人士都能迅速果断地下定决心，并随着情况的变化灵活改变决定。失败的人常常是迟迟下不了决心、并且常常改变主意，优柔寡断和拖沓是对孪生兄弟，只要看到一个，就会找到另一个。

14. 具有 6 种基本恐惧中的一种或多种。这会在后面的章节中对这些恐惧进行分析。你在有效地提供个性化服务之前，就必须将这些恐惧克服掉。

15. 未能找准结婚对象。这也是常见的一种失败的原因。婚姻一旦失败，就会充满悲哀和不愉快的特点，这会将一个人所有的抱负全部毁掉。

16. 过度的谨慎。一个不敢冒风险的人，通常只能选择别人剩下来的东西。无论是过度谨慎还是不够谨慎，都同样不足取，必须防止这两个极端。因为人生中处处充满了不可预料的机遇。

17. 错选了合作伙伴。这是从事商业的人常见的一个失败原因。一个人在寻找雇主和合作伙伴时应当要有极其小心的态度，要选择一个富有智慧、为人诚实的雇主和合作伙伴。

18. 迷信和偏见。迷信属于恐惧的一种，同时它也是无知的象征。成功的人对什么都无所畏惧，并且胸襟广大。

19. 入错行业。“男怕入错行，女怕嫁错郎”。一个人要是对自己所从事的职业不喜欢的话，是不能取得成功的。在寻找职业中，最重要的就是要选择自己喜欢的职业，并全身心地投入进去，就能获得成功。

20. 缺乏专心致志的能力。其实，被称为“万事通”的人，实际上样样不精通。应该将自己全部的精力集中在一个明确的目标上。

21. 有挥霍的习惯。不能过节俭的生活，并且挥金如土的人，也是不可能成功的。应当要规定将固定的收入比例作为积蓄，并养成有计划储蓄的习惯。一个人在求职时能否和雇主讨价还价，其前提往往就是在于你的银行账户中有没有钱，要是一个人没有钱作为后盾，他也就只能被动接受人家给他的任何工作。

22. 缺乏热情。一个毫无热情的人，别人是不会信任他的。要明白，人的热情极具有感染力，热情的人常常会受到大家的欢迎。

23. 偏执。心胸狭隘、不能容纳其他问题的人，很少能够取得成功。偏执就等于一个人不再求知。最具破坏性的偏执，是那些不能容忍宗教、种族和政见上存在差异并且排斥异己的人。

24. 毫无节制。这个和暴饮暴食、过度放纵性的活动有关。如果不能节制自己，而是过度沉溺在这些放纵之中，都会对事业形成致命的损伤，让人难以成功。

25. 缺乏与别人合作的能力。有太多人，因为不能和别人取得合作，而丧失地位和机遇。凡是要求自己上进的人，都不会允许这种缺点的存在。

26. 拥有不经自己努力而获得的权益。像那些富人子女和继承遗产的人，手中的权益和财富并不是靠自己的努力得来的，这也会构成他成功的致命伤害，一夜暴富会比贫困还要危险。

27. 蓄意欺骗。没有什么东西可以取代诚实的品格。一个人处在某种不得已的环境中一时说了谎话，这是可以原谅的。但是一个蓄意欺骗的人是不会有成功的希望的。迟早都会自食其果、丧失信誉乃至丧失自由。

28. 自私与虚荣。这个缺点，就像亮起的红灯，让人望而却步，它们也是成功的致命伤。

29. 以猜测代替思考。大多数的人要不是太懒，就是很不注意问题的实质，他们宁可凭借着猜测或者草率地采取行动，也不愿仔细地进行思考，其结果必然是失败。

30. 缺乏资本。这是首次创业的人遭遇失败的主要原因。没有充足的后备资本，就难以承受所犯的错误，即使有亲友相助也未必能度过难关，这是一个让很多人失败的常见原因。

31. 通过上述原因，你还可以列举出在自己经历中曾经遇到过而前面未曾列举过的失败原因。

通过以上 31 种失败的主要原因，你如果可以和一位与你知心的人一起对比这些失败的原因，并每条进行剖析，那是非常有好处的。要是你能独自对照分析，这也是可以的。但是，对于多数人来说，经常是当局者迷，旁观者清。人们总是不能和其他人那样清楚地认识自己。

自我剖析要回答的问题

如果你想更好地推销自己的个性化服务，那么你就有必要每年做一次自我剖析，就好像对库存的货物进行一次年终大盘点一样。做自我剖析的好处，可以看出自己目前所存在的不足以及本年度所增加的优势。为了做好每一年度的自我剖析，你可以参照下面 28 个问题，进行逐一的回答，这样才可保证自我剖析的有效性和准确性。

1. 本年度我达到了预期目标吗？（每年你都应当有一个明确的目标，作为自己人生目标的一部分）

2. 我所提供的服务已经是自己力所能及的最佳服务吗？其中的一些部分我还能做得更好吗？

3. 我所提供的服务是不是自己已尽了最大努力？

4. 我的工作精神是否表现出和谐与合作？

5. 我是不是因自己拖沓的缺点而降低了自己的工作效率。如果是这样，那么降低了多少？

6. 我是否将自己的个性改善了？如果是，我是用什么方式改进的？

7. 我是不是将自己的计划坚持到了最后？

8. 在任何场合，我是否都能迅速而又果断地作出决断？

9. 我是否曾让六种基本恐惧中的一种或多种恐惧影响到自己的工作效率？

10. 我是否有过度谨慎或者不够谨慎？

11. 我和同事之间的关系是否融洽？如果不融洽，那么有多少过失在于我本身？

12. 我是否因为缺乏毅力而让自己分散了精力？

13. 在所有的问题上，我都能以开阔和宽容的心态去对待吗？

14. 我哪一方面的能力有了改善和提高？

15. 我曾经放纵自己的某些习惯吗？

16. 我在公开或者私底下是否有过自私的表现？

17. 我对待同事的态度是否能获得他们对我的尊敬？

18. 我的意见和决定是基于自己的臆断猜测，还是基于准确的分析和思考？

19. 对于时间和收入我是怎样支配的？我对这些支配谨慎吗？

20. 我有多少时间花在无益的事情上？用这些时间，我原来可以做哪些更好的事？

21. 我应当怎样分配自己的时间，以提高下一年的工作效率？

22. 我是否做过自己良心所不容许的事情并感到自责？

23. 我在哪些方面的工作做得比我现在的工作所要求的更多、更好？

24. 我曾有不公正的表现吗？如果有，是在什么方面？

25. 如果我是雇主，我对自己的工作会感到满意吗？

26. 我现在所从事的职业适合自己吗？要是不适合，什么原因？

27. 雇主对我的工作感到很满意吗？如果不满意，原因何在？

28. 按照成功的基本原则，对于自己现在的评价是怎样的？（要公平和正确地作出评价，并请一个正直的人来检视你的评价）

阅读完本章所表达的这些内容后，可能你现在已经有了一份完备而又实用的推销自己的计划了吧？在此章中，对于推销自己的每项原则，都进行了详细的介绍。

无论是求职，还是推销自己，都应当充分地去了解这些内容。凡是已经破产的人或者刚刚开始创造财富的人，为了获得财富，唯一的途径就是为别人工作。因此，他们必须要知道这些实用的理论，才能获得最大的收益。

第二十五章

决心

只要下定决心，什么困难都能克服，什么事情都能做成。倘若犹豫不决、瞻前顾后，那么机会就会瞬间溜走。致富也是如此，只要克服拖沓和犹豫不决，鼓起勇气，下定决心去做，就一定能得到你所想要的。

克服犹豫不决

在对25000名遭遇过失败的人进行统计分析后，结果得到一个事实：在31种失败的主要因素中，排在第一位的是缺少决心。迟疑不定，当断不断，几乎是每个人都必须要征服的危险敌人。

在对几百名拥有100万美元以上资产的人士进行分析后，事实再一次证实，他们当中的任何人都具备快速果决的能力，并且能够将所做的决定贯彻始终。反之，那些无法成功累积资产的人，通常都不具有决断能力，而且经常更改自己的决定。

亨利·福特的优秀才能之一，就是他能快速进行决策并贯彻始终。也因为这点个性特别突出，致使他以顽固而闻名于世。那时，尽管他的顾问以及众多汽车买主都劝他更改T型车（这一款车被笑称为世界上最难看的车）的设计，可是他在面对非议时，却依然坚持己见。福特或许在变换车型这件事上过于固执，但是换一个角度来看，也正是由于他的决心和毅力，才使他累积了庞大的资本。因此，虽然他很固执，但他的这种气质总是要比那些难下决断、百改无成的人要好千倍。

能够快速地作出决定当然是好事，但是这种决定必须是经过思考后的结果，同时你所作出的决定还必须避免以下因素：

1. 被别人的意见左右

大多数人之所以难以积累他们所需要的财富，通常是由于容易受别人意见的影响。他们把报纸上的看法和邻居间的闲谈当成了自己的思想。而事实上，舆论是世界上最廉价的商品，每个人都有许多现成的看法可以提供给任何愿意接受的人。如果你在作决定时，被这些意见所左右，那么，你干任何一行都不会成功，更不用说将自己的欲望转变为财富了。当然，如果你被别人的意见所左右，那么，你也就不会再有自己的欲望了。

因此，在你开始把本书的原则付诸实施时，你一定要拿定自己的主意并贯彻到底。除了你“智囊团”的成员之外，不要太过于相信别人。而“智囊团”的人，必须是对你完全了解、并与你有着共同目标的人。

你的朋友和亲戚，可能并不是想阻拦你，但他们的“意见”和一些无伤大雅的嘲弄往往却会成为你的阻碍。很多人一生都活在潜藏于内心的自卑中，主要是因为某位善良而鲁莽的亲友，用他们的“好心”或嘲讽毁了他们的信心。

你拥有自己的思想和智慧，完全可以通过它们来坚持你的决定。倘若你需要从别处获得帮助，那也不必大张旗鼓。你要悄悄地去获取你所需要的东西，不要轻易暴露目标。

2. 不要不懂装懂

不懂装懂，这是绝大多数人都有的缺点。这类人往往口若悬河且从不听取他人的意见，你应当对此保持警惕，避免多言多语，也由此培养出快速决策的习惯。凡是话多的人，通常都是行动少的人。倘若你总是说的比听的多，就可能丢掉很多累积知识的时机，同时还会暴露自己的计划与目标，而别人则会因为各种原因希望你失败。

你还应当记住：假使你在一名学识渊博的人面前开口讲话，那么便是在揭自己的老底，暴露你知识的狭隘。真正的智慧往往体现在谦逊和沉默中。

此外，也必须切记这个事实：你结识的人通常和你一样，也在寻找累积财富的时机。若你草率地说出自己的计划并且毫无保留，最后你或许会惊讶地发现，别人居然在你之前先行动了。等到下次见面时，他已实现了你无意间提到的计划，因而让你功亏一篑。

做一名无声的行动者吧！

如果你接受这个忠告，为了让自己随时警惕，可将下面这句话以大字书写，贴在你每天都能够看得到的地方：

我可以向全世界宣布我的目的，但必须要先开始行动。

要有勇气下决心

决心的价值往往取决于下这一决心时所需要的勇气。作为文明基础的伟大决心，往往是需要冒着死亡的危险。

林肯决心发表他著名的《黑奴解放宣言》，给予美国黑人以自由时，他就是在充分了解他的行动会引起成千上万人的支持与反对的情况下，才决定的。

苏格拉底决心喝下那杯毒酒是一个勇敢的决定。这个决定赋予了当时尚未出世的人们以思想和言论自由的权利。

罗伯特·爱德华·李在决心与北方分道扬镳，站到南方一边来时，也充分表现了他的勇气。因为他知道，这个决定可能要使他付出自己的生命，而且也必须要牺牲一些人的生命。

就美国公民而言，前所未有的决心表现在 1776 年 7 月 4 日，在费城由 56 人所签署的一份文件上。这些人知道，这一文章如果不能给每个美国人都带来自由，就会“把 56 人都吊死在绞架上”！

你可能听说过这份著名的文件，但你可能没有充分考虑过这里面所包含着的伟大启示。

我们都记得这个重大决定的日期，但是我们不知道下这个决心时所需要的勇气。我们知道的仅是在学校中所学习过的历史：我们知道他们的姓名，我们知道华盛顿和康瓦利斯。但是我们可能还不知道这些人名、地名和日期背后的真正的力量。这力量使一个国家诞生，使人民获得了自由，并为全人类树立了独立的榜样。

我们简单地看一看产生这股力量的相关事件。故事的开始是在波士顿，日期是 1770 年 3 月 5 日，在街道上巡逻的英国兵欺压当地市民，引起了市民的愤怒。他们呼喊口号，对巡逻的士兵投掷石块，结果英军指挥官命令：“给我上刺刀，冲！”

战斗中，许多人死亡或受伤。这件事使市民们的愤怒情绪更为高涨，于是地方议会（由有地位的殖民者组成）召开会议，商讨具体办法。这时议会中两位议员，约翰·汉考克和萨莫尔·亚当斯站起来发言，宣称必须采取行动，驱逐波士顿的英军。

这两个人的发言可以说是美国自由的开端！在当时，他们的这一决定需要有很大的勇气，因为这是一个非常危险的决定。在会议结束后，萨莫尔·亚当斯被指派前往拜访当地总督赫钦森，要求英国部队撤退。

请求被批准了，英国军队撤出了波士顿。但是这一事件并未完结，反而引出了一种改变整个人类文明倾向的趋势。

在这段历史里，理查·亨利·李是一个重要的因素，因为他与萨莫尔·亚当斯经常有书信来往，他们常就地方上人民的生活福利问题，交流他们的忧虑与希望。亚当斯从这些通信中想出了一个主意：如果在这13个州之间互相保持通信的话，那对于解决殖民地问题所需要的协调行动，就一定会有很大的帮助。于是在波士顿和英军发生冲突之后的第三年，也就是1772年3月，亚当斯向议会提出了他的意见，要求在各殖民地之间成立一个“通信委员会”，每个殖民地州都指定一位通信人，“以友好合作改善英属美洲殖民地为目的”。

这是意义深远的一个组织的开端，这个组织的力量注定要使美国人民获得自由。在此情形下，“智囊团”组成了，它包括亚当斯、李和汉考克。

“通信委员会”诞生了。各殖民地的人民原先只对英军开展无组织的斗争，就像波士顿暴动事件一样，得不到什么好处。他们个人的怨恨从未在一个“智囊团”的领导之下发挥过整体力量。而此时，人民的智慧、灵魂与力量结合起来，在一个共同的决心（信念）之下，一劳永逸地解决与英国人的问题。

与此同时，英国人也没有闲着，他们考虑对策，制定了一些计划。他们的优势就是有金钱与军队。

英王任命加琪接替赫钦森为马萨诸塞州的新总督。新总督的第一个行动，就是派人去访问萨莫尔·亚当斯，企图用贿赂和恐吓的方法来阻止他的反对。萨莫尔·亚当斯当时有两种选择：一是停止反对行为，接受贿赂；二是继续反对，冒着被判处绞刑的危险！

显然，亚当斯必须立刻作出决定。这个决定可能要以他的生命为代

价。亚当斯当时要求拜访的人保证将他的答复一字不漏地转告给总督。亚当斯的回答是："你可以告诉加琪总督，个人的利害得失决不能引诱我放弃对国家的责任。再请你告诉加琪总督，这是萨莫尔·亚当斯给他的忠告，希望他不要再侮辱被激怒了的人民的感情！"

亚当斯的答复果然激怒了总督。随后，加琪总督发表公告说：英皇陛下会给予他的臣民最宽厚的赦免。但不予赦免的只有两人，即萨莫尔·亚当斯与约翰·汉考克。

总督的威胁也促使他们两人下了同样的决心——组织殖民地议会。凭着他们的智慧和影响力，这一决定最终获得了其他人的同意。通过"通信委员会"的安排，于1774年9月5日在费城举行了"第一次大陆会议"。这是一个重要的日子。因为如果没有大陆会议的"决定"，就不会有之后"独立宣言"的签字。

在以上事例中，你自始至终都可以找到的启示是：在强烈的欲望所支配下的思想，常常会通过行为而转变。不要期待奇迹的出现，因为你不会发现奇迹。你能发现的只是永恒的自然法则。对这些法则有信心也有勇气去利用的人，法则便会为之所用。这些法则可以给一个国家带来自由，自然也可以给一个人带来财富。

凡能迅速决断的人，只要清楚自己想要的是什么，通常都可以得到。如果各种行业的领导人在决断时的言行表露出他清楚自己的目标，那么世界也会给他留下一席之地。

犹豫不决的习惯往往是童年时代养成的，这种习惯会从小学、中学一直延续到大学，最后会变得很难改正。这个习惯会伴随着他去选择——如果真是他所选择的——职业。一般说来，刚离开校门的年轻人，都会有暂时先找一个工作的想法。找到何种工作就从事什么工作，这便是由于他已养成了犹豫不决的习惯。如今为薪水而工作的100个人中，有98个人之所以会安于现状，就是由于他们优柔寡断，缺乏自己去选择工作的决心。

下决心要有勇气，甚至是很大的勇气。在独立宣言上签字的56个人，便是用生命为决心下了赌注。为求职而向人生索取自身价值所下的决心，并不需要以生命为赌注。你的筹码只是你的经济状况。如果你能以当年萨莫尔·亚当斯为殖民地争取自由的精神来谋求财富，那你就一定能够积累财富。

说上千言万语，也不如一次实际行动。能果断下定决心并知道自己要什么的人，通常能得到常人得不到的东西。

第二十六章
毅　力

那些一遇到挫折和困难就退缩的人是永远也不可能到达成功的目的地的。只有不畏艰难，努力向前的人才能走向成功。积累财富亦是如此，将欲望转变为财富的过程是异常艰难的，必须具有坚韧不拔的毅力才能拥抱你梦想中的财富。

积累财富需要坚强的毅力

在你将欲望转变为财富的过程中，有一个不可缺少的因素，那就是坚韧不拔的毅力。

当意志和欲望结合的时候，它们就会形成一股不可抗拒的力量。在我们的生活中有一种错误的想法，就是普遍认为拥有巨额财富的人都是冷漠无情的。其实不然，他们是具有坚强意志的人，他们能在自己欲望的激励下，实现自己的目标。

大多数人只要稍微碰到一些挫折或阻碍，就会轻易地放弃自己的目标。只有少数人能够不畏艰难，继续前进，直到实现他们的目标为止。

毅力是人类必须具备的一种品质，它或许并不包含“英明神武”的意思，但它的重要性一如炼钢需要碳素一样不可或缺。

如果你阅读本书的目的是应用本书所讲解的知识，那么，对你毅力的首次考验，便是看你是否按照所陈述的六个步骤认真去做了。一般来说，100个人中只有两个人会在看完全书之后，形成了自己的明确目标和计划；而大多数人在看完本书后仍旧过着自己原来的生活，并没有按照书中所讲解的内容确实去行动。

缺乏坚强的毅力是失败的主要原因之一。对数千人的调查证明，缺乏毅力是失败者的共同弱点。要想克服这个弱点，需要做许多努力，其中最主要的，是要看你欲望的强烈程度。

所有成就都是以欲望为出发点的。正如微火只能烘暖你的手一样，微弱的欲望也只能产生微弱的成果。如果你发现自己缺少的正是坚毅的精神，弥补这一缺点的重要方法，就是为你的欲望燃起熊熊大火。

如果你已经按照我所说的六个步骤去做了，那么从你满怀热情的行动中，就可以显示出你积累财富的欲望究竟有多大。如果你发现你对于金钱无动于衷，那么说明你还缺乏积累财富的“财富意识”。

只有具有“财富意识”，才能积累财富。

如果你发现自己缺乏坚毅的精神，你还可以将注意力聚集在“计划”一章中所提出的拟定计划的方法，并和“智囊团”共同协调合作，借助团队成员的团结与奋斗，培养出自己坚韧不拔的精神。根据“自我暗示”和“潜意识”两章中的讲解，你应该让自己的欲望成为一种长久的习惯，直到你的潜意识完全接受为止。从那时起，你就不会再存在缺乏毅力的问题了。

你是否具有“财富意识”

习惯了贫穷的人，贫穷就会紧随其后；而心中时时期待财富的人，那么金钱就会自动找上门来。其实，这两者的道理是相同的，假如“财富意识”不占据心灵，则“贫穷意识”就会来侵犯。一旦有了贫穷者的行为，“贫穷意识”就会深深地盘踞在你的内心。除非一人天生具有“财富意识”，不然，他就应该努力培养出这种意识，并使其处于主导的地位。

当然，如果你只是零零散散或是偶尔应用书中的这些原则，那么对你而言，这些都是无用的。要想让自己培养出“财富意识”，你就必须完善地应用这些原则，直到使它们真正成为你内心里与生俱来的习惯为止，除此之外别无他法。

如果你完全理解上面所说的话，就应该明白无坚不摧的毅力在累积财富的过程中是何等重要了。拥有坚强的毅力，就会成功；反之，则会失败！

只有曾经经历过噩梦的人，才会认识到坚毅精神的价值。就像你躺在床上感觉快要窒息时一样，在不能翻身、肌肉麻木后你方能明白，能支配自己身体的肌肉是多么美好的事情。凭借坚定的意志，你终于可以使自己的一根手指活动了，然后是一条手臂、另一条手臂；一条腿、另一条腿。最后，你终于恢复了对全身肌肉的支配，从噩梦中惊醒过来。而这一切，都是你一步一步完成的。

要从精神怠惰中“惊醒”过来。同样是先要缓慢地动，然后再逐渐加速，直到实现你对意识的支配为止。在最初，不管行动是如何的艰难，你都必须坚持。只要你具有坚强不屈的精神，成功就一定会到来！

所有具备坚强毅力的人，似乎都拥有不会失败的保险。不管他们曾有过多少回的失败，最后都能攀上成功的巅峰。这就仿佛是在无形中有人在进行主宰，他总是用各种令人绝望的失败来考验人们。那些失败后又能再爬起来的人总能成功，而那些经不起考验的人，则永远与成功无缘。

由于自身的坚强毅力，一切经得起考验的人都必将得到丰厚的酬劳。他们不但能实现自己所追求的目标，而且还会得到更为重要的东西——幸福与智慧。

用毅力超越失败

在人生的道路上，有很多人在失败中倒下去之后，就永远也没能再爬起来。只有少数具有坚忍不拔的毅力的人，最后站了起来，并且获得了成功。这些人承认失败只是一时的，他们依靠顽强的毅力从而使失败转化为胜利。因此，一个人没有毅力，那他在任何一行中都不会取得成就，在任何一个地方都有可能倒下。

神秘的百老汇。既是“希望死去的坟场”，也是“机会的长廊”。世界各地的人来到百老汇，追求声誉、财产、权力和爱情。在追求者的队伍中，每隔一段时间就会有人脱颖而出，于是世界上就传说又有一人征服了百老汇。但百老汇不是轻易就能够征服的。只有那些拒绝“放弃”的人，它才会承认他的才智与天分，并给予财富报酬。

这就是征服百老汇的秘诀——毅力！芬妮·赫斯特奋斗的故事就说明了这一秘诀，她用毅力征服了百老汇。

赫斯特小姐于1915年来到纽约，想依靠写作来积累财富。但这是一

个漫长的过程，她耗费了整整 4 年时间。在 4 年里，赫斯特熟悉了纽约的人行道，她白天打短工，晚上耕耘希望。在希望黯淡时，她从未说过："好啊，百老汇，你胜了。"而是说："好的，百老汇，你可以击败某些人，但却不能击败我，我会让你认输的。"

在她的第一篇稿子发表前，她收到过的退稿单多达 36 张。大多数人在接到第一张退稿单时，就开始放弃写作了。而她却坚持了 4 年之久，决心要获得成功。

最终，赫斯特小姐获得了成功。她战胜了困难与时间的考验。从此以后，出版商纷纷登门求稿。钱来得太快，她几乎都来不及数。接着电影界也发现了她。从此财富就如洪水似的滚滚而来。

因此凡是想积累财富的人，都必须具有百折不挠的精神。

培养你的毅力

有人可能会说，我就是没有毅力去坚持，怎么办？事实上，毅力是一种心理状态，它是能够培养的。就像其他各种心理状态一样，毅力需要有明确的动机为基础。这些动机包括：

1. 明确的目标。培养毅力的第一步，也是最重要的一步，就是知道自己最渴望的是什么。强烈的动机可以促使人们克服许多困难。

2. 欲望。如果欲望强烈，得到和保持毅力就比较容易。

3. 自我激励。对自己实现这个计划有信心，并激励自己克服实现计划中的任何困难。

4. 明确的计划。有组织的计划可激发毅力，即使这些计划是有缺陷的、不完善的。

5. 落实计划。细致地进行观察与分析，不要以猜测来代替。

6. 合作精神。互相之间达成谅解与和谐的合作，可以培养毅力。

7. 意志。将自己的思想集中到明确的计划上，也可以产生毅力。

8. 习惯。毅力是习惯的结果。人类的意识会吸收每天所获得的生产经验，并使自己成为这些经验的一部分。比如对于恐惧，我们就可以凭借强制的勇敢行为来克服。

在谈到如何培养毅力之前，你还可以分析一下你自己，看看你的毅力如何。拿出勇气来认真地评判自己，看看在上面八点培养毅力的动机中，你缺少什么，这会使你增加对自己的了解。

由此你会发现阻碍你获得成功的真正敌人，你会发现自己毅力上的弱点和造成这些弱点的潜意识原因。如果你真的希望了解你自己以及你的能力，你就必须勇敢地反省检讨。所有想拥有财富的人，都必须克服一些弱点。这些弱点由以下一些方面组成：

1. 不知道以及不能明确说出自己所渴望的是什么。

2. 有原因或无端的拖沓（通常会用许多借口与理由来掩饰）。

3. 对于获取专业知识不感兴趣。

4. 犹豫不决，在所有的场合都推诿责任（会有一大堆借口），不敢正视问题。

5. 不能制定明确的计划去解决各种问题。

6. 自我满足。这是一种无药可医的病，患此毛病的人毫无希望。

7. 冷淡。这种弱点一般表现为对所有的事都只求妥协，而不想抗争。

8. 将自己的错误归咎于别人，并甘于在不利环境中生活。

9. 缺乏强烈的欲望。这是因为没有选择可以刺激行动。

10. 有欲望，但一遇挫折就打退堂鼓。

11. 缺乏完善的有组织的计划，不能将其写到书面上加以分析。

12. 不能当机立断抓住机会，以便采取行动。

13. 以祈求代替意愿，却不知行动。

14. 安于贫困的心态，没有获取成功的雄心。

15. 试图寻找发财的捷径，想不用努力便得到钱财，有一种赌徒心理。

16. 怕人批评。不愿制定计划并将计划实行，怕别人给予批评。怕人批评的原因往往隐藏在潜意识中，说到底这是一种弱者的自卑。

接下来，我们来讲一讲如何培养毅力。如何培养毅力有四个简单的步骤。实施这些步骤并不需要高度的智力，也不需要太多的条件，亦无需花大量的时间与精力。这四个步骤是：

第一，在欲望的支配下建立明确的目标。

第二，制定完整的计划并开始付诸行动。

第三，摒弃一切否定的、沮丧的、影响心理的因素，比如亲朋好友的消极

反应。

第四，与鼓励你实现自己计划的人结成同盟。

若你想在各种工作中获取成功的话，这四个步骤是非常必需的。而促使你把这四个步骤培养成自己的习惯，就是本书最重要的目的。当一个人能用这四个步骤去击败挫折的时候，必将会获得最好的报酬。对于自己所具备的价值，每个人都有努力向世界索取报酬的权利。

第二十七章

智囊团

俗话说：一人难挑千斤担，众人能移万座山。个人的力量是十分有限的，只有发挥团队的力量才可以实现个人难以达到的目标。任何想要积累巨额财富的人，都不要指望单打独斗获得成功，而要践行“智囊团”原则，集合大家的力量，实现自己的财富梦想。

智囊团能给予你力量

积累财富的基本条件是力量，而能够提供这种力量的则是集体的知识与智慧——智囊团。

在积累财富的过程中，如果没有足够的力量将计划转变为行动，那么最完美的计划也只是空中楼阁。那么，一个人应怎样去获得这种力量？如何去使用这种力量呢？

在这里我们先对这“力量”下一个定义：有计划地经由智囊团的指导，因而产生的共同努力，这足以使一个人将他的欲望转化成财富。智囊团即是两人或两人以上的人为了共同的目标，在协调合作的形态下共同产生的组织。积累财富需要这种力量！财富积累后，要保存这些财富，也需要这种力量！

我们先来看看这种力量应该怎样得到。首先我们要认识一下知识的来源：

1. 智慧。如创造性的想象力等。

2. 积累的经验。可以从图书馆和课堂上得到人类积累下来的经验。

3. 实验与研究。这些事实与经验以科学的形态每天都在向人类提供知识。

这就是知识的来源。凭借知识制定计划，并将计划付诸行动，就可以把知识化为力量。

从这里也可以看出，只依靠一个人的力量来汇集知识用以制定计划，会遇到很大的困难。如果他的目标很大，那么他在制定计划时就必须与人合作，用集体的智慧来形成力量。

依靠智囊团，也就是依靠集体的知识与智慧。由此而凝聚的力量将是巨大的。反之，你就会失去力量。但你在选择智囊团时要特别谨慎，就像前面所谈到的那样。

为了使你能深刻了解智囊团所能给予你的力量，我们先在这里解释智囊团的两个特性。其一是经济性，其二是精神性。经济性的一面很清楚，任何人只要能得到智囊团全心全意的协助，给他建议、忠告及合作，他就能获得经济利益。这是所有巨大财富积累的基础，你了解了这一点，就能决定你的经济地位。

智囊团的精神性比较难理解。下面的这段话或许会使你得到一些启示："两个人的心智放在一起，就会产生第三种看不见的无形力量。我们可以把它叫做第三个心智。"

人的心智是一种精神的能量。当两个人的心智在和谐的状态下相融合的时候，他们的精神便结合在一起，构成智囊团的精神特点。

《思考创富》这本书就是由于安德鲁·卡内基的提议和我的精神产生了共鸣之后的产物。也可以说是卡内基协助我选择了我毕生的事业。

卡内基的智囊团约有50人。卡内基把他获得财富的原因完全归功于这个智囊团所产生的力量。

其实，只要观察一下所有积累了庞大财富的人，你就会发现他们几乎毫无例外地奉行了依靠"智囊团"的原则。

因为除此之外，再也不可能从其他的地方产生如此巨大的力量了！

如何使你的智力倍增

人的头脑就好像一个蓄电池，一组蓄电池所产生的电流毫无疑问要远远大于一个蓄电池所能产生的电流。头脑的功能也是如此。一些人的头脑之所以要比另一些人强，就是由于他们集中了大家的智慧。一组以和谐精神结合在一起的头脑，要比单个的头脑产生更多的思维能量。它既可以产生集体的力量，也可以启发他们中的每一个人，让集体的智慧供他所用。

大家都清楚，亨利·福特在开始他的事业时，曾遭遇了贫穷与缺乏教育等困难。人们也都知道，在10年之内他克服了这些困难，使自己在25年后成为美国最富有的人。而福特的事业之所以有如此大的进步，正是因为他与爱迪生成为了朋友。由此可见，一个人的智慧对另一个人的智慧具有多么大的感染力。而福特在与哈维·法尔斯通、约翰·乔伊斯及路德·波明克（三人均有极高的智慧和能力）结为朋友之后，事业上取得了更加辉煌的成就。

在友善与和谐的精神状态下，人们会学到他们所结交的人的天性、习惯与思考力。福特与爱迪生等人的交往就是如此，他将四人的智慧、经验、知识集于一身，开创了伟大的事业。

同样的，你也可以运用这样的原理！

前面我们已经提到过甘地。他就是在和谐的精神状态下，促使两亿人民同心协力，为了一个共同的目标而努力奋斗。在这种意义上来讲，甘地创造了一个奇迹，他使两亿人民团结了起来。如果你不相信这是个奇迹，那么你可以试着让两个人团结起来，看看这会有多困难。

领导者都知道，让手底下所有的人和谐地工作，是一件十分不易的事。团结起来，将全体的智慧集中到一起，向着一个共同的目标努力，是力量的最大来源。这种来源是天才和领袖们都需要的。

对于如何获得集体智慧的方法，在后面的章节中将会进行适当的阐述。

你在读到这些时，要不断地深思、冥想，这样你才会有收获。

积极情绪的力量

财富是羞涩的、容易溜走的，就像年轻的小伙子追求心爱的姑娘一样，必须积极主动去追求才能有所收获。追求者不仅要有欲望、有信心、有毅力，还要有计划、有行动。

对整个人类来说，好像有一股看不见的洪流。这股洪流有两个方向，一边是

把人们载向进取、上进和财富的一方；另一边则是把人载向堕落、悲惨与贫穷的一方。

凡是积累了巨大财富的人都知道这股洪流。它包含了一个人的思想过程。积极的思想使人走向幸福的一端；消极的思想则使人坠入贫穷的一端。

这是个至关重要的问题，凡是有着积累财富的梦想的人都不能掉以轻心。如果你正向贫穷的一端漂去，那么我告诉你，“思考创富”的这种思想就像一把桨，它可以使你划向洪流的另一端。但要切记：必须持之以恒地奋斗，否则就会功亏一篑。

快乐从行动中得到，并保存在努力之中。

有组织、受智慧引导的知识便是力量，它能推动计划以取得成功。智囊团正可以提供这种力量。

第二十八章 性的转化

一说到性，很多人由于对性的无知以及以往所接受到的错误的性观念，马上就会联想到肉欲。事实上，“性”是人的一种心理状态，它不只是单纯的肉欲，它还可以转移和升华为想象力、勇气、意志力、毅力以及创造力等。学会将原始的肉欲进行转化是积累财富的一个重要步骤。

性的转移与升华

性的转移与升华是通往财富的第十步。这里所说的“性”，是指人的一种心理状态。由于很多人对性的无知，所以只要一提到性，就马上会联想到肉欲。同时也是因为，大多数人在接受性知识的时候，接受到的并非是正确的性观念，这样就导致了人们的思想中对性的认识存在很大的误区。

实际上，性作为感情的原始萌动，本质上有三个巨大的潜力在发挥着作用。它们是：

1. 人类的永久性。

2. 对健康的维护（如果把性当做治疗剂，那么没有任何药品的疗效可以与之媲美）。

3. 平庸的人经由性成为天才。

性的转化并不是一个复杂而难以理解的问题。通俗地讲，性转化就是把一个人的思想转移到其他某些特质上。

对性的渴望是人类欲望中最富有原始力量的一种。当人受到这种力量的驱使

时，常常会发出他们以前从未拥有过的深刻的想象力、勇气、意志力、毅力以及创造力。人对性的渴望是如此地长久而强烈，甚至会不惜付出生命与自尊的代价，并深陷其中不能自拔。如果能对这种力量加以正确的引导与利用的话，那么是可以使其在文学、艺术或商业领域发挥巨大作用的。如此一来，创造财富也并不是难事了。

一条奔腾的河流，如果想将其拦住，那么可以筑一条堤坝，可是这只能维持相当短的一段时间，用不了多久，河流就会冲破堤坝。性欲也是如此，也许性欲可以被暂时地压抑与控制，但由于性本身存在着不断涌动的力量，所以如果不及时把性欲转移到某种创造性的力量上，那么性的破坏作用就会寻找一种毫无价值甚至是很恶劣的方式来发泄。

通过我对25000名普通人的分析研究，结果显示很少有人在40岁之前就功成名就。通常他们都是在过了50岁之后才开始有了一定的财富。这样的结果不能不令人仔细地思考一下，到底是什么原因造成这样一种结果的呢？

这个研究分析说明了这样一种情况：大多数人在50岁之前并没有取得成功的主要原因在于，他们过分沉溺于性欲的肉体表达方式，因而稀释了他们的能量。绝大多数人从来就不知道，性欲也有其他的表达方式而且比纯粹的肉体表达方式要更为重要得多。

而对此有所领悟的人，大多已经是40或将近50的人了，这时候是他们性能力的一个高潮期。在他们发现性能量的转移力量时，已经浪费了好多年的时间。在此一时期过后，通常就会获得杰出的成就。

很多人在40岁以及40岁以后，其性欲能量会继续不断地被分散，如果把这些能量引导到更好的途径上，那么就会获得更多的利益。

至今为止，性宣泄的欲望是人类最强烈最迫切性的情感。如果这种欲望能被加以利用，及时转化成肉体表现以外的行为的话，则可以使一个人获得伟大的成就。

性感是一种吸引力

对于性感，一般有两个不同的概念，一个是指能对异性具有诱惑力以致引起异性情欲的感觉。另一个则还包括着一种极具个性的气质、一股能够吸引别人的个人魅力和一份可以恰到好处地展现内在和自身优势的智慧。总的来说，性感是一种吸引力。

有位教师负责训练及指导过 30000 多名推销人员，在工作中，他有一个惊人的发现：凡是属于性感型的男子，在推销上都有很高的效率，原因就是我们所说的“吸引力”，而实际上就是指性能量。

性感的人通常拥有充分的吸引力。经过培养与了解之后，这种力量可以被运用到人际关系上，即可以获得较大的能量。这种能量可以经由下述方式而和其他人加以沟通：

1. 握手：这种以手接触的方式立即可以显示出对方是否有吸引力。

2. 声音的音调：一个人的声音是否像音乐那般悦耳，可以决定一个人是否有吸引力。

3. 身体姿态与举止：性感的人行动敏捷、姿态优雅、自在。

4. 思想交流：性感的人能够把性的能量与他的思维联系一起，并能很好的将二者进行融合，并且因此而影响到四周的人。

5. 服饰仪容：性感的人通常十分注意他个人的外表。他通常会小心翼翼地选择衣服的风格，而使这种风格成为他的个性、外表、仪容等的特色。

优秀的销售经理在雇用推销员时，通常会把个人的吸引力作为是否录取的首选条件。缺乏吸引力的人，往往缺乏热情，因此也无法激发起别人的热情，而热情则是一个推销员最重要的素质之一，不管他所推销的是何种产品。

演说家、传道士、律师和推销员都必须设法去影响别人，所以，他们若是缺乏性感的力量，那么将会在他们所从事的行业中默默无闻。同时，大多数人只有在他们的情绪受到感染时，才能接受别人给他们意见或忠告。因此，当你接受这一事实之后，你将会发现，性感力量是推销员天赋能力的一部分，相当重要。

杰出的推销员之所以能够在他那一行中表现突出，主要是因为他们在意识中或潜意识中，把他们的性能量转化成了他们的推销热情。

解除性能量的束缚

人们对性的认识，几乎处在一个无知的状态。因此，性冲动往往被思想邪恶的人误解、歪曲和破坏，最后导致犯罪。

那些拥有高度性本能的人是人类的幸运儿，但却通常被看做是怪人，受到世人的格外关注。他们不但未被认做是幸福的人，相反地，在人们眼里，他们往往被指责为不健康的人。

在这个拥有高度文明的现代世界里，仍然有无数的人因此产生了自卑感，因为在他们心中，已经深植了“强烈的性欲是罪恶之源”这种错误的观念。这种想法是完全错误的，不应该被用来解释一个人是否思想淫秽。

如果将性欲与智慧融合，再加上有辨别地使用，就会成为一种美德。但是这种美德常常遭到误解与误用，以至于它不但不能丰富我们的身体与意识，反而会破坏我们的身体与意识。

我经过研究发现，几乎每一位伟大领袖，他们的成就大部分是在女性的鼓励下取得的。在这些事例当中，这种女性通常是一位娴淑、勇于牺牲自我的妻子，但是一般大众很少或甚至不知道有她的存在。当然，这种事例也存在于一些除妻子之外的其他女人身上，不过仅是极少的一部分。

每一位具有理性思维的人都知道，通过酒精和药物所获得的刺激是一种极具破坏力的纵欲方式，这种破坏力主要表现在身体健康上。但人们并不一定都知道，对性欲的放纵，是一种对创造力的破坏，其破坏程度并不亚于酒精与药物对身体的破坏。

一个沉溺于肉欲的人和一个借助药物提神的人，基本上没有什么差别。他们都失去了自己的理智，意志力薄弱，无法控制自己的欲望。许多产生“臆想症”的人就是因为对性的真正作用缺乏认识所引起的。

性能力的转化

通过对几千名成功人士的密切观察与分析，得出了这样一个结论：很少有人能在40岁以前拥有高超的创造能力。人们通常是在40~60岁之间，才达到他们创造力的最佳时期。因此，那些未能在40岁以前获得成功的人应该从这个结论中受到鼓舞，那些在40岁左右就害怕“老了”的人也应该受到鼓舞。

事实上，一个人最丰富的时期，是40~60岁这个阶段。人们在接近这个年龄段时，不应该心存恐惧，而应该带着希望与渴望的心情去迎接它。

对于“大多数人在40岁之后才会达到他们最佳时期”这一结论，如果你需要证据的话，那么，你去了解一下那些大家公认为是最成功人士的生平事迹，就会得到证明：

亨利·福特一直到过了40岁之后，才开始踏上他成功的阶梯。

钢铁大王安德鲁·卡内基在40岁以后，他的努力才开始有所回报。

詹姆斯·希尔在40岁时，还是一个默默无闻的发报员，在40岁以后，他才开始有所成就。

看！从无数企业家与成功者的真实事例可以充分证明：40~60岁这段时期，才是人生最有收获的黄金时期。

在30~40岁这段时期，人们开始学习（如果他愿意学习的话）转化性能力的技巧。这种学习与发现通常是在无意间发生的，而且更重要的是，人们通常完全不知道自己已经在无意中学会了这项技巧。他可能会注意到，他的工作能力在35~40岁左右突然大为增加，但在大多数情况下，他并不知晓这项变化的过程：大自然在30~40岁之间的人身上，开始调和爱情与性欲的关系，使他得以运用这些伟大的力量，去采取正确的行动。

“性”本身就是促使人们采取行动的一股重大推动力量，但这股力量就像一阵飓风，无法加以控制的。当爱情、性欲强烈地冲击人的心灵时，就会破坏人心情的宁静、正确的判断力与平衡的心态。如果一个人到了40岁还不能及时纠正它，并把它与自己的经验相结合，那就没有什么比这更糟糕的了。

爱情、性欲这些情感都能够驱使一个人获得重大的成就。爱情的作用就像一个安全阀，保证我们一定能获得心情的宁静、平衡，以及获得创造性的努力。这些情感如果能结合得恰到好处，将会使一个人步入天才的行列。

第二十九章

潜意识

大脑，是人类所有身体部位中最为伟大的器官，它是人体的司令部，也是思想的器官，具有无限的潜力。善于挖掘大脑潜力的人，就等于拥有了无穷的创造力。拥有无穷的创造力就等于拥有了一生都用不完的财富。

唤醒和激发你的潜意识

潜意识也是一个意识领域，在此领域里，经由任何一种器官转达到意识的每一种思想行动，都会被加以分类和记录。思想可以从这个领域中找出或者放回，就如同从文件柜中取文件一样。

潜意识是昼夜不停地在工作的，它通过一种不为人所知的程序方法，向无限的智慧汲取力量，自主地将一个人的欲望，转化为同等的物质。

有一种证据可以充分证明这种观念，即潜意识是优先的心智和无限的智慧联系的一个重要环节。它是一个中间的媒介，通过它，人们可以随时吸取无穷智慧的力量。也只有它能修正心智的行为，并将其转化为等价物质的秘密程序。

与潜意识有关的创新是巨大且不可想象的。

在你接受潜意识存在这个事实，并明白它可能是让你的梦想变成等价财富的中介以后，你就会明白“欲望”一章中所指的所有涵义。这时你会了解，我为什么再三地劝你要确认你的欲望，而且要将欲望清楚地写下来；同时也会明白，在完成这些指示的过程中，顽强不屈的精神有多么的重要。

思考创富的这十几个原则只是一些刺激物，你可以利用它们得到影响潜意识的能力。在第一次尝试的时候你如果没有成功，也无需气馁。你要明白，潜意识或许只接受习惯的领导。你现在没有充足的时间养成信心与习惯，因此要有耐心、懂得坚持。

潜意识也会有懒散的时候，你如果不能在你的潜意识中植入你的欲望，那么，因为你的疏忽和懒散，你的潜意识就会接受和容纳任何思想意识。在这个时候，只要你记住自己每天是“活着的”，生活会进入你的潜意识的各种思想冲动里。这些冲动既有消极的也有积极的。你现在所要做的，就是自己帮助自己将消极的冲动消除掉，并运用积极的欲望来协助你主动地影响潜意识。

当你做到这一点的时候，你手上就已经掌握了打开你的潜意识之门的钥匙。

人们通常要创造的每一样东西无不是以一种思想冲动为开端。在思想中没有事先酝酿的东西，人是不可能创造出来的。依靠想象力的帮助，可以将思想中的冲动整合成可行的计划，因此，如果能运用在一下想象力，在人们的各行各业中，就能创造出成功的事业来。

利用积极的情绪

在生活中，很多人都受到情感和情绪的支配，这是一个众所周知的事实。如果你的思想冲动结合着情绪，那么潜意识的反应会很容易受其影响。

人一共有 7 种积极的情绪和 7 种消极的情绪。我们可以将其比作用来做面包的酵母，它们可以将思想的冲动从被动的状态转化为主动的状态。所以我们不难理解，为什么结合着情绪的思想冲动，比“冷静的理智”所产生的思想冲动，更容易转化为实际行动。

7 种积极的情绪是：欲望、信心、爱、性、热情、依恋、希望。

除此之外，还有其他的一些积极情绪。但这 7 种情绪是最强烈的、在生活中以及创造性的努力中是最常用的。熟记这 7 种情绪，那么你在需要的时候，就可以让其他积极的情绪完全为你所用。请牢记，对于这一点，本书旨在帮助你，使你心中充满着积极的情绪，以增加和培养你的财富意识。

我们所要避免的 7 种消极情绪是：恐惧、嫉妒、怨恨、报复、贪婪、迷信、愤怒。

积极和消极的情绪不可能同时占据在你的意识领域里，其中必然有一种处于领导地位。所以，你的责任是一定要让积极的情绪支配你的内心。在这方面，习惯的法则是相当重要的，它能对你产生很大的帮助。因此，人们必须培养自己拥有积极情绪的习惯。

你只有坚持按照这些指示去做，并连续不断地去努力，你才能控制你的潜意识。在一个人的内心中，只要有一种消极思想存在，就足以阻挠和破坏来自潜意识中一切有建设性的、对自己有益的帮助。

第三十章

头　脑

头脑是人的思想震波的发射站，也是接收站。它既可以将人的思想传达出去，同时也能让人接收外来的思想，它具有无形的巨大力量，影响着你的心灵。平凡的人，往往不善于运用自己的头脑，只是把它作为一种单纯的收发器官，所以它不能通过思考来致富。如果你善于运用自己的头脑，那你就等于让自己有了伟大的无形力量，思考创富将在你身上变成现实。

伟大的无形力量

人的头脑既是思想震波的发射站，同时也是接收站。这和广播电视放送的原理类似，每一个人的头脑都能接收到他自己大脑中所释放出来的思想震波。而创造性的想象力就相当于头脑的“接收机”，它能接纳从别人的头脑中发射出来的思想。它是一个人的意识或理性，其可能接收到极为广泛的思维刺激来源。

受到刺激的时候，也就是震波频率加快的时候，人们的内心变得非常容易接受外来的思想。这种震波加快的过程主要是依靠积极的或者消极的情绪引起的。依靠这些情绪，就能使思想震波频率加快。

让你的精神“发射站”进入工作的状态，只是一个比较简单的过程。你只要记住潜意识、创造性想象力以及自我暗示这三个原则，在你希望开启你的发射站时，你不妨大胆地运用它们，因为它们是开启你精神发射站的三大力量。

在过去很长一段时间里，人们主要依赖自己的身体，这使得人们的知识局限于他所能看得见、摸得着和测量得到的东西。

我们现在进入了一个史无前例的最为神奇的时代。这个时代将让我们明白，在我们周围的世界中，存在着一股无形的力量。最终我们也许会知道，另一个“自我”比我们在照镜子时所见的那个有形、实在的我更具有力量。

有的时候，当人们谈及看不见的、无形的东西时，不免会轻视它。这是因为他们无法通过五官去察觉到他们。因此，我们在谈及无形的东西时，要提醒自己，我们所有的人其实都在被这个看不见、摸不着的无形力量所控制着。

人类至今依然无法应付和控制海洋泛起的巨浪，也没有办法去掌握无形的引力，这种引力让这颗小小的地球悬在宇宙之中，并且让地球上的人类不至于坠落下去。面对自然这股无形的力量，人类几乎只能选择完全屈服，在面对大自然的灾害和人类社会的变异时，一样是无可奈何的。

就这些无形的物质而言，人的无知远远不止于这些。比如人类并不了解泥土中包含的那种无形的力量，这股力量向人类提供了所食用的每一种食物，所穿的每一件衣服和他兜里所揣的每一元钱。

人类对头脑的认知

人类虽然总是夸耀自己的文化和教育，但对思想（无形力量中最伟大的一种）的无形力量却了解得非常少，甚至根本就不了解。但幸运的是，关于头脑能将思想的能量转化为等价物质的极为复杂的作用，虽然人类所知道的也只是一点点而已，但人类还是进入了一个新的时代，我们已经对于这个问题产生了新的启蒙。科学家的注意力集中到了被称为“大脑”的这个了不起的器官上，虽然对它的研究还只是在启蒙的时代，但是他们已经发现了非常多的知识。我们已知人类的大脑中枢、让脑细胞彼此相连的线路数目相当于数字“1”后面加上1500万个“0”！

芝加哥大学的赫利克博士感叹说：“这是一个非常惊人的数字，这让那些几亿光年的天文数字也显得微不足道。据估计，在人脑的外皮层中，有100亿~140亿个神经脑细胞，而且我们知道它们都以一定的方式排列。这可不是一些随便的排列，而是井然有序的。最近发展出的电子生理测试方法，可从定位极为精确的细胞或者纤维中，用微电极吸引电流，用无线电管将这些电流放大，就可记录到差异在百万分之一伏特的电位差。”

这实在令人难以置信，如此错综复杂的网络式机能组织存在的目的，只是为了维持身体成长的生理功能而已。那么这也许极有可能让上百亿的脑细胞彼此间有相互沟通的系统，这样就能提供与无形力量沟通的工具了。

《纽约时报》曾经刊登过一篇社论，文中显示，在心灵研究领域中，至少有一所大学的精神现象的研究员，正在进行着一项有系统、有组织的研究。这项研究所得出的结论和本章中所阐述的，有很多地方是相类似的。这篇社论简单地分析了莱恩博士和他的助手在杜克大学所做的工作，下面所叙述的就是这篇社论。

什么是心灵感应？

在一个月之前，我们曾经在这里提到过杜克大学莱恩教授和他的助手所获得的卓越成果。他们从近于10万次的试验中证实了“心灵感应”和“强大洞察力”的存在。这些结论在哈佛杂志上发表过两篇。第一篇概述了这些研究的成果。现在所刊发出的第二篇中，作者赖特对于这些“强大洞察力”的问题作了一个综合的推论。

因为莱恩教授这一系列的实验，现在部分科学家似乎都觉得“心灵感应”和“强大洞察力”存在的可能性极大。接受过它种试验的人，都会被要求在一副牌中说出有什么牌，并不许他们看牌，也不许用其他的感官去接触这些牌。这样可以发现大概有60多人可以准确地说出许多张牌。如果他们只是瞎猜碰运气，这就绝对没有一丁点猜中的机会。

它们是怎样做到的？假设有某种力量存在的话，那么它们好像不是来自感官的，因为这些力量并未通过任何已知的器官。这些实验有些是在相聚百里之外的地方进行的，结果和同时在一个房间内一样的有效。

莱恩认为，这些事实也说明人们试图通过从物理的放射理论去解释“心灵感应”或者“强大洞察力”的现象。我们已知的各种放射能量都会伴随着距离和面积的增大而减弱。但“心灵感应”和“强大洞察力”却不会减弱。就如身体状况会影响其他的精神力量一样，“心灵感应”和“强大洞察力”在程度上也会有所不同。和一般的说法正好相反，被试验者在熟睡或者半睡的状态下，并不能增加他们的这一能力；恰恰相反的是，他们在清醒和警觉的状态下时，却能得到改善。莱恩教授发现，如果使用麻醉产品，会让被试验者的成绩降低。而使用刺激药物时，他们的成绩却能得到普遍的提高。

莱恩极具信心地提出了另外一个结论，认为“心灵感应”和“强大洞察力”是一种相同力量造成的结果。也可以说，在能够“看得见”扣在桌子上某张牌的能力和能够“知道”别人的想法，这能力来源似乎是完全一致的。而且这个事实可用几点理由来证明。比如，到现在为止，凡是发现有其中一种能力的，也必然有另一种能力，这两种能力几乎有完全相等的成因。窗帘、墙壁、距离等都不能将这些能力阻碍。莱恩因此得出结论，其他超洞察力的经验、先知似的梦、灾祸预测等种种“预感”，或许也能证明为同一种能力中的构成要素。本文并不要求读者接受其中的任何一种结论，除非读者认为有承认的必要。但是莱恩教授所积累总结出的经验和证据，仍然让人印象深刻。

如何在合作中心灵相通

对于莱恩博士所讲的“超感觉”感应方式，我和他的助手曾做过各种实验。实验证明，在一些较为理想的状况下，我们刺激自己的头脑，可以让人们的第六感发生作用。

我所讲的理想情形，指的是我和我的两位助手间密切工作的关系而言。根据实践与实验，我们可以发现怎样刺激我们的内心将对于解决问题更为有效。

这个实验的方法是非常简单的。我们可以围坐在会议桌旁，明确地说明我们所要考虑的问题以及问题的性质，然后再开始展开讨论。每个人都可以把自己的想法提出来。但更为奇特的是，与会的每一位成员都能因此和他们经验之外的未知来源的经验产生沟通。

这时你可能会明白，此处所采用的圆桌会议的方法，其实就是智囊团原则的实际运用。

这种在三个人之间共同采用一个明确主题来激励心志的方法，也是智囊团原则最基础最实际的应用。

采用一个与智囊团相类似的计划，那么任何人都可以凭此取得成功。如果此时它对你仍旧没有意义，你可以在本页上做一个记号，等到你将此书全部阅读完后，再对这些内容进行重复阅读和理解。

第三十一章
第六感

第六感是一种非常奇妙的感觉，它可以让你预测到危险的发生，让你预感到机会的降临，让你的灵感随时来临。它属于想象力的一部分。如果你的第六感是趋于成熟和发展的，那么它就能为你开启智慧殿堂之门。

神奇的第六感

第六感可以为你开启智慧殿堂之门，人通过第六感就可以和无限的智慧进行交流，而无需作其他费力又无用的追求。

在前面潜意识的内容里，我们提到过第六感是创造性想象力的一部分。它也曾被称之为“接收器”，它是通过意念、计划和思想瞬间进入人的心中的，这种灵光闪现的情形我们称之为预感或者灵感。

第六感是难以被形容的，也难以向还未熟悉本哲学其他原则的人讲述清楚，因为他们没有可以和第六感相参照的知识和经验。只有通过内在的心智的发展，并以冥想和深思的方法，才能产生对第六感的体悟。第六感也许是人类心中有限的心智和无穷的智慧之间相互接触的媒介，也正因为如此，它可以作为心智与精神的结合体。

当你在熟悉和掌握了本书中所讲述的原则之后，你才能接受和承认以下说法的真实性，这些说法是：

通过第六感，对于将要发生的危险，你可以收到警告信息并予以避免。此外，你也能预感到机遇的来临并抓住它。

伴随着第六感的发展和成熟，在你的意念中，可能会出现一位来帮助你并听从你吩咐的“守护天使”，她将随时为你开启智慧殿堂。我并不相信奇迹，也不会鼓吹奇迹。这是因为人类有足够的自然知识，我们知道大自然绝不会偏离它的既定轨道。有些自然规律太难于理解，所以产生了类似于奇迹的结果。在我所经历的事情中，我认为第六感就是接近奇迹的东西。

人所能感受到的，是在每一粒物质的原子中充满着一种力量。也许就是因为这个力量，无穷的智慧让橡树的种子成长为参天的橡树，让水遵循着万有引力的定律由高到低流向山谷。日夜循环、四季更迭，使众生万物都各司其位，并保持着彼此之间适当的关系。通过本哲学的原则，这一智慧可以用来将欲望转化为具体的物质形式。

通过以前的章节，你已经被逐步地引导进了最后一个原则。如果你已经熟悉了之前的每一原则，那么你现在一定能毫无疑虑地接受这里所做的忠告。如果你还未熟悉这些原则，那么你必须去了解、熟悉，之后你才能切实地判定本章所做的忠告究竟是事实还是虚构。

当我处于“崇拜英雄”的年龄时，我曾经试图模仿最钦佩的人。后来我发现，在我自己致力于模仿我的偶像的时候，是信心这一因素给了我极大的能力，让我获得了成就。

利用伟人重塑自信

尽管那个崇拜英雄的年代已经过去，但是我从未没有完全放弃过这种习惯。我的经验告诉我，真正伟大的人物不一定要效仿别人，但应承担起学习的责任。

早在出版著作或者发表公开讲演之前，我就培养了一个习惯，就是模仿 9 个伟人来重新塑造自己的性格。这对个人的生平与成就而言，给我以很深的影响，它们是：爱默生、潘恩、爱迪生、达尔文、林肯、伯班克、拿破仑、福特和卡内基。在多年的时间里，我每天晚上会和这些伟人举行一场假想式的会议，我称伟人们为“隐形的顾问”。

会议的过程经常是这样的，在每晚睡觉前，我会闭上眼睛，之后在想象中看见这一群人和我一起围着圆桌而坐。这个时候，我不仅仅是有机会坐在这些伟人当中，而且还能凭借着会议主持人的地位引导着他们。

我之所以沉迷于这种每夜的会议之中，是因为我有一个非常明确的目标，就是要重塑自己的品格，让自己成为这群想象中的伟人们的性格合成体。这也因为我很早就知道，我必须克服那个无知与迷信的环境的障碍，所以我就要使用自己规定的那些方法，重塑自信的人生。

凭借自我暗示塑造性格

我当然明白，所有的人都是因为他们自身的思想和欲望而成就了他们现在的性格。我也知道，每一个扎根很深的欲望会有促使个人外在表现的效果，并通过这些表现，将欲望变成事实。我还知道，自我暗示是建立人格的一个强有力的因素。实际上，借助自我暗示来塑造性格是唯一的原则。

对心智活动原则有了充分的认识，我就很好地配备了重新塑造性格所需的条件。在那些假想的会议中，我要求我的成员们提供我所希望的知识，我使用自己听得到的声音，对成员们说：

> 爱默生先生，我希望从你那儿获得了解自然的奇特力量，他曾让你拥有杰出不凡的一生。我请你将你所能够了解的并能适应自然规律的特质，深深地烙印在我的心中。我请求你帮助我获得和运用实现这个目标所需要的任何来源的知识。
>
> 伯班克先生，我请求你将使你能与自然规律相协调的知识传授给我，凭借着这一知识，你种植仙人掌成为人们的食品。请您让我取得自然界的知识。
>
> 拿破仑先生，我希望向你看齐，并渴望着获得你所具有的那神奇的才能，这是一种可以鼓舞他人、唤起人们更大、更坚定的行动精神的才能。同时，我也想获得使你转败为胜、克服重重困难的持久信心。
>
> 潘恩先生，我希望从你那儿获得使你卓尔不群于他人的那种自由的思想，以及能表达出你信念的那种具有说服力的勇气和清晰的智慧。
>
> 达尔文先生，我渴望获得使你在自然科学界中成为榜样的那种耐心，以及那种在没有丝毫成见的精神下，研究事物因果关系的那种能力。

林肯先生，我希望在自己的性格中，塑造出你特有的那种敏锐的正义感、永不怠倦的耐性、幽默感以及坚毅的品格。

卡内基先生，您曾经给我工作方向的选择，让我受益匪浅，这个选择给我带来的是无限的幸福和宁静的心情。我希望能彻底向你了解你所用来建立庞大企业组织的各项原则。

福特先生，你作为给了我工作必要的材料和众多对我有帮助的人物之一，我希望能获得你那坚毅、勇敢、不屈不挠、镇定和自信的精神。这些精神使你摆脱了贫困，让你组织、统一和简化了人类的力量。我要效法你，让我可以帮助别人，让他们循着你的脚步不断前进，直至成功。

爱迪生先生，我渴望从你那儿获得发现自然秘密所具有的神奇的信心，以及将失败转化为成功的那不屈不挠的精神。

想象力的惊人力量

对着假想中成员的会谈，因为他们性格特征的各异而都有所不同。我非常详细地研究了这几个假想成员的一生。在这种晚上的假想会议召开了数月之后，我惊奇地发现，这些假想中的人物差不多对于我都变成了真实的人物。

让我惊讶的是，在这9个人之中，他们各有各的特性。比如说，林肯发展出了迟到的习惯，他会以庄重的脚步到处走动。每次到来的时候，他都是背着双手，走得很慢，脸上总带着沉重、严肃的表情，很少见到他微笑。

而其他的阁员就不是这样了，伯班克和潘恩常常有机智、巧妙的对话，有的时候让其他成员感到愕然。有一回，伯班克姗姗来迟，当他来到时，他向大家解释他迟到的原因，他说他正在进行着一个实验，他希望通过这种实验，让每一种树都长出苹果。潘恩听后就责备他，并提醒他说，男女之间一切的烦恼都是由一个苹果引起的。达尔文就会乐呵呵地笑着说，他建议潘恩到果园里采摘苹果时要特别留意下小蛇，因为小蛇有长成大蛇的可能。爱默生则说："没有蛇则没有苹果。"拿破仑则评论说："没有苹果就没有国家！"

每当会议结束后，林肯总有最后一个离开的习惯。有一次，他靠在会议桌旁边，叉着双手，好几分钟都保持着那种姿态。我不想打扰他。最后，他慢慢抬起头来，起身走向门口，然后又转过身走回来，将手放在我的肩膀上说："年轻人，如果你要坚定地追求你人生中的目标，你就需要更多的勇气。但是，你要记住，当你在遇到困难的时候，把握住普通人都能拥有的常识——逆境能够发展出勇气。"

这些会议进行得如此的逼真，但是我担心会发生什么后果，就中断了几个月。这是一些太不可思议的经验，我觉得，如果继续下去，我会害怕自己忘记了这些会议只是我的想象而已。

这是我首次有这样的勇气把这件事讲述出来。在此以前，我一直对这件事保持着缄默的态度。我也明白，如果把这种特殊的经验描绘出来，一定会让别人误解我。在我讲述这个经验的时候，我更自信了。把这个经验写进书里，这是因为我在过去关心的是别人会说些什么，现在已经不太关心了。

在此需要再次声明的是，这个会议纯粹是想象中的，但我觉得自己有资格召开和主持这种会议，因为正是这些会议诱导着我走上了一条阳光灿烂的道路，领略到了什么是真正的伟大，它激发了我的创造力，最终拥有了思想和财富。

打开灵感的源头

在人的脑细胞中的某处，存在着一种能够接收灵感震波的官能。到目前为止，科学家还未发现这个第六感的官能位于什么地方，但这并不重要。事实是人类的确可以通过五官之外的器官接收正确的信息。通常情况下，当内心受到非同寻常的刺激时，就会接收到这一方面的信息。任何唤醒情绪、并让心脏加快跳动的紧急情况，都会促使第六感发生作用。在任何驾车行驶的过程当中，凡是有过险遇车祸经验的人，都知道，在危急时刻，第六感经常会及时伸出援助之手来进行救援，在千钧一发之际，避免了车祸的发生。

在这里，我需要声明一下：在我和隐形的顾问们举行会议期间，我发现自己的内心最容易接受通过第六感带来的意念、思想和学问。

在面对数十次的紧急情况中，有几次严重到了危害我的生命安全的程度，但我凭借着那些隐形的顾问们的影响力，神奇地度过了这些难关。

在最初，我和假想中的人物举行会议的目的，在于借助自我暗示的原则，将

某些所渴望获得的人物特质，深深烙在我的潜意识之中。后来，我的实验有了不同的做法。我带着我所面对的每个棘手难题，去请教我假想中的顾问们，结果也仍然让人大为惊讶，虽然我并不是全部依赖这一类方式的咨询取得答案。

当然，你也会意识到，这一章所讲述的话题并不是大多数人所熟知的。第六感作为一个课题，它只对那些目标在于积累巨额财富的人有着极大的兴趣和好处，但是对那些欲望并不强烈的人并不会给予很多的关注。

差不多所有的伟人，像拿破仑、俾斯麦、圣女贞德、耶稣、佛陀、孔子、穆罕默德等，都能理解并可能持续地将第六感运用于现实之中。他们之所以伟大，很大的一部分就是他们已经理解和把握了这一原则的构成。

成长是一种非常的力量

第六感并不是一种人们能够随时捡起和丢弃的东西，获得运用这股强大力量的能力，是通过本本中所讲述的其他原则，慢慢地发展出来的。人们很少能在40岁以前获得第六感的知识，最为常见的情形是当一个人在年过40以后才会拥有这个能力。其原因在于，与第六感紧密联系的精神力量只有通过多年深思、反省和审慎的思考后才能逐渐成熟起来，并可加以运用。

无论你是什么人，出于什么目的阅读此书，哪怕是你不了解这一章所叙述的原则，你也可以因为阅读了本书而受益。如果你的主要目的是积累财富或其他有形之物，则这点尤其明显。

本书之所以包含了“第六感”一章，是因为这本书的目的在于提供一种较为完备的哲学，让每一个人可以凭借着这个哲学正确地引导自己，进而达到人生所追求的一切目标。欲望是所有成就的出发点，而终点则是一种知识。这种知识即为了了解自己、理解别人、通晓自然规律，并且认识和了解幸福。

只有通过熟悉和运用第六感的原则，对这种理解才能深入和圆满。

在阅读完本章之后，你一定会发现，你自己已经提升到了一个新的精神境界，非常好！在一个月之后你再来阅读一遍，你就会发现你的内心将飞往更高的层次。如此反复地做，不要在意你此时学到了多少。到最后你就会发现自己已经拥有了一种神奇的力量，这种力量能帮助你清除阻碍，克服恐惧，不再拖沓，并无限地吸收和挖掘你的想象力。到了那个时候，你就会感觉到自己已经接触到了那个说不出名称的“某样东西”。这样东西是任何一位真正伟大的思想家、企业家、艺术家、作家以及政治家最为原始动力的精神。在那个时候，你就有将你的欲望转化为等价物质或财富的能力，其成功的容易程度，并不会高于你一见到困难就放弃努力的那种程度。

第三十二章

消灭恐惧

在每一个人的思想意念中，或多或少都存在对某些事物的恐惧。恐惧是一种特别讨厌的东西，它能令人在某些事情上变得畏首畏尾，不敢从事自己想要做的事情，因此我们必须把它消除。恐惧的种类繁多，而最为基本的，也是对你的事业形成致命威胁的，是对贫困、批评、疾病、失去爱、衰老、死亡的恐惧，把它们清除掉，是每一个想通过思考创富、获得成功的人的当务之急。

为什么要消灭恐惧

什么是恐惧？恐惧是对你的前途形成障碍的一个梦魇，你必须把它清除。因此，当你读到最后这一章的时候，你应当对自己进行一番检讨，找出你究竟还存有多少个阻碍你前程发展的“梦魇”。

在能将本本成功地运用之前，你应当要在心理上做好接受它的准备。而且这个准备工作并无太大难度，一开始要研究、分析和了解三种你必须消灭的敌人——犹豫、怀疑和恐惧。

要是你心中还存在着这三种中任何一个，那么第六感绝对不会发生作用。这三个邪恶的敌人通常是紧密地结合在一起的，如果发现其中的任何一个，那么另外两个就在不远处了。

当你在阅读本书的时候，你要记住，恐惧的幼苗就是犹豫，而犹豫会进而转化成怀疑，两者结合就成为了恐惧！而这两者结合的过程是比较缓慢的。所以这三个敌人为什么具有如此的危险性，那就是：它们就是在不知不觉的情况下，逐渐完成萌芽、成长的过程。

本章剩余的部分，是在描述一个目标，我们在能将这个方法全部加以运用之前，必须将这个目标实现。本章还对让很多人贫穷的原因做了分析，并说明了一个真理。所有积累财富的人，无论是从金钱或是比金钱更为高度的角度来对比，都必须了解这个真理。

本章的目的就是要将关注的焦点放在6种基本恐惧的原因与解除的方法上。我们在战胜一个敌人之前，必须知道它的名称、特性和所在位置。阅读的时候，要仔细对自己进行剖析，并且判定这6种恐惧有哪些附在你的身上，究竟它们附在你身上什么地方，直至把它们消灭！

6种基本恐惧

人一共有6种基本恐惧。任何人总会有一段时期，受到这些恐惧的联合迫害。如果从未经受过全部6种恐惧，那么你算是十分幸运的了。6种恐惧按照最常出现的顺序排列分别是：

恐惧贫困、恐惧批评、恐惧疾病、恐惧失去爱、恐惧衰老、恐惧死亡。

在这里面，前三种恐惧是人们的忧虑之源。实际上，恐惧只是作为一种心理状态，而每一个人都对自己的心理状态有可控制和可引导的能力。

如果首先没有一种思想的冲动，人类是不可能创造出成果的。人的思想冲动会马上开始转化为等价的财富，不管这一思想属于自动生成的还是非自动生成的。在不经意间得到的思想行动（由他人思维中释放出来的），与自己有意构思创造出的思想行动，一样能够影响着一个人的命运。

任何人都可以完全掌控自己的心智。凭借着这个控制，人们就可以把自己的心智敞开，接纳和吸收他人思维中所产生出的思想。也可以紧闭自己的心智，只允许经过自己挑选过的思想进入。

1. 恐惧贫困

贫困是最具有破坏力的。而且它和财富之间是矛盾的，因为这两条路完全是

相反的。如果你要获得财富，那就必须拒绝接受任何导致贫困的环境和条件。

如果你有获得财富的欲望，你就要决定是属于哪一类财富（除了金钱，还可以是精神、心灵和物质资产的财富）。要达到什么程度才能符合你的财富标准。你已经知道了通往财富的道路，并得到了一张地图。如果按照地图所示路线去走，你就在那条道路上。如果你不愿意出发，或者中途停止，半途而废，那么这就怨不得别人，只能归咎于你自己，这样的责任应当要你自己来承担。如果你目前不需要或者拒绝追求人生的财富，你就不能以任何的理由将这个责任推卸掉。因为所能承担这个责任的只能是一个东西，并且这个东西也刚好是你自己所能掌握的唯一的东西，就是你的心理状态。心理状态是一个人自己表露出来的东西，它必须由你自己去把握。

恐惧贫困只是一种心理状态罢了，但是它却足以毁坏一个人在任何事业中成功的机遇。

这种恐惧，能麻木一个人的推理能力，破坏人的想象力，将自信扼杀于摇篮之中，破坏热忱，阻碍创新，致使目标变得模糊，行事拖沓，消除热心，并让自我控制成为不可能的事情。它让人缺乏活力与精神，破坏了准确思考的可能性，并转移集中精神的努力，拖垮你的毅力，将意志力荡平，毁掉远大抱负，混淆记忆力，导致各种形式的失败。对贫困的恐惧，还会扼杀爱心，并且破坏掉心中仅存的良心与良好的情绪，分裂了友情，并招来各种灾祸，导致失眠、悲痛与不幸等等。为什么会这样？其实我们所生活的世界上，我们心中所欲获得的东西都相当充裕。你要相信这一点，我们只是因为缺乏明确的目标，才会陷入以上所讲的贫困、混乱与罪恶之中。

是的，6 种基本恐惧中最具毁灭性的一种，便是贫困的恐惧。把它列在首位，是因为它最难被征服。之所以会产生贫困的恐惧，是因为人在经济活动中有一种剥削他人的倾向。而除了人以外的一切低等动物，由于它们有限的“思想能力”，都是以本能为动机的。因此它们会猎食其他动物。人有思想和推理的能力，所以不会直接猎食同类。但是，他们会以金钱为工具去“猎食”同类，以获得更大的满足。人是十分贪婪的，所以我们有很多法律出台，都旨在保护人类不受到来自同类的侵犯。

让人最受苦和屈辱的，莫过于贫困了！这也只有经历过贫困的人，才会充分了解到贫困的意义。

人们会如此恐惧贫困。请注意，即使在当下，全球每天都会有数以万计的人因为贫困而致死，更不要说历史上那些悲惨的时期了。

人类是如此的渴望得到财富，他们会用任何可能的方法去获得财富。若在急需或紧迫之时，有些人就会铤而走险改用其他方法。

自我剖析或许会将自己一些不希望承认的特点曝光出来，但凡是要求有富裕的生活与超越平凡与贫困的人，自我剖析是相当必要的。记住，在你逐一地剖视自己时，你既是法官，也是陪审团，既是检察官也是辩护律师，既是原告又是被告。记住你是在接受来自自己的审判。你要公正地面对事实，对于你自己提出的明确的问题，要直接地作出答复。在自我剖析之后，你就能了解到你是一个什么样的人。在这种自我检视中，要是你认为自己不能做一个公正无私的法官，那么就请对你知底的人来做法官，在你诘问自己时，你必须要追查事实的真相，无论会付出什么代价，哪怕是自己将自己伤害了，也值得去做。

很多人在问到他们最怕什么的时候，他们常常回答："我天不怕地不怕！"实际上这是不正确的回答，因为鲜有人知道他们因为某种恐惧，使他们的心灵和身体受到打击、迫害和鞭挞。恐惧这一情绪是多么的狡猾和深藏不露，有的人可能一生都深受它的迫害，且不知道它的存在。你只有将勇气拿出来，勇敢地去剖析，才能把这个敌人揪出来。当你开始进行剖析的时候，你要透过自己的性格，往深处探寻。以下为你列举了应该探寻的症状的一张清单：

（1）冷漠。通常表现出缺乏大志，能忍受贫困，对人生的任何不公毫无怨言地接受。精神与生理懈怠，缺乏动力、想象力、热忱和自我控制力。

（2）犹豫。容许别人帮他谋划，自己始终拿不定主意。

（3）怀疑。通常有利用各种理由和说辞，粉饰、辩解自己的失败的表现，有的时候也会表现为对成功者的妒忌和批评。

（4）焦虑。通常会有否定自我与指责他人的表现，并有透支挥霍的倾向。并且，不注意个人外表，愁眉苦脸、酗酒、紧张、缺乏镇静和自我意识。

（5）过度谨慎。他们习惯于找到每种情况消极的一面，而不专注于成功的一面，只是一味地想到和论证失败的可能性。只知道一切到达灾祸的道路，但从来不去寻求避免失败的计划。他们只记得那些失败的人，而忘了成功者。过度谨慎的人处于长久的等待之中，而长久的等待从某一方面来看就是永远的失败。

（6）拖沓。这症状，典型的表现就是把今天的工作留到明天去完成。然而，人们在编造托辞和借口上所花费的时间，就能足以完成今天的工作。这和过度谨慎、怀疑、焦虑有着相当紧密的联系。能不负责时，就拒绝担责。宁愿妥协，也

不愿坚持战斗到底。还会向困难俯首，从来不去克服困难，把它作为进步的垫脚石。在遭遇到失败而要改变方略时，却下不了破釜沉舟的决心。在明确目标、自制、主动、热忱、抱负、节约和正确的推理能力方面，不是缺点重重就是完全缺乏。他们愿意与那些安于贫困的人结交，而不去结交那些要求获得财富的人。

有人会问："为什么拿破仑·希尔写了一本关于创富的书，干嘛仅仅是用金钱来衡量呢？"有的人会认为我是没有道理的。确实，世界上存在着比金钱更高的财富，比金钱更能衡量财富的东西。

之所以写这本如何获得财富的书，是因为有许许多多的人们被贫困的恐惧给吓坏了、吓得麻木了。这种恐惧会有什么样的影响，韦斯特布鲁克·佩格勒曾写道：

> 钱只是贝壳、金属片或者纸张罢了，有一些存在心中的良心、灵魂的宝藏是不能用钱买到的。但是，当你处于贫困潦倒的时候，却无法把这点牢记于心中以维持自己的精神。一个人当他在落魄、徘徊于街头，无法找到一份工作的时候，可以从他下垂的肩膀、戴着的帽子、步伐和眼神中，就能看得出他那变化了的、受损的精神。然而，在有固定工作的人之中，自卑总是与他相随，即使他知道，别的那些人在人格、才能上远不如自己。
>
> 但是在另一方面，这些人，甚至是他的朋友，都会有一种优越感，在无意识中将他视为受到创伤的人。他可以一时向人家借钱，但是却不能长久维持他的用度。一个人如果靠借贷生存，那么借贷本身就是一种令人沮丧的经验，并且，借来的钱远没有像赚来的钱那样令人精神振奋。当然，这些对无业游民和不良分子是不适用的，只有有正常抱负与自尊的人，才会有这样的感觉。
>
> 女人会将绝望隐匿起来，但处于同一困境的有些女人未必会这样。想到穷困潦倒的人时，我们就是不会想到女性。她们很少会站在等候救济的队伍之中，也很少看到她们沿街乞讨、并且在人群中，她们也不会像失败的男人一样，可以通过明显的特点分辨出来。当然，我并非指的是那些在街上蹒跚而行，像那些长期无所事事的男人一样的妇女。我指的是那些非常年轻、品德高尚而又聪颖的女子。这样的人一定会有很多，但她们没有明显的不如意，或许不如意的女人都"自尽"了吧。
>
> 当一个人在落魄失业的时候，他就有了充足的时间用于计划。他可

能会为了工作而远行去参加面试，但却发现那个职缺已招了人或者找到一个没有基本底薪、只有佣金或者提成可拿的工作，只能是依靠推销一些无人会买（除非处于恻隐之心）、没有用处的东西来赚得佣金而已。他把这个工作拒绝后，又回到街上四处徘徊游荡。他没有地方可去，但好像又有地方可去，每当他去商店看看橱窗中那些他买不起的奢侈品时，心中就会深感自卑，并让开来给那些有意购买并停下来饶有兴趣的人观看。他会在火车站四处闲逛，或是去图书馆休息片刻，取取暖，但那并非是在找工作。他或许还不知道，他那漫无目的的闲逛已经显示出他是无业者，虽然他的形象看起来不算差。但这一点也掩饰不了他的颓废。

金钱能使人变得与众不同，贫困的失业者看见其他的人，会计、店员、药剂师或者是马车夫，每个人都在忙着自己的工作，并从心底羡慕他们。他们自立、自尊，还有男子气概。虽然他每时每刻都在为自己辩解，但就是不敢相信——他自己也可以做到。

造成这种现象的，仅仅是钱而已。他只需要一点钱，他就会恢复到自我的状态之中。

2. 恐惧批评

没有人能明确地说出，当初人们为什么会有这种恐惧。但是有一件事倒是可以确定人们对批评的恐惧有了高度的发展。

我曾对批评的基本恐惧与人生来遗传的天性进行研究。这一种天性在促使它掠夺别人的财富时，常会以批判他人的人格来为自己的行为作掩饰。大家都知道，小偷会骂被他偷东西的人，政客寻求公职时，他所凭借的方法不是表现出自己的品德和资格，而是最常采用破坏竞争对手的声誉的做法。

恐惧批评有很多种表现形式，其中大多数是比较细微的，比如，有秃头的男子之所以将脑袋剃秃就是害怕别人批评他。将头发剃光只是为了能更好地戴一种款式的帽子，这种帽子需要将头发从底部刮光才能更好地戴。男人戴帽子，不是因为男人们真正地需要，而是因为“每个男人都戴帽子”，所以其他男人都这样干，就是为了避免其他的男人批评、取笑他。女人很少会剃光头的，甚至是留稀疏的头发，这是因为她们戴着很宽松的帽子，她们的帽子仅仅是用来装饰而已。

但这并不意味着女人们不因批评而困扰。要是有个女人说对于这个恐惧她优

于男人，那么，就让她戴上一顶19世纪的古老的帽子上街转一圈，看看会有什么情况。

机敏的服装设计师会利用人们对这种批评的恐惧，在每一个季节设计时装。这些服装款式的变化是由谁来决定？显然不是消费者，而是服装设计师。但是他们为什么常常要改变服装款式？很显然，他们改变款式能卖出更多的衣服。

同样的道理，汽车生产商也会在每个季度设计新车型，没有人会不愿意开着最新款的汽车，尽管一些旧款的车实际上会比新车更好。

现在我们再来检视一下，在比较重要的人际关系上，恐惧批评所产生的影响。以达到心智成熟的人为例（一般要在30~40岁之间），如果你能看得出他们心中不为人知的想法时，你就会发现他们绝不会相信专家所告诉他们的那些很多像神话般的事例。

或许你有时能找到一个有承认和相信这一话题的勇气的人，但是如果给予他足够大的压力，很多人都会否认并且说谎，而不是承认他们不相信与某些宗教有关的故事和神话。

即使是在这个科技文明高度发达的今天，一般的人为何还耻于承认他们相信神话故事。真正的答案就是，他们害怕被批评。曾经有人就因为勇于表示自己不信鬼神，而被绑在火刑柱上烧死。批评所带来的惩处是如此的重，这也难怪我们会承袭这一种恐惧批评的意识。时至今日，对于批评所带来的残酷惩罚，在某些国家依然是这样。

对批评的恐惧会剥夺一个人的动力，破坏他的想象力，限制其个性发展，剥夺他的自信，并让他受到多方面的伤害。父母经常批评孩子，使孩子受到无法弥补的伤害。我儿时的一位好友的母亲，几乎天天用枝条鞭打他，打完后总是对他说："在20岁以前，你就得坐牢。"结果他在17岁的时候还真蹲进了大牢。

批评是一项做得过剩的服务。每个人总是有一堆过剩的批评，不管人们是否需要，总是免费提供给人家。最亲的亲友常常就是爱提供这种过剩服务的人。为人父母的，总以一些不必要的批评，在孩子的心中埋下了自卑感的种子，这是一种罪恶。了解人性的雇主，他并不利用批评，而是利用建设性的建议让下属的优势得到最大的发挥。批评只会在人的心中种下恐惧或者憎恨，并不会将爱和感情培植起来。

和恐惧贫困一样，这种恐惧具有普遍性，一样会对个人的事业和成就造成致命的伤害。这种恐惧主要的症状是：

（1）比较害羞。这种症状通常有紧张、害怕、胆怯的表现。在与陌生人会面或者交谈时，常常会显示胆怯、手足无措和目光游离的表情。

（2）缺乏镇定。这种表现为说话声调、语速失控，在他人面前精神不定，记忆短路，而且身体姿势不佳。

（3）缺乏个性。缺乏果断、缺乏个性和明确表达意见的能力。不敢正视或者公平对待问题，对他人的意见分析、研究贸然采用和认同。

（4）自卑。在言行上表现得大言不惭，以粉饰他的自卑。并使用“深奥的字眼”（但往往自己都不知道这些字词的真正意思），并在别人面前自我夸耀。在服饰衣着、谈话和风度上模仿别人，以显示出他表面上的优越感。

（5）挥霍奢侈。试图能和有钱人一样消费，但常常造成财政拮据。

（6）没有上进心。这样的人，很难把握自我奋进的机会，害怕抒发自己的意见，对自己的想法缺乏信心，对上级的问话总是含含糊糊。态度和言语显示出犹豫不决的现象，而且言行多有虚伪、欺骗的行为。

（7）胸无大志。身心怠惰，缺乏主见，犹豫不决，迟迟不能做决定，容易被人左右。喜欢在背后指责而当面奉承别人，缺乏行事言谈技巧，不愿承担责任。

3. 恐惧疾病

这种恐惧可以追溯到自身和社会两个方面。这种恐惧的原因，和对年老的恐惧与死亡的恐惧密切相关。患者的恐惧就是因为他靠近了人们所无法了解的“恐怖世界”的边缘。对于这个世界，人们或许听说过一些使人不安的故事，因为这种恐惧比较普遍，所以有一些不法之徒，会乘机兜售他的药品，使人们对疾病的恐惧有增无减。

总的来讲，人们会害怕疾病，主要是因为在他的心中对死亡可能带来的结果产生了恐惧。因为生病，他可能会背负沉重的经济压力，这也是一个原因。

曾经有一位知名的医生估计，在所有找医生看病的人里面，大概有75%是假想病的患者。有极为可信的证据显示，对于疾病的恐惧，哪怕是没有一丁点可以恐惧的原因，在身体上也经常会产生那种所恐惧的疾病的症状。

在很久以前，有人进行了此项实验，以证明可以用暗示的方法让人“生病”。在进行这项试验的时候，实验者请了三位关系较熟的人去拜访“受害者”，每人都问了这个问题：“你到底得了什么病？脸色那么憔悴？”“受害者”对第一个人一般只是笑一笑，并满不在乎地回答道：“我没病，我很好。”他在回答第二个问

话人时则说：“我不知道，但我的确觉得不太舒服。”在第三个问话人询问时，“受害人”则坦白地承认，他确实有“病”。

要是你不相信这些会让人变得不舒服，那么你可以找一个熟人来实验一下，但可不能实验得过头。我们常听到一些教派，它们的成员会以“蛊惑”的方式对敌人进行报复，他们将这个手段称之为在受害者身上下“诅咒”。

有事实为证，有时候疾病往往是以消极负面的思想开始的。这种思想的冲动可以运用暗示的方法，由一个人的心中传到另一个人的心中，或者干脆从自己的内心产生出来。

有一个小伙子因为遭受爱情的失意而进了医院。他在生死的边缘徘徊了数月之久。后来，一位心理学家来为他治疗，专家更换了一名年轻、漂亮的护士来照顾他。在这位护士接任此工作的第一天就唤起了那位小伙子的情感（这是经由专家事先安排的）。在不到三周的时间，这位病人就出院了，虽然仍旧疾病缠身，但是却是完全不同的疾病，他又坠入了爱河。虽然之前的治疗方案只是一个欺骗，但是这位患病的小伙子和护士后来却结婚了。而且夫妻俩一直健康地生活着。

对疾病的恐惧几乎是世界性的，它的症状主要有：

（1）消极的自我暗示。这种症状表现为习惯期待和寻找各种疾病的症状来让自己恐惧。“享受”着臆想中的病，每当他谈起病情的时候，好像是真的一样。当别人介绍一种新的医疗技术和理论时，他心中总是有尝试的愿望。喜欢和别人高谈手术、意外事故以及其他各种疾病。他在饮食上的实验、身体上的锻炼以及减肥，都经常是在没有指导的情况下进行。

（2）臆想病。喜欢将所有的专注力集中在疾病上，并期待着疾病的出现，最后直到精神的崩溃。这种病，就是真正的无药可救，这是因为这种病产生于消极的思想。只有以积极的观念才能治疗这种疾病。臆想病，即所谓的忧郁症，据说其伤害力并不比一个人所惧怕的疾病的力量弱小。而且，绝大多数的精神病，多来自于这种臆想病。

（3）不爱运动。因为恐惧而生病，常常让人减少运动锻炼的机会，使人不再去户外运动，结果还导致了其他的身体疾病。

（4）神经敏感。对疾病的恐惧通常和恐惧贫困有关，尤其是臆想病患者，他总是担忧可能要给医生、医院支付的医疗费用。这样的人会将大量的时间用在准备患病、讨论死亡以及买墓地和丧葬费用等一些事情上。

（5）自怜。喜欢用臆想中的疾病来引起别人的同情（这是人们用以工作偷懒的惯用方法）。并且喜欢以装病来掩饰自己的懒惰，或者作为胸无大志的托辞。

（6）放纵。利用烟、酒或其他麻醉品来消除头痛、神经痛等疾病，而不去寻求病因将其根治。

（7）忧虑。经常喜欢阅读和疾病有关的文章、书刊，同时也常常喜欢查阅与专利药品有关的广告，并沉溺于可能患上某种疾病的幻想中。

4. 恐惧失去爱

这种恐惧是生而就有的。妒忌和其他的类似精神病一样，都产生于人生性害怕丧失对某人的爱的恐惧。这是在这 6 种基本恐惧中最痛苦的一种，它会在身体和心理两方面对人造成非常大的破坏。

恐惧失去爱情或许可以追溯到石器时代，那时候的男人要以暴力的方式夺取女人。时至今日，人们的技巧已经有很大的改变，他们现在不再使用暴力，而是改用说服，许之以漂亮的衣裳、名贵的汽车来实现对女人的占有。这些技巧比暴力占有女人的手段更为有效。现代人在这方面的思维和行为习惯和洪荒初开的时代差不多，只是在表达方式上有了很大的改进。

恐惧失去爱的典型症状有：

（1）妒忌。这一症状，表现为习惯在毫无根据的情况下就猜疑朋友和自己的爱人。并莫名其妙地指责妻子或者丈夫对自己不忠贞。对任何人都不相信，猜疑心太重。

（2）挑剔。习惯于因为小事情或者在没有任何原因的情况下挑剔朋友、亲戚、事业上的合作伙伴以及自己的爱人。

（3）赌博。常常以赌博、盗窃或者诈骗等冒险行为，为爱人提供金钱，并相信金钱可以买到爱情。并伴有失眠、缺乏坚定意志、缺乏自制力以及坏脾气等症状。

5. 恐惧衰老

总的来说，这种恐惧的产生有两个来源。首先，人们会想到衰老会带来贫穷；其次，也是现在最为普遍的来源，就是来自对往昔的追悔。

人们在步入老年后，患病的可能性大增，这也助长了恐惧衰老。性也是恐惧衰老的原因之一，因为任何人都不喜欢性吸引力的减退。

恐惧衰老与贫困的可能性大为相关，这是最普遍的一个原因。“养老院”并不是一个美丽的词汇，每个人只要想到要在养老院中度过晚年，心中总是不免有一丝凄凉。

失去自由和独立是怕老的另一个重要的原因，或许是因为随着年老的到来，就会失去身体上和经济上的自由。

这一恐惧的最普遍的症状有：

(1) 未老先衰。在心智成熟的年龄（约在40岁），就开始产生了生活趋于迟缓的现象，并产生了一种自卑感，误以为随着年龄的增加，自己就没有作用了(事实上，在40~60岁之间，这是人在身体上和心理上最有用的时代)。

(2) 抑制进取心。因为错误地认为自己已经老了，不能运用智慧、上进等特质而抑制了进取心、想象力和自信心。

6. 恐惧死亡

对一些人来说，死亡的恐惧是所有恐惧中最为残酷的一种。多少年来，人们一直都在做着“我从何而来，到何处去”的没有答案的习题。

在以前黑暗的时代中，有一位宗教领袖大喊着：“参加我的宗教吧，认同我的信仰，接受我的教义，我会给你在死后进入天堂的许可证。”他又喊道：“不加入我的宗教的，将会被魔鬼抓去，让你永远受到它的焚烧。”

“永远”是一个很长的时间，火刑令人闻之恐怖。“永远受到火刑”的惩罚的意念摧毁了人对生活的乐趣，无端产生了太多的痛苦。

然而宗教领袖是不可能提供直达天堂的许可证的，也没有让不幸的人下地狱的能力。但是只要一提起地狱，那就会抓住人们对恐怖地狱的想象力，而且还会产生非常逼真的影像，以至于使人们对理性开始麻木，产生了怕死的念头。

现代人对死亡的恐惧没有像科学水平低下的时代那么普遍了。科学家让真理之光照耀着整个世界，而这个真理能将人们从死亡的恐惧中解脱出来。上过大学的年轻人已经不再对地狱轻易产生印象。凭借着生物、天文、地理以及其他科学的帮助，将黑暗时代紧紧抓住人的灵魂的这种恐惧驱散得无影无踪。

死亡迟早一天会到来，所以这种恐惧是无谓的，这不管人们是怎样想的。必然要接受死亡，并将这种恐惧从心里清除掉。或许，死亡并不像从前描述得那样糟糕。

能量和物质是组成世界的两项极为重要的东西，在基本物理学中，物质与能量是守恒的，不能被创造或者消灭，但是却可以相互转变。

假设生命也是一种东西，那么生命就是能量。如果能量和物质是守恒的，那么生命也是守恒的，当然不能被毁灭掉。就像其他形式的能量一样，生命也许会经历多种转变，死亡只是一种转化罢了。

死亡也不仅仅是转化，死亡之后就是永恒、宁静的长眠，而且这种长眠无须害怕。这样，你就可以永远地摆脱对死亡的恐惧了。

恐惧死亡的一般症状是：

(1) 经常想到死亡，并且一想起这就丧失了对人生的信念。这种恐惧常见于上了年纪的人，但有的时候，年轻人也会因为对死亡的恐惧而不珍惜生命。克服恐惧死亡的症状最好的方法就是追求强烈的欲望。忙碌的人是没有时间去想到死亡的，他只会发现生命是生机勃勃的，从不为死亡而忧虑。

(2) 另外，体弱多病、贫困、没有合适的目标和职业、爱情失败、对宗教的狂热和盲目信仰等，都是恐惧死亡最普遍的原因。

关于人的忧虑

忧虑作为基于恐惧的一种心理状态，它的作用是缓慢而持续地发生的，它逐步逐步地"往里渗透"，一直到将一个人的理智给麻木掉，摧毁一个人的自信心与上进心为止。忧虑是因犹豫不决引起的持续性恐惧，因此这是一种可以控制的心理状态。

犹豫不决产生于缺乏决心和果断的心理，很多人缺乏下决心或者将决心持续下去的毅力。

我们一旦下定了决心，并采取实际的行动将决心持续下去，我们就不会处于忧虑之中。我有一次做了一个访问，访问的对象是在两个小时后即将受电刑的一名囚犯。这个人是同关在一个牢房里的 8 名狱友中最平静的一个。他的平静引起了我的好奇，我问他，你知道自己在一会儿后就将踏入永恒，你有什么样的感受？他脸上露出自信的微笑，说："感受好极了！想想吧，老兄，我的烦恼就快要结束了，我这辈子除了困难之外就没有其他东西了。我向来觉得衣食温饱都是很艰苦的事情，我很快就不需要这些东西了。打从我确定自己必死之后，我就一直觉得非常轻松。当时我就下定了决心，我要以最好的心情来接受它。"

在说话的同时，他就狼吞虎咽般地享受了足够三人吃的晚餐，一点都没有剩下，好像并没有任何灾难正在等着他一样。决心能让这个人听天由命，也能够阻止这个人接受不利于自己的环境。

6种基本恐惧会因为犹豫不决而转化为忧虑的情绪。下定决心，把死亡看做是不可避免的事实并乐观地接受它，就能永远摆脱对死亡的恐惧；通过下定决心，你就能无所忧虑地去积累你所能得到的财富，以此克服对贫困的恐惧；通过下定决心，不再去理会他人的所说所想，就能摆脱批评的恐惧；通过下定决心，不再将衰老看做是阻碍，而将其视为是一种带来年轻时代所没有的智慧、自制和感悟的最大祝福，就可以摆脱对衰老的恐惧；通过下定决心，忘掉各种疾病，就可以让你免除对疾病的恐惧；通过下对决心，在必要的情况下也能过没有爱的生活，就可以战胜失去爱的恐惧。

下一个全面性的决心，确信生命中所提供的任何一样东西全都不值得去付出忧虑的代价，就能消除忧虑的习惯。这样，你就能得到思想的升华，与快乐相伴。

心中充满恐惧的人，不仅是在毁掉自己的精神，而且会把这些具有破坏性的震波传递出去，波及他周边的人，同时毁掉了成功的机会。

如何让自己对抗消极的影响

要对抗消极的影响，不管它是你自己造成的，还是环境所产生的，你就要确信自己有坚强的意志力，并经常去使用它，一直到它在你心中构成了一道对消极影响的免疫屏障为止。

你要知道，你也许和其他人一样，天性都是懒惰的、漠不关心和容易受到自己弱点的暗示。

如果你认识到自己的天性会感受到6种恐惧，那就要形成想要对付这些恐惧的习惯。你也要明白，消极的影响经常会通过你的潜意识对你产生作用，因此要察觉到它们的难度是非常大的，它还会使人孤僻起来，关闭你的心智，以对抗一切。

人们最普遍的弱点，就是敞开心扉采纳他人消极的影响的习惯。这是一个非常危险的弱点，而且很多人都难以意识到自己正受其害。而许多能认识到它的人，也常常忽视或者疏于拒绝它，直到它成为日常习惯中难以控制的一部分。

为了帮助希望能看到真实自我的人，下面准备了一些问卷。认真阅读和思考这些问题，将更有利于你对自己的了解。

自我剖析问卷

1. 你会常常觉得“我感到不舒服”吗？如果会，是什么原因导致的？

2. 你是否会因琐碎的小事而动怒，并且去问责他人？

3. 你常常在工作上出错吗？有的话，什么原因？

4. 你的谈话是否充满火药味或者讽刺味浓厚？

5. 你是否避免与任何人交往？如果这样，有什么原因？

6. 你是否常有消化不良的苦恼？如果有，是何原因？

7. 你是否认为生命无意义，未来渺茫？

8. 你喜欢你目前的行业吗？如果不喜欢，那你喜欢什么样的行业？为什么？

9. 你是否经常自怜哀叹？如果是这样，为什么？

10. 你对比你优秀的人心存嫉妒吗？

11. 对于成败两者的思考，你愿意对哪一个花的时间更多一些？

12. 随着岁月的蹉跎，你的信心是在增加还是减少？

13. 你是否会从所犯的错误中吸取宝贵的经验教训？

14. 你是否会让亲友为你担忧？如果是这样，什么原因？

15. 你是否有时心猿意马，有时又陷入沮丧的泥潭之中？

16. 什么人对你有激励的影响力？什么原因？

17. 你是否会容忍消极或者沮丧的影响？

18. 你会注重个人外在形象吗？如果会，为什么？

19. 你是否学会了以忙碌的方式来消除烦恼？

20. 假如你让别人替你思考，你会把自己看做“没有骨气的懦夫”吗？

21. 你是否会忽视净化心灵，导致自我中毒，使你的脾气变得暴躁并容易发怒？

22. 目前还有多少烦恼正干扰着你？为什么你还能容忍它们？

23. 为了安定你的神经，你是否会沉溺于酒、麻醉药品或者香烟的迷雾之中？如果会，为什么不用意志力来取代？

24. 有人会对你不断地唠叨吗？如果有，什么原因？

25. 你有明确的事业目标吗？如果有，是什么目标？你会以什么计划达到这

些目标？

26. 你受到过 6 种恐惧的侵害吗？如果有，是哪些？

27. 你有什么方法能保护自己免受别人的消极影响？

28. 你是否会特意用自我暗示来产生积极的心理？

29. 对于物质财富和自己思想的控制权，你最看重哪一样？

30. 你容易受到他人的影响而怀疑自己的判断吗？

31. 你今天的知识或者心态有进步吗？

32. 你是否会公正地面对让你不愉快的遭遇，还是逃避责任？

33. 你是否会分析所有的挫折和错误的原因，而从中收益？还是特有这不是自己的责任的态度？

34. 你能否说出自己 3 种最有危害性的弱点吗？你将怎么去改正它们？

35. 你会因为同情别人而让他人的烦恼影响到你吗？

36. 你是否能从日常经验中选择有助于自己上进的教训或者影响？

37. 你的出现，通常会给别人消极负面的影响吗？

38. 对于别人的习惯，哪些是你感到最烦恼的？

39. 你是有自己的见解，还是让别人影响你？

40. 你是否学会了如何营造一种心理状态，让自己免受沮丧的影响？

41. 你所从事的行业使你产生了自信和希望吗？

42. 你是否觉得自己有充足的精神力量，让你的心理免于各种恐惧？

43. 你的信仰能否帮助你维持积极的心态？

44. 你觉得你有责任为别人分担忧虑吗？如果有，为什么？

45. 假如你相信“物以类聚，人以群分”，那么通过对你所结交朋友的分析，你对自己有何了解？

46. 你和你交友最密切的人之间是什么关系？有造成任何不愉快的经历吗？

47. 被你看做是朋友的人有没有在心理上给你带来消极的影响，成为你实际上最大的敌人？

48. 你是以什么标准和原则来判断谁对你有益还是有害？

49. 你最亲密的朋友，他的心态比你好还是比你差？

50. 工作、睡眠、消遣娱乐、获取有用知识以及白白浪费时间这几项里，你在一整天的 24 小时中，你对以上各项花费了多少时间？

51. 在你的朋友之中，谁最能鼓励你？谁最能提醒你？谁最能使你气馁？谁最能以其他方式帮助你？他们的比例各占多少？

52. 什么是你最大的烦恼？你能容忍它吗？为什么？

53. 当别人主动向你提出意见和建议时，你是毫无疑问地接受，还是先分析其动机？

54. 你心中最想实现的愿望是什么？你能达成这一愿望吗？你愿意把这一愿望优先排于其他愿望之前吗？你每天会为了实现它而花费多少时间呢？

55. 你常常会改变自己的决心吗？如果会，为什么？

56. 你做事通常善始善终吗？

57. 你是否对别人的事业、头衔、学位或财富有深刻印象？

58. 别人能够接受你的想法、说法与做法吗？

59. 你会因为他人的社会经济地位而去迎合他们吗？

60. 你认为谁是当今最伟大的人？他在什么方面比你优秀？

61. 你花费了多少时间研究并回答这些问题？你是诚心的吗？

如果你诚实地回答了以上所有问题，你就能比大多数人更能对自己有所了解。仔细研究这些问题，每个星期再回顾一次。数月之后，你就会对自己所获得的价值极大的知识而倍感惊讶。到那个时候，你可以去找你的朋友，向他们请教意见，你就可以通过他们的眼睛来了解你自己，这将使你具有一种深感惊奇的经验。

思想是你能绝对掌控的东西

可以让你绝对控制的东西只有一种，那就是你的思想。在人类所知道的一切事实中，它是意义最重大和最鼓舞人的事实。它显示了人的神圣的天性。这个神圣的特权是你能掌控自己命运的唯一的工具。假如你控制不了自己的内心，那么你肯定不能控制其他任何东西。

如果你一定要草率处理自己的财富，希望那只是物质上的东西。你的内心是你的精神财富，因此对这项上天所赐的财富要仔细维护和利用。为了达到这一目的，上天还赋予了你意志力。

然而不幸的是，我们没有任何法律手段来对抗那些用消极的心理暗示来毒害他人心理的人。

怀有消极心理的人，会企图说服爱迪生，认为不可能发明出能录下和播放出人类声音的机器。他们说："这个机器从来就没有人生产过。"可爱迪生压根就不信他们，他明白，凡是心灵所能设想和相信的东西，人就能把它生产出来。这个想法让爱迪生成为一位伟大的人。

心怀消极心理的人告诉伍尔沃斯，如果他想要经营一个大商店，一定会破产。但他并不相信他。伍尔沃斯知道，只要方法合理，凭借着信心来支持自己的计划，那么他能做成任何能做成的事。它运用了思想上的特权，结果创造了超过1亿美元的财富。

亨利·福特在底特律街上首次试验他制造的第一台雏形车时，受到了那些心存怀疑的人的嘲笑。那些人说这种东西永远都不会派上用场。也有人说，没有人会花钱买这种新玩意儿的。但福特说："我要让它在全球各个角落行驶。"最终他真的做到了！记住，福特与大多数人唯一的不同点就是他绝对控制了自己的思想。虽然其他人也有自己的思想，但从不试图去控制它。

思想的控制是自律和习惯的结果，不是你控制它，就是它控制你，中间没有任何妥协的余地。要控制思想最有效的方法就是，长期保持和拥有一个明确的计划和目标。研究一下伟人成功的纪录，你就能发现他们能控制自己的思想。另外，他们还会运用这股控制的力量去实现自己明确的目标。如果没有这种掌控能力，那是不可能获得成功的。

55个"如果"的托辞

没有成功的人都有一种共同的性格特征：他们知道所有失败的原因，并且他们有一套趋于完美的托辞来说明自己的失败。

有些托辞是非常巧妙的，而且事实证明少数托辞是有道理的。但是托辞代替不了任何东西。这个世界只想知道一件事：你成功了没？

一位性格分析家曾经编了一份最常用的托辞清单。在你阅读这份清单时，应对自己做仔细的检讨，从而找出这其中有多少项是自己最常用的。你一旦知道自己的虚伪和无能后，你将会毫不犹豫地将这些"如果"抛弃。从而更加相信自己的能力，向着成功的目标冲去。

这55个“如果”分别是：

1. 如果我没有家室拖累……
2. 如果我有足够的人脉……
3. 如果我有钱……
4. 如果我接受过良好的教育……
5. 如果我能找到一份工作……
6. 如果我身体健康……
7. 如果我时间充裕……
8. 如果时运不错……
9. 如果他人了解我……
10. 如果周围环境不同的话……
11. 如果我能重新活过一遍……
12. 如果我不在意别人说什么……
13. 如果再给我以前的那个机会的话……
14. 如果我现在有机会……
15. 如果别人不怨恨我……
16. 如果没有什么事让我停下来的话……
17. 如果我年轻一些……
18. 如果我能做自己想做的事……
19. 如果我生于富贵人家……
20. 如果我能遇上“贵人”的话……
21. 如果我具有别人的才干……
22. 如果我能维护自己……
23. 如果我能把握逝去的机遇……
24. 如果没有人干扰我……
25. 如果我不用整理家务和照顾孩子……
26. 如果我能有点积蓄……
27. 如果老板看重我……
28. 如果有人能帮我一把……
29. 如果家人能明白我的心思……

30. 如果我在大城市里生活……
31. 如果我能即刻开始……
32. 如果我有空的话……
33. 如果我有别人的某些特性……
34. 如果我不是那么胖……
35. 如果别人了解我的才能……
36. 如果我运气好……
37. 如果我有承担责任的能力……
38. 如果我没失败……
39. 如果我能知道怎么做……
40. 如果大家都不反对我……
41. 如果我不是顾虑重重……
42. 如果我没有选错配偶……
43. 如果我不那么奢侈浪费……
44. 如果别人不是那么难以合作……
45. 如果我能相信自己……
46. 如果我不是那么倒霉……
47. 如果我不是那么生来命运不济……
48. 如果我能多获得他人的安慰……
49. 如果我不用那么辛苦……
50. 如果我没受到损失……
51. 如果我住在不同的地方……
52. 如果我没有往日那段不堪的过去……
53. 如果我有自己的事业……
54. 如果别人能听得进我的……
55. 如果……

你还要说些什么呢？每一个如果，都只能说明你是弱者。此时不行动，更待何时！如果你有勇气去认清自我，正视自我，那么你完全可以发现自己的错误，并加以改正。

寻找和制造托辞来解释自己的失败，这是一个非常普遍的习惯，这种习惯与人类的文明史一样的古老，这是成功最要命的伤害。我们为什么不把它们抛弃呢？答案很显然，人们之所以喜爱他们的托辞，是因为托辞就是他们自己想象的产物。

创造托词是一个根深蒂固的习惯，而这种习惯是难以打破的，尤其是我们要为我们的行为提供辩护时，更是如此。“战胜自己是最好最大的胜利，被自己所战胜和征服是最大的羞辱和邪恶”。当柏拉图说这句话时，他早已深明此理。

有另外一位哲学家也有同样的看法，他说：“当我看到别人最大一面的丑恶正是我自己本性的反映时，确实让我大吃一惊。”

阿尔伯特·哈伯德说：“我对于自己，从来是一个谜。为什么人们要消耗那么多的时间来编织借口，以掩饰自己的缺点，而且还在故意愚弄自己。如果能将一样的时间用在消除自己的弱点上面，那么，就不需要任何托辞了。”

在本书结束前，我要提醒读者：生命好比是一盘棋，时间就是你的对手。如果你举棋不定或者不能迅速行动，那么你的棋子将会全部被吃光。你的对手是根本不会容忍你的迟疑不决的，它是一位冷酷无情的对手。

在过去你可能有合理的借口，让你没有去追求自己的梦想。但是这些借口已经被扫进垃圾堆了，因为你已经掌握了一把开启人生财富之门的万能钥匙。

这把钥匙是无形的，但有强大的力量。它就是一种特权，可以促动你获得财富的强烈欲望。你并不会因为使用这把钥匙而受到惩罚，但是你不去使用它，那么你就会付出沉痛的代价，失败就是这个代价。使用这把钥匙，你就能得到极大的回报。凡是征服自己并使生活满足自己任何所求的人来说，都会得到这种满足感。

这一回报值得你倾尽全力去争取。你愿意相信自己并开始行动吗？这是绝对会成功的，你将会拥有巨大的财富！

爱默生曾言：“如果我们有缘，我们就会相见。”在最后，我也借用他的思想说：“如果我们有缘，通过这本书，我们已经相见了。”